# 러시아의 사이버 안보

# 러시아의 사이버 안보

2021년 5월 17일 초판 1쇄 인쇄
2021년 5월 31일 초판 1쇄 발행

지은이 신범식·윤민우·김규철·서동주

펴낸이 윤철호·고하영
펴낸곳 (주)사회평론아카데미
편집 김천희
디자인 김진운
마케팅 최민규
등록번호 2013-000247(2013년 8월 23일)
전화 02-326-1545
팩스 02-326-1626
주소 03993 서울특별시 마포구 월드컵북로6길 56
ISBN 979-11-6707-012-8 93340

이 저서는 2016년 대한민국 교육부와 한국연구재단의 지원을 받아 수행된 연구임(NRF-2016S1A3A2924409); 이 저서는 2019년도 ETRI 부설연구소의 지원을 받아 연구되었음; 이 저서는 2020년도 서울대학교 국제문제연구소의 지원을 받아 수행된 연구임.

# 러시아의 사이버 안보

신범식·윤민우·김규철·서동주 지음

사회평론아카데미

## 인용 약어

APEC: 아시아태평양 경제협력체(Asia-Pacific Economic Cooperation)

BRICS: 브릭스(Brazil, Russia, India, China and South Africa)

CIS: 독립국가연합(Содружество Независимых Государств, СНГ)

CSTO: Организация Договора о Коллективной Безопасности(ОДКБ)

FSB: 연방보안국(Федера́льная слу́жба безопа́сности, ФСБ)

FSO: 연방경호국(Федеральная служба охраны, ФСО)

FSTEC: 기술수출규제국(Федеральная служба по техническому и экспортному
контролю, ФСТЭК)

GosSOPKA: 러시아 정보자원 대상 컴퓨터 공격 탐지·예방·제거에 관한 국가시스템(госуд
арственной системы обнаружения, предупреждения и ликвидации
последствий ко мпьютерных атак, ГосСОПКА)

GRU: 정보총국(Главное разведывательное управление, ГРУ)

SVR: 해외정보국(Слу́жба вне́шней разве́дки, СВР)

Minkomsvyaz: 디지털발전통신매스컴부(Министерство цифрового развития, связи
и массов ых коммуникаций)

MoD: 국방부(Министерство обороны Российской Федерации, Минобороны
России)

MVD: 내부부(Министерство внутренних дел, МВД)

OSCE: 유럽안보협력기구(Organization for Security and Co-operation in Europe)

Roscomnadzor: 통신·IT·언론감독국(Федеральная служба по надзору в сфере
связи, инфор мационных технологий и массовых коммуникаций,
Роскомнадзор)

SCO: 상하이협력기구(Shanghai Cooperation Organization)

UNGGE: The United Nations Group of Governmental Experts (GGE) on Advancing
responsible State behaviour in cyberspace in the context of international security

머리말

2018년 2월 9일 평창 동계올림픽의 개막식이 열리던 시각 메인프레스센터(MPC)에 설치된 IPTV가 꺼지면서 중계방송이 중단되고 홈페이지 접속 장애가 발생하는 등 주요 ICT 기반 서비스가 일시 정지된 사건이 발생하였다. 초기 북한의 사이버 공격이 의심되었으나, 이후 도핑 의혹으로 올림픽 참가 자격이 박탈된 러시아의 군 정보기관(GRU)의 소행으로 밝혀지게 된다. 평창 동계올림픽 해킹공격은 2주간 국가 행정을 마비시킨 에스토니아 해킹공격(2007년), 조지아전에서 발생한 하이브리드 공격(2008년), 8만 가구에 정전이 발생한 우크라이나 정전사태(2015년), 미 대선개입(2016년) 등 공세적 사이버 작전을 수행하고 있는 러시아의 사이버 안보 태세가 우리와 무관하지 않다는 것을 보여주는 사건이었다.

　정보화에 따른 글로벌 연결성의 심화 및 4차 산업혁명의 촉진 등으로 인하여 세계에는 해킹이나 사이버 에스피오나지(espionage)를 위시한 사이버 공격의 위협이 크게 증대되고 있다. 신흥안보로서 사이버 안보는 기존의 전통안보와 구별되는 영역으로, 그 안보위협의 수단과 범위가 확장되어 가고 있으며, 이를 억제 또는 대응하기 위해 각국은 사이버 안보를 위한 각별한 노력을 경주하게 되었다. 러시아는 21

세기 들어 국제정치 무대에서 공세적인 수단을 통하여 자국의 강대국 지위를 유지하기 위한 "공세적 방어" 전략을 기조로 하는 안보 전략을 추진해 가고 있으며, 이러한 안보 전략의 기조는 신흥 전략공간인 사이버 공간에서도 유효한 전략적 기조로 이해될 수 있을 것이다. 결국 러시아의 사이버 안보 전략과 그에 따른 실천은 러시아 외교·안보 정책과 깊은 연관 속에서 이루어지고 있는 것이다. 따라서 본 연구는 국제무대에서 러시아의 사이버 안보 전략의 기본적 원칙과 실제적 적용을 추적하고, 이것의 국제정치적 의미와 국내적 기반을 파악하며, 러시아가 전 세계를 대상으로 투사하고 있는 사이버 안보적 영향력을 이해하고자 하는 목적을 가지고 시작되었다.

이 책은 한반도를 둘러싼 주요 강대국 중 상대적으로 연구가 희소한 러시아의 사이버 안보를 대상으로 하고 있으며, 다음과 같은 학술적 및 정책적 의의를 지닌다 할 수 있다. 첫째, 러시아 사이버 안보의 국내적 기반, 즉 사이버 안보 정책 및 그 제도적 기반을 연구함으로써 러시아 사이버 안보의 내적 조건을 파악하는 데 좋은 길잡이가 될 수 있을 것이다. 둘째, 러시아 사이버 안보 전략의 대외적 발현을 추적함으로써 러시아의 사이버 안보를 확보하기 위한 실천이 어떠한 외교적 및 안보적 전략적 지향과 패턴을 가지는지 이해하는 데 도움을 줄 것이다. 셋째, 러시아의 사이버 안보와 관련된 공세적 태세를 연구함으로써, 러시아의 사이버 전략이 가지는 공세적 수단으로서의 성격을 보여주고, 나아가 한국의 사이버 안보 전략의 대외적 측면을 정책적 차원에서 평가하고 강화하는 데 실제적인 도움을 줄 수 있을 것이다. 넷째, 한국과 러시아의 사이버 안보 체계를 비교함으로써 한국의 사이버 안보 체제의 발전을 위한 함의를 도출할 수 있다.

이 책은 총 다섯 개의 장으로 구성되며, 각 장의 연구 내용은 다음과 같은 전개를 따른다.

　제1장은 러시아 사이버 안보에 관한 개괄적 지식을 제공하는 장으로 러시아의 안보 전략 일반과 이러한 전략이 러시아 사이버 안보에 어떻게 투사되는지를 설명한다. 이 장을 통해 서방과 차별화된 러시아가 사이버 공간에서 추구하는 전략적 목표와 개념적 특성, 기본인식, 원칙을 알 수 있다. 또한 사이버 안보 전략 실행의 기반이 되는 러시아가 가진 사이버 안보 환경을 러시아의 사이버 안보 역량, 러시아가 연계된 것으로 보고되는 사이버 공격 사례 분석, 러시아가 추진하는 주요 정책 과제를 살펴봄으로써 이해한다.

　제2장은 러시아 사이버 안보의 국내적 기반과 체제를 살펴본다. 러시아는 비교적 이른 시기에 '정보안보독트린'을 발표하고 튼튼한 사이버 안보의 국내적 기반과 체제를 구축해왔다. 러시아 사이버 안보 체계에서 대통령과 국가안보회의는 최고의 정책판단과 전략결정 기관이고, 연방보안국은 핵심적인 컨트롤 타워이자 허브(hub)로서 기능한다. 이 장은 러시아 사이버 안보의 국내적 기반과 체제에 대한 이해를 제공하고 이로부터 우리의 사이버 안보 기반과 체제 구축 및 보완을 위한 시사점을 제시한다.

　제3장은 러시아 사이버 안보의 대외적 측면을 살펴보기 위하여 러시아의 대외 사이버 안보 전략 및 그 발현을 분석하고, 이 전략이 다자무대와 양자무대에서 어떤 정책적 지향을 가지고 실현되는지를 검토한다. 이를 위해 러시아 사이버 안보 전략 형성의 배경과 위협인식, 사이버 안보 전략의 목표를 1차 문헌을 중심으로 살펴본다. 양자 관계에서 러-미, 러-중 간 사이버 안보 외교와, 다자 관계에서 UN, SCO, BRICS를 중심으로 행하는 러시아의 사이버 안보 외교를 설명한다. 그리고 이러한 러시아의 대외 사이버 안보 정책이 가진 국제정치적 함의

를 하이브리드전과 샤프파워 개념을 통해 이해해 보고자 한다.

제4장은 러시아가 사이버 공간에서 벌이는 활동을 공세적 수단을 동원하는 사이버전을 중심으로 살펴본다. 사이버전은 정보전의 일부로서 외부 위협에 대응하는 방법 중의 하나이다. 이 장에서는 러시아의 사이버전 연구를 위해 러시아 군사독트린과 러시아군의 활동을 통해 드러난 사이버 전략, 사이버 공격 역량 및 태세, 과거부터 현재까지 러시아가 수행해온 사이버전의 실제를 고찰한다. 이를 통해 러시아의 사이버전 역량의 발전 과정과 현황을 평가하고 한국의 정책적 대응 방향을 제시한다.

제5장은 한국과 러시아의 사이버 안보 추진체계와 운영을 비교·분석하고, 정책적 시사점을 포함한 향후 과제와 정책적 고려사항을 제시한다. 이를 위해 한국의 사이버 안보 추진체계를 러시아의 그것과 비교적 관점에서 살펴보고, 러시아 사이버 안보의 특징을 비교적 관점에서 파악하고자 한다. 이 장에서는 한국과 러시아의 사이버 안보를 공통점과 차이점을 중심으로 비교·분석하고, 한국 사이버 안보의 과제와 정책 시사점을 검토하며, 바람직한 한국의 사이버 안보 체제 구축을 위한 정책적 고려사항을 제시해 본다.

이 책은 현 시점에서 러시아 사이버 안보를 주제로 한 유일한 전문연구서이다. 이러한 연구를 가능하게 해준 것은 여러 기관의 지원 덕분임을 먼저 밝히고 싶다. 교육부 재원의 한국연구재단(NRF-2016S1A3A2924409)의 지원과 국가보안기술연구소의 지원이 아니었다면, 이 연구를 마무리하기 쉽지 않았을 것이다. 또한 서울대학교 국제문제연구소와 아시아연구소 중앙아시아센터 지원도 큰 도움이 되었다. 이 같은 지원 못지않게 중요했던 것은 역시 러시아의 사이버 안보와 관련된 자료의 희소성에도 불구하고 짧지 않은 기간 동안 원자료를 하나하나 번역해가며 성심성의를 다해 연구에 임해주신 김규철 교수님, 서동주 교수님, 윤민우 교수님의 노고 덕분이었음을 밝히며, 필진들께 무한한 존경과 감사를 표하고 싶다. 도서 발간을 위해 힘써주신 모든 분들과 서울대학교 국제문제연구소와 아시아연구소가 공동주최한 〈러시아의 사이버안보〉 학술회의에 참가해 좋은 의견을 주신 토론자분들께 감사드리며, 이 책의 출간을 위해 애써 준 양정윤 박사과정생의 헌신적 노력에 대해서 심심한 감사의 말씀을 드린다. 촉박한 일정에도 불구하고 출간에 큰 도움을 주신 사회평론아카데미의 윤철호, 고하영 대표님과 김천희 소장님께도 깊은 감사를 드린다.

어렵게 세상에 선보이게 되는 이 책이 러시아 사이버 안보에 관심을 가지고 있는 일반 독자들에게는 폭넓은 이해의 기반을 제공하는 안내서가 되고 전문연구자들에게는 러시아 사이버 안보에 대한 본격적 연구를 위한 작은 디딤돌의 역할을 하게 되기를 기대한다.

필진을 대표하여
신범식

10

# 차례

# 제1장     러시아 사이버 안보의 개념과 원칙

신범식  서울대학교 정치외교학부

## I. 머리말

정보화의 빠른 발전과 네트워크 사회의 등장으로 인해 사이버 공간은 의미 있는 실체적 전략공간으로 등장하였으며 글로벌 연결성은 강화되었다. 또한 모든 디지털적인 것들이 정치화되는 과정에서 사이버 공간은 국가들 간의 전략적 경쟁공간으로 변화하였다. 동시에 4차 산업혁명의 촉진으로 인하여 사이버 해킹이나 사이버 에스피오나지(espionage), 사이버 심리전, 사이버 테러나 사이버 전쟁과 같은 사이버 공간을 통한 여러 안보위협들은 국가의 심각한 안보문제로 등장하였다. 이른바 '사이버 안보(cyber security)'의 등장은 정보가 교류되는 사이버 공간에 대한 안전문제가 더 이상 보안의 문제만이 아닌 '안전보장'이 필요한 영역으로 변모하고 있다는 점을 보여주고 있다. 이 때문에 주요국들은 이러한 새로운 위협에 대응하여 해당 국가의 국가전략과 정책들을 도입하고 정비하고 있다. 주요 강대국 가운데 하나인 러시아 역시 이러한 경향을 보인다. 러시아는 21세기 글로벌 시대에 국가안보에서 정보부문의 역할이 매우 중요하다는 점을 인식하고 있으며 이와 관련하여 전략적 인식의 전환과 정부와 민간 시스템의 정비, 그리고 정책의 시행과 문화의 변환 등과 같은 포괄적 대응이 필요하다는 것을 이해하고 있다(Кучерявый 2014, 157).

    신흥안보로서 사이버 안보는 기존의 전통안보와는 구별되는 영역으로 국가마다 사이버 안보를 확보하는 방식이 비교적 상이하게 나타나고 있다. 러시아의 사이버 안보에 대한 인식과 접근방식, 그리고 전략은 미국·서방의 사이버 안보에 대한 그것들과 뚜렷이 대비되며 독창적이고 독자적이다. 러시아는 21세기 국제정치에서 강대국 지위의 회복과 유지를 위한 "공세적 방어"를 전략 기조로 하여 자국의 안보

전략을 추진해 가고 있다. "공세적 방어전략"은 러시아가 전략적 목표를 달성하기 위한 수단에 대해서는 공세적인 범위를 감수하지만, 기본적 전략목표는 자국의 핵심적 이익을 보호하는 것을 지향한다는 점에서 방어적 성격을 띠는 것을 의미한다. 이러한 전략은 신흥 전략공간인 사이버 공간에서도 유효한 개념이 될 수 있을 것이다. 물론 일부에서는 러시아의 적극적인 사이버전 전개 및 세계 각지에 대한 해킹을 통한 개입 등을 들어 전략의 방어성에 대하여 의문을 제기하고 있으나 러시아의 샤프파워(sharp power)는 기본적으로 수단의 공세성을 지니고 있으며, 이것이 목표의 공세성으로 연결되기에는 한계가 있다. 따라서 사이버 국제정치에서 러시아가 구사하는 전략이 지니는 본질과 그 성격을 제대로 이해하기 위해서는 러시아 사이버 안보 전략의 제도적, 조직적, 행태적, 구조적 성격을 규명하는 것이 필요하다. 러시아 사이버 안보의 독자적인 특성은 러시아의 사이버 안보 전략과 정책 사례들을 연구해야 할 주요한 이유가 된다. 러시아는 미국과 서방세계의 합의된 개념과는 매우 다른 사이버 공간의 본질과 잠재성, 그리고 이용에 대한 관점과 인식을 가진다. 이러한 서로 다른 인식과 관점의 차이는 미국·서방과 러시아 사이에 사이버 안보에 대한 근본적인 불일치와 갈등을 야기한다. 러시아는 미국·서방의 규범과 인식, 그리고 개념에 동의하지 않으며 자신들이 독자적인 규범과 인식, 그리고 개념을 주장하고 있으며, 이를 규범표준으로 제시하고자 한다(Giles 2012, 64).

러시아의 이러한 독자적 태도는 러시아 사이버 안보의 발전이 미국의 단극적인 사이버 패권에 대한 거부와 저항에서 시작되었다는 사실과 관련이 있다. 러시아의 인식에서 인터넷은 지배적인 미국 과학기술과 문화 그리고 패권의 부산물이며, 이 같은 인터넷은 러시아의 과학기술 및 문화의 온전성과 독립에 대한 중대한 위협이다. 정보가 자유롭고 개방적으로 유영되는 인터넷의 확장을 미국이 일방적으로 주도하는 것은 러시아의 정치, 경제, 군사, 문화, 역사, 종교적 주권에 대한 중대한 지정학적 도전이며 위협으로 받아들여진다(Ristolainen 2017, 12). 이러한 러시아의 사이버 안보와 관련된 '포위된 요새(besieged fortress)' 인식은 적어도 2000년 이후 지금까지 20년간 지속되어 오고 있다(Ristolainen 2017, 8).

사이버 공간과 안보에 대한 접근에서 미국·서방과는 다른 러시아의 핵심적 차이 가운데 하나는 러시아는 정보의 '내용(contents)'을 위협으로 인식한다는 점이다. 서방에서 사이버 안보의 위협은 적대적 코드(malicious code)가 야기하는 위협이며 일반적으로 적대적 내용(hostile contents)의 이슈는 위협의 논의에서 평가절하된다(Giles 2012, 65). 하지만 러시아는 사이버 안보의 위협을 정보-기술(information-technology)과 정보-심리(information-psychology)로 구분하여 양자를 모두 정보안보(information security)의 위협이라고 통합적·전일적(holistic)으로 인식한다(Giles 2012, 2). 정보기술상 위협은 주로 악성코드(malicious code)를 활용하여 하드웨어, 소프트웨어, 네트워크 기반설비에 대한 물리적 공격의 위협을 의미하며, 웹사이트 파손(defacement)을 통한 영향력 작전에서부터 로켓 궤도의 변경에 의한 물리적 피해에 이르기까지 폭넓은 사이버 공격 위협으로 연결된다. 반면 정보심리상 위협은 대중들의 도덕과 인식에 대해 공격하는 작전을 통해 소련 붕괴나 아랍의 봄, 오렌지 혁명(Orange Revolution) 등과 같은 사례에서 구현된 것으로 본다. 러시아는 정보내용과 관련된 위협을 정보-심리의 영역에 속하는 것으로 이해하고 인터넷상의 적대적 및 파괴적 정보의 내용을 정보안보의 주요 위협으로 인식한다(Medvedev 2015, 47). 러시아가 미국·서방과 첨예하게 대립하는 또 다른 사이버 안보의 핵심 의제는 "인터넷 주권 또는 디지털 주권"이다. 미국과 서방의 사고(mind-set)에서 인터넷은 정보와 개인의 연결성(connectivity), 공유(sharing), 그리고 개방성(openness)에 의해 관리되는 하나의 전일적인 공간이다(Nikkarila and Ristolainen 2017, 30-31). 하지만 러시아는 중국 등과 함께 이러한 미국·서방의 프레임에 반대한다. 러시아는 인터넷을 미국이 일방적으로 기술적, 문화적, 정신적으로 지배하는 공간으로 인식한다. 따라서 러시아는 미국과 서방의 영향력과 위협으로부터 독립된 온전히 국가가 통제하는 격리된 독자적인 인터넷 공간을 주장한다. 러시아는 이를 '디지털 주권'이라고 정의하며 국가는 디지털 환경에서 지정학적 국가 이익을 독립적으로 결정하기 위한 권리와 능력을 가져야 한다고 주장한다(Nikkarila and Ristolainen 2017, 30-31). 뎀착(Demchak)과 돔브롭스키(Dombrowski)는 이러한 사이버 공간의 영토화를 사이버 웨스트팔리아(Cyber Westphalia) 체제라고 부른다(Nikkarila and Ristolainen 2017, 77).

러시아는 사이버 범죄 및 테러와 관련하여 자국의 안보적 취약성에 대해서도 깊이 인지하고 있는 것으로 알려지고 있으며, 이에 대비하려는 깊은 주의를 기울이고 있고 또한 그와 관련된 국제협력을 이끌어 내기 위해 매우 적극적인 입장을 보이고 있다. 미국과 러시아는 2013년에 사이버 긴장 완화를 한 걸음 진전시키고 향후 컴퓨터 관련 위기를 해소하기 위하여 냉전 시대의 핵 공포에 대응하기 위해 사용되었던 것과 유사한 사이버 "핫라인(red phone)"을 설치하는 협정을 체결하기도 하였다(Gallagher 2013). 그러나 러시아의 사이버 안전을 위한 대책들을 보면, 단지 안전을 유지하기 위한 목적으로 구식 타자기를 구입하는 극단적인 사이버 방어 조치를 취하기도 하는 등의 모습을 보이는 한편(Ingersoll 2013), 러시아군도 미국, 중국, 이스라엘과 마찬가지로 사이버

전쟁을 전담하는 부대를 2013년 창설하기도 하였다(Gorshenin 2013).

러시아는 한반도 주변 4강 국가 중 하나로 한국의 위협환경과 안보정책에 영향을 미치는 주요 국가이다. 또한 사이버 공간에서 러시아의 활동은 북한의 사이버 위협과도 긴밀하게 연계되어 있다. 국내에서도 그간 사이버 안보와 관련된 러시아 사례에 대한 연구의 중요성을 반영하여 러시아 사이버 안보 전략과 제도, 그리고 정책들에 대한 연구가 있어왔다. 기존의 연구들은 러시아 사이버 안보 전략과 정책에 대해 전반적인 윤곽을 파악하는 데 도움을 주었지만, 그러한 전략을 구현하는 제도와 정책적 체계에 대한 분석에까지 이르지 못한 한계가 있다. 기존 연구들은 러시아 사이버 전략과 정책에 대하여 중심 기조와 그 실현을 보여준 사례들에 대한 서술적 정보를 제공하였다는 점에서 가치가 있지만, 그러한 사례들 내부에서 작동하는 사이버 전략과 정책들의 연계 체계와 제도적 기반에 대한 연구는 보충될 필요가 있다. 이 책은 이러한 기존 연구들의 한계에서 출발하여 러시아 사이버 안보 전략과 정책의 체계화 과정과 지향성을 분석하고, 그 전략과 세부 정책들 사이의 연결성과 정합성 등을 평가하려는 목적을 가진다. 이 같은 목적을 달성하기 위해 본 연구는 주로 러시아 사이버 안보와 관련된 러시아의 문서들을 분석하고, 이에 대한 다양한 국적의 전문가들이 분석한 자료들을 검토하여 이러한 분석의 체계를 검증해 볼 것이다. 러시아 사이버 안보 관련 자료 획득의 난이성으로 인해 여기저기에 흩어진 다수의 문헌자료들의 관련 내용들을 찾아내어 수집·분류하고 분석함으로써 연구를 진행하였다.

러시아의 사이버 안보 전략과 정책들에 대해 연구하는 것은 중요한 의미가 있다. 러시아는 미국과 함께 사이버 안보 부문에서 가장 선도적인 국가들 중 하나이며, 한국의 사이버 안보 전략과 정책 발전을 위한 주요한 참고사례가 될 수 있을 것이다. 더욱이 러시아는 미국과 달리 매우 독특하고 독자적인 사이버 안보에 대한 전략적 인식과 접근을 취한다. 이 때문에 미국과 함께 러시아의 사이버 안보에 대해 이해하는 것은 한국의 사이버 안보 전략과 세부 정책들의 발전을 더욱 풍부하게 하는 데 도움이 될 수 있을 것이다.

## II. 러시아 사이버 안보의 개념

연구를 위하여 연구의 중점대상인 사이버 안보와 관련된 용어의 구체적인 작업정의(working definition)가 필요하다. 이는 사이버 안보에 관한 용어의 정의가 분명하지 않고 용례에 따라 다른 의미로 이해되고 사용되는 경우가 다수이기 때문이다. 우선적으로 보안 또는 보안관리에 대하여 살펴본다. 사이버 안보 분야에서의 보안 또는 보안관리는 사이버 안보위협에 대한 대응, 예방, 방지, 그리고 억제와 그러한 목적을 위한 여러 행위와 조치, 활동들을 의미한다. 하지만 문서보안이나 접근통제, 인원이나 시설관리 등과 관련된 수동적 방첩(counter-intelligence)행위라는 의미에서의 보안 또는 보안관리라는 용어는 통상적으로 사용된다. 이 연구에서는 후자의 의미보다는 전자의 의미로 보안 또는 보안관리라는 용어를 사용한다. 즉 사이버 공격이나 사이버 위협 또는 침해행위에 대응하는 여러 활동(대응, 예방, 방지, 억제 등의)을 의미하는 것으로 사용된다.

사이버 안보의 '안보' 또는 '보안'과 관련된 용어는 영어로 번역하고 영어자료를 검색 및 분석하는 과정에서 혼란이 야기된다. 관련된 구체적이고 명료한 정의는 부재하나 한국어에서 안보와 보안은 다른 의미와 뉘앙스를 가지고 있다. 통상적으로 안보는 국가 전체의 위협관리 차원이나 국방 등과 같은 주로 거시적인 부문에서 위협을 논의할 때 사용된다. 반면 보안은 특정 시설에 대한 경비나 인원, 문서 등의 관리와 관련된 주로 미시적이고 실무적인 차원에서의 위협과 위협관리를 다룰 때 사용된다. 하지만 이 두 용어 모두 영어로는 'security'라는 하나의 용어로 번역되며 따라서 관련 자료를 검색하고 분석하는 과정에서 필연적으로 'security'로 표기된 영어자료들을 다루게 되는데 이 경우 우리말의 안보와 보안은 많은 경우에 구분이 모호해진다.

하지만 이 연구의 목적은 사이버 안보 및 사이버 보안과 관련된 전략과 정책, 법률과 제도 등을 다루는 것이다. 따라서 연구의 주요 부분이 사이버 안보 또는 사이버 보안과 관련된 거시적 차원의 국가발전전략이나 방향, 독트린 등에 대한 논의에 관한 것이다. 동시에 러시아의 사이버에 관한 구체적인 정책과 수행기관, 그리고 추진체계 등도 이 연구에서 다루어지게 된다. 굳이 구분하자면 전자는 안보의 뉘앙스를, 후자는 보안의 뉘앙스를 상대적으로 강하게 띤다. 하지만 영어에서는 이러한 구분이 없으며 모두 'security'로 표기된다. 따라서 영어자료를 활용하는 과정에서 'security'로 표시된 내용들을 안보와 보안으로 어떻게 구분하고 사용해야 할 것인가의 어려움이 발생한다. 많은 경우에 이러한 구분은 모호하여 이중적이다. 따라서 이러한 용어선택 및 사용과 관련된 혼란은 연구수행에 부정적인 영향을 미칠 수 있다. 이러한 문제를 회피하기 위해 이 연구에서는 영어의 'security'를 안보로 정의하며, 보안의 의미를 포함하는 것으로 작업정의한다. 마찬가지로 보안의 의미 역시 영어의 'security'로 정의되며 안보의 의미를 포함하는 것으로 작업정의한다. 따라서 이 연구에서는 보안과 안보는 사실상 동의어로 사용한다.

여기서 보안 또는 안보는 '사이버 안보', 즉 영어로 'cyber security'를 의미한다. 하지만 이 사이버(cyber)에 대한 정의 역시 아직 분명히 확립되어 있지 않다. 사이버는 인터넷(internet), 하이테크(hi-tech), 전자적(electronic), 디지털(digital), 그리고 가상(virtual) 등의 여러 유사한 용어들과 함께 사용된다. 사이버는 가상공간이라는 의미와 인터넷에서의 정보라는 소프트웨어적인 측면, 그리고 전자통신 기반시설이나 하드웨어, 소프트웨어 등을 두루 포함하는 물리적 설비라는 의미 등을 동시에 포함한다(윤민우 2017, 239). 미국과 러시아 연구기관의 공동연구에 따르면 사이버 공간(cyberspace)은 '정보의 생성, 전송, 수신, 저장, 처리, 삭제가 이루어지는 전자적 매체'로 정의되며, 사이버 안보(cyber security)는 '의도적, 비의도적 위협에 대항하고 대응, 복구할 수 있는 사이버 공간의 속성'으로 정의된다(EastWest Institute 2011). 이러한 여러 다양한 사이버와 사이버 안보가 갖는 의미와 활용사례를 고려하여 이 연구에서는 사이버를 공간과 정보, 물리적 설비를 모두 포함하는 개념으로 작업정의한다. 또한 사이버 안보 또는 사이버 보안은 ① 사이버라는 가상공간을 통한 침해 또는 위협과 ② 정보의 생성, 전송, 수신, 저장, 처리, 삭제가 이루어지는 전자적 매체가 지닌 의도적, 비의도적 위협, 그리고 ③ 하드웨어와 소프트웨어 물리적 기반시설에 대한 침해나 위협을 모두 포함하는 것으로 작업정의한다. 또한 사이버 보안 관리는 이러한 모든 유형의 위협이나 침해에 대항하고 예방하며, 대응하고 복구할 수 있는 여러 관련 활동 등을 의미하는 것으로 정의한다. 이러한 맥락에서 이 연구에서는 영어자료를 활용하는 과정에서 'cyber security'로 표시된 일련의 자료들을 모두 활용할 것이다.

사이버 보안의 의미나 뉘앙스는 방어적인 성격을 내포한다. 하지만 사이버 안보라는 의미에서는 상대방에 대한 사이버 공격과 상대방의 침해나 위협, 공격으로부터의 사이버 방어라는 두 가지 의미와 뉘앙스를 모두 포함한다. 이 연구의 목적과 대상은 공격보다는 방어와 대응에 초점이 맞추어져 있다. 따라서 사이버 보안과 사이버 안보라는 용어를 동의어로 같이 쓰고 영어로 'cyber security'로 표시된 자료들이 이 연구의 주요 검토와 분석대상이 될 것임에도 불구하고 이 연구는 사이버 안보와 관련된 방어적 측면에 주목한다. 따라서 'cyber security'와 관련된 방어적 측면에서의 러시아 사이버 안보에 관한 전략, 법률, 제도, 정책, 행위, 추진체계 등이 주요 분석대상이 될 것이다.

러시아의 사이버 안보를 연구하는 데서 겪게 되는 또 다른 딜레마는 러시아가 미국·서방과 차별화된 방식으로 'cyber'와 'cyber security'라는 용어를 인식하고 접근한다는 점이다. 이 때문에 이와 관련되어 용어의 작업정의가 한 번 더 추가적으로 이루어져야 한다. 러시아는 사이버, 인터넷 공간, 기반시설, 소프트웨어 및 하드웨어 등과 관련된 안보 또는 보안 문제에 대해 보편적으로 'cyber security'라 지칭하는 미국·서방과 달리 '정보안보(information security; информационной безопасности)'라는 용어를 주로 사용한다. 정보안보는 '정보공간에서 의도된 또는 의도되지 않은 위협에 대응하거나 이를 완전한 상태로 복구하는 것'으로 정의된다. 이는 앞서 언급한 바와 같이 미국과 서방이 사이버 위협을 소프트웨어와 하드웨어, 그리고 물리적 기반시설에 대한 악성코드나 기술적 침해를 통한 위협(러시아의 개념정의로는 정보-기술위협)으로 한정하여 이해하는 데 반해 러시아는 정보-기술 위협에 더불어 인터넷 공간에서 유영되는 정보 자체를 위협(contenta as a threat)으로 인식하여 정보내용 자체에 대한 국가 중심의 통제 기제를 유지하고자 한다(신범식 2017, 151). 러시아 역시 사이버(cyber; кибер)라는 용어를 사용하지만 이는 주로 사이버 공격(cyber attack; кибератак)이나 사이버 범죄(cyber crime; киберпреступности) 등과 같이 구체적인 행위를 지칭하는 경우에 사용된다(Кучерявый 2014, 157). 러시아는 'cyber security'라는 용어보다 'information security'라는 용어를 더욱 일반적으로 사용한다. 바꾸어 말하면, 러시아는 전략이나 정책, 시스템, 법률 등과 같은 일반적인 사이버 안보나 보안 관련 내용들을 다룰 때 정보안보(information security; информационной безопасност)나 정보전쟁(information war; информационная война), 정보공간(information sphere; информационной сфере)이라는 개념을 일반적으로 사용하며, 이 용어를 미국을 위시한 서방의 사이버 안보(cyber security)나 사이버 전쟁(cyber warfare), 사이버 공간(cyber space) 개념과 거의 유사하게 사용한다(Кучерявый 2014, 191-199). 이러한 점을 고려하여 이 연구에서는 사이버 안보, 보안관리, 보안을 러시아의 정보안보 또는 정보보안(information security), 정보전쟁(information warfare), 그리고 정보공간(information sphere) 등에 포함하거나 그와 동일한 의미로 작업정의한다. 따라서 러시아 사이버 보안 관련 자료 등을 활용하는 데서 정보안보, 정보보안, 정보전쟁, 정보공간 등으로 표시된 자료들을 포함시킬 것이다. 단 이 경우에 러시아의 정보안보에 관한 전반적인 사항과 함께 미국·서방 등 외부의 위협에 대해 방어적인 또는 대응측면에 초점을 맞춘 러시아의 정보안보나 정보보안, 그리고 정보전쟁의 전략과 법률, 정책과 독트린, 가이드라인, 추진체계들을 살펴볼 것이다.

마지막으로 보안, 보안관리에 대한 작업정의와 관련하여 러시아에서 사용하는 정보전쟁의 개념에 대해 명확히 할 필요가 있다. 통상적으로 러시아의 정보전쟁(information war)은 미국·서방의 'cyber war'에 해당하는 것으로 받아들여진다. 하지만 이와 관련하여 보다 명확한 개념정리가 필요하다. 러시아는 정보전쟁과 관련된 용어로 'информационная война(information war)'와 'информационное противоборство(information confrontation 또는 information counter struggle)'를 함께 사용하는데 러시아 사이버 전략에 대한 다수의 서방 연구에서 이 두 개념 모두를 'information war'로 번역하여 이해한다. 이 과정에서 러시아의 정보전쟁 개념을 군사적인 공격과 방어의 성격으로 이해하는 왜곡이 발생한다. 러시아는 정보전쟁(информационная война)과 정보충돌(информационное противоборство)을 개념적으로 구분해서 사용한다. 러시아의 이론적 사고는 정보충돌을 4개의 하위유형으로 구분하여 단계별로 분류한다. 이는 ① 평화적 공존(peaceful coexistence; мирное сосуществование), ② 이해관계의 갈등(conflict of interests; столкновение интересов) 또는 지속적인 자연적 경쟁관계(continuous natural rivalry; непрерывное естественное соперничество), ③ 무장 충돌(armed confrontation; вооруженное противостояние), ④ 전쟁(war; война)이다. 러시아의 정보충돌(информационное противоборство)은 전쟁(война) 또는 전쟁 시기(wartime)에 국한되지 않으며 단계적으로 이해갈등과 충돌이 격화되어가는 과정으로 이해해야 한다(Nikkarila and Ristolainen 2017, 194). 이러한 러시아의 특수성을 고려하여 이 연구에서 보안 또는 보안관리는 정보전쟁의 개념을 포함하여 러시아의 정보충돌의 개념을 포함하는 것으로 작업정의한다. 특히 그 가운데에서도 공격 또는 공세적 측면보다는 해외 또는 국내로부터의 국가, 비국가 행위자 또는 비인격적 원인 등에 의한 위협에 대한 대응, 예방, 방지, 복구 등의 방어 또는 방어적 측면에 초점을 두는 개념으로 이 연구에서는 이해한다.

## III. 러시아 사이버 안보의 원칙

### 1. 러시아 사이버 안보의 기본인식

사이버 공간은 국가들 간의 전략적 경쟁의 공간이며 모든 디지털적인 것들이 정치화되는 과정에서 러시아 정부는 국내 안보 문제와 연관하여 사이버 공간에 주목해왔다. 러시아 사이버 안보 또는 정보안보를 달성하기 위한 전략 전반에 깔려 있는 기본 인식은 "디지털 주권(digital sovereignty) 또는 인터넷 주권(internet sovereignty)" 개념과 정보기술(information-technology)뿐만 아니라 정보내용(information content)까지도 위협으로 인식하는 시각에 잘 드러난다. 이는 러시아 정보안보 전반의 핵심적 프레임이자 미국·서방과 근본적으로 충돌하는 지점이다(Giles 2012, 64-65).

　　미국·서방은 인터넷을 주권으로 구분되지 않는 글로벌하게 연결된 하나의 전일적 공간으로 인식하고 있으며, 이 연결된 공간에서 정보의 자유롭고 제한 없이 통제받지 않는 흐름을 주장한다. 하지만 러시아는 인터넷이 국가의 주권 공간으로 분할되어야 하며 각 국가의 주권 공간 내에서 국가는 디지털 주권의 개념에 따라 정보의 관리와 통제에 관한 정당한 권한을 가진다고 주장한다(Giles 2012, 67). 또한 미국·서방은 인터넷 위협 또는 사이버 위협을 주로 악성코드와 같은 컴퓨터 장비나 하드웨어, 소프트웨어, 인터넷 기반설비, 네트워크 등에 대한 위협에 제한하여 이해하는 데 반해 러시아는 이러한 정보기술에 대한 위협과 더불어 국가의 정치적 안정, 사회경제적 발전, 문화적 속성, 정신적 가치 등에 부정적 영향을 미칠 수 있는 정보내용 역시 위협으로 인식한다.

"인터넷 주권"의 문제야말로 러시아와 서구가 가장 합의하기 어려운 문제 중의 하나이다. 러시아와 그 동조국(sympathizer)들은 정부가 인터넷 공간을 관리하는 것을 선호한다. 한편 미국은 인터넷 공간에서 정보의 자유로운 흐름이 제한될 수 있다는 점에서 러시아의 이와 같은 입장을 비판해 왔다. 특히 앞서 언급된 "테러" 문제와 "외부 국가에 의한 정보공간에 대한 접근"과 관련하여 중요한 의견차가 존재한다. 앞서 언급한 문건들은 서구에서와 같이 인터넷 거버넌스를 정부에서 관리하지 않는 정보의 자유로운 흐름을 지지하는 규범에 기초하는 방식과 러시아와 동맹국들이 선호하는 사이버 공간에서의 국가주권의 역할을 강화하는 방식의 차이점을 제시하면서 이 양자 간의 차이를 강조한다.

러시아의 입장에 따르면 "인터넷 주권"의 보장, 즉 국가가 정보 공간에 대해 기본적인 영향력을 가져야 한다는 것이 핵심 주장이다. 이와 관련하여 러시아 정부가 큰 위협으로 느끼고 있는 부분은 인터넷을 이용한 외부적 개입이 정부가 조직적으로 활용하는 '국민들에 대한 정보 상쇄 캠페인'을 약화시키는 힘을 가질 수 있다는 점이다. 러시아 국내의 반(反)정부 세력은 '브콘탁테(V kontakte)' 등과 같은 여러 인터넷 사이트를 통해 국민들에게 영향을 끼치기 위한 활동을 시도하였지만, 정부는 이를 사실상 효과적으로 차단하여 왔다. 물론 러시아 정부는 공식적으로 페이스북(Facebook)이나 트위터(Twitter)를 아예 차단하려고 하지는 않는다. 하지만 푸틴 정부는 특히 지난 대통령 선거 이후 정보의 흐름과 사이버 공간에 대한 관리 강화 필요성을 깊이 인식하고 이 같은 노력을 강화해 오고 있으며, 이에 대하여 서방은 러시아가 사이버 및 정보 관련 정책과 관련하여 상이한 입장을 가지고 있음을 더 깊이 인식하게 되었다.

　　사이버 안보에 관한 러시아의 이와 같은 기본인식은 2000년에 발표된 「러시아연방 정보안보 독트린 2000」에서부터 드러나 있다. 이 독트린은 푸틴 대통령의 국가안보회의에 의해 발행된 첫 번째 정책 문건 가운데 하나로 안보 정책 담론을 정보 영역으로 확장시켰다는 것에 의의가 있으며 러시아의 정보안보 접근을 총괄하는 근본 자료(fundamental document)이며 러시아 국가 사이버 안보 전략의 핵심적인 부분을 담고 있다(Giles 2012, 67). 동 전략에서는 정보안보가 러시아의 주권이 보장되는 것을 의미한다고 기술하고(2조c, 8조e), 타국의 정보기관이 국가의 주권을 훼손할 목적으로 사이버 공간에서 심리전을 구사하는 것을 주요 정보안보 위협으로 인식하여 사이버 공간에서 타국의 영향력이 확대되는 것에 대한 경각심을 드러낸다(12조). 또한 군사정치 목적의 정보기술 활용과 주요정보기반시설을 파괴하는 등의 사이버 위협이 국가주권에 위협을 가하며(15조, 16조), 국가의 중요이익을 침해한다고 표명한다(20조). 정보안보의 최우선 전략 목표를 국가주권보호, 정치사회적 안정, 영토보전으로 규정하고(22조), 정보안보 보장을 위해 러시아는 독립적이고 자체적인 정책을 통해 정보공간에서 주권을 보호할 것임을 전략에서 표명한다(29조a).

　　2013년에 발표된 러시아의 정보안보에 관한 대표적인 국제정책 문건인 〈2020년 국제정보안보 정책 기본원칙(Основы государственной политики Российской Федерации в области международной информационной безопасности на период до 2020 года, 대통령명령 1753호)〉에서도 사이버 위협을 국가주권 및 영토적 완전성을 침해하는 행위로 규정하며(8조a), 정보안보 목적을 주권을 침해하는 행위로부터 안전성 보장(10조b, 10조d, 12조, 14조)으로 규정한다. 이러한 러시아의 주장은 러시아의 사이버 범죄조약

(Convention on Cybercrime, 속칭 부다페스트 협약)의 가입에도 영향을 미쳐, 부다페스트 협약의 가입이 러시아의 인터넷 주권을 침해할 수 있음을 주장하고 주권과 관련된 조항(예: 32조)이 삭제된다면 조약에 가입할 수 있다는 의사를 표시한 것으로 알려져 있다(양정윤 2019).[1]

반면 미국은 전략상 사이버 공간에서 주권 개념의 원용을 배격하는 입장을 취한다(Ayers 2016). 트럼프 행정부가 발표한 국가 사이버 전략(National Cyber Strategy, 2018. 9.)에서는 주권에 대한 언급이 서론 부분의 단 한 차례에 그쳤는데 이마저도 적대국(러시아, 이란, 북한)의 사이버 정책을 비난하기 위한 것으로 '우리의 적들은 사이버 공간에 대한 미국과 반대되는 접근을 취하고 있으며 개방된 인터넷으로부터 이익을 취하는 반면 자국 국민들에 대한 인터넷 접근을 통제하고 개방된 인터넷이라는 원칙을 훼손한다. 적대국은 주권이라는 명목하에 산업스파이나 악의적 사이버 활동 등을 통해 타국의 법률을 침해한다'고 언급한다.[2] 즉 주권을 강조한 트럼프 행정부에서조차도 사이버 공간에 대한 주권은 별개의 것으로 취급하려 했음을 의미한다(Ettinger 2020, 410-431). 사이버 공간의 국가주권에 대한 영국의 시각은 미국과

1    한편 부다페스트 협약은 국가의 주권 문제에 관하여 안전장치(safeguard)를 제공하고 있다는 점에서 러시아 측 주장의 합리성에 대해서는 이견이 존재한다. 즉 부다페스트 협약이 ① 국가 간 상호 원조 및 자료 공유가 기본이나 자료 공개가 국가의 주권·안보 등 중대한 이익을 침해할 경우 공개 거부 가능하고, ② 사이버 범죄자의 인도 요청에 대하여 행위자 국적을 근거로 거절이 가능하다.

2    Our competitors and adversaries, however, have taken an opposite approach. They benefit from the open Internet, while constricting and controlling their own people's access to it, and actively undermine the principles of an open Internet in international forums. They hide behind notions of sovereignty while recklessly violating the laws of other states by engaging in pernicious economic espionage and malicious cyber activities, causing significant economic disruption and harm to individuals, commercial and non-commercial interests, and governments across the world.

유사하다. 2016년 영국이 발표한 국가사이버안보전략(National Cyber Security Strategy 2016-2021, 2016. 11)에서는 주권에 대한 언급이 단한 차례 등장하는데 억지력 측면에서 사이버 공간을 자국의 이익과 주권을 옹호하기 위한 공간으로 언급한다.[3] 한편 한국의 국가 사이버 안보 전략(2019. 4.)과 일본의 국가 사이버 안보 전략(サイバーセキュリティ戦略, 2015. 9.)은 사이버 공간의 주권에 관해 하나의 언급도 등장하지 않는다.

러시아의 경우 기존까지 사이버 공간을 명백하고도 노골적으로 통제하고 관리하는 방식을 직접적으로 드러내지는 않았으나, 최근 추진되는 일련의 정책 변화들에 따르면 인터넷에 대한 국가 통제 및 관리가 강화될 것임을 예측할 수 있다. 러시아 정부가 집중적으로 추진하는 '러시아 디지털 경제 프로그램'과 '정보사회 발전전략 2017-2030', RuNet 2020 등을 통해 정보보안을 명목으로 정보 컨텐츠 모니터링 관련 소프트웨어의 개발에 집중적인 투자가 이루어지고 있다. 많은 정치 엘리트들은 러시아의 사이버 공간을 방어적으로 인식하고 외부위협을 적시에 찾아 방어하기 위한 체제를 구축하려는 노력을 지지하고 있으며, 동시에 사이버 범죄를 방지하기 위한 기술과 소프트웨어를 개발하는 정책 등에 대한 강한 지지를 보내고 있다.

이 같은 국내정치와 관련된 문제 외에도 러시아는 대외적 위협을 증폭시키는 요인으로서 정보안보 내지 사이버 안보에 주목하고 있다. 2000년대에 들어 탈(脫) 소비에트 공간에서 벌어진 색깔혁명으로부터

---

3    6.1. CYBER'S ROLE IN DETERRENCE

6.1.1. Cyberspace is only one sphere in which we must defend our interests and sovereignty. Just as our actions in the physical sphere are relevant to our cyber security and deterrence, so our actions and posture in cyberspace must contribute to our wider national security.

시작하여 2008년 조지아 전쟁과 2011년 나토에 의한 리비아 사태 개
입에 이르기까지 서방의 선전과 정보공세에 의한 국제정세의 유동성
은 러시아로 하여금 새로운 방식으로의 대응이 필요한 위협에 대한 우
려를 가중시켰던 것이 사실이다. 특히 러시아는 다음 두 가지 위협에
대해 민감하게 반응하였다. 첫째는 주권국가 내부 정책에 대한 비판을
통해서 그 국가의 내정에 개입하고 궁극적으로 그 레짐을 변화시키려
는 시도였고, 둘째는 그러한 개입이 결과적으로 이익이 연계된 이웃나
라와의 전쟁의 원인이 될 수 있다는 것이다. 이는 색깔혁명의 과정에서
서방이 사용한 민주주의 확산 전략이 결국 러시아의 국익에 심각한 위
협이 되었다는 인식과 궤를 같이하는 것으로 볼 수 있다.

　　이와 같은 인식의 차이에 따라 러시아와 서구 간에는 사이버 안
보 및 사이버 공간 등과 관련된 입장이나 규범 그리고 용어의 일치가
어려웠기 때문에 상호 협력이 쉽지 않아 보인다. 정보보안문제연구소
(Institute of Information Security Issues)에서 제기하고 있는 두 가지
문제, 즉 "정보통신기술을 통해 타국 내정에 대한 개입 시도를 제한하
는 것"과 "사이버 공간에서 유리한 위치를 차지하고 있는 것"이 안보
와 불가분의 관계에 있다는 점을 앞서 언급한 문건들이 강조하는 이
유는 이미 러시아어와 영어의 차이에서부터 드러난다. 러시아는 미국
이 정보 공간에서 누리는 압도적인 우위에 기반하여 조작을 실시할 가
능성에 대하여 깊은 우려를 표하고 있다(Модестов 2003). 결국 가장
근본적인 러시아와 서구의 대립은 '정보의 자유로운 유통'에 대한 서
방의 개인주의적 접근과 러시아의 공공안전을 우선시하는 입장의 차
이에서 기인한다. 러시아 정부는 '정보의 자유로운 유통'이 의회 입법
과 반테러주의의 필요에 의해 제약될 필요가 있다고 보는 것이다(Giles
2011).

특히 테러 및 사이버테러에 대한 러시아의 입장은 서구의 그것과 큰 차이를 노정하면서 양측이 공동의 대책을 마련하기 힘든 커다란 난제로 작용해 왔다(Talihärm 2010, 59–74; Michael 2010). 사이버 안보에서 서구와 러시아 간 의견 차이의 기저에는 바로 러시아 느끼고 있는 '위험 인식'이 존재하고 있다. 러시아식으로 말하자면 '사회적으로 영향을 줄 수 있는 위험'이 존재하고 있기 때문에, 러시아는 이 문제에 대한 개방적 입장을 완전히 수용하기는 어렵다는 것이며 이는 안보에 대한 인식을 대략적으로 규정 짓는 기조가 된다.

하지만 이와 같은 수준에서 마련되는 대책으로 안보가 보장되지 않을 경우 군사력을 방어 노력과 연관 짓는 것을 러시아도 심각하게 고려하게 되었다. 특히 외부의 개입을 통해 집단적 심리가 작동하게 되는 과정에서 국가와 사회가 불안정해지는 상황은 정보공간의 문제가 국가안보와 연결되는 지점으로 러시아가 매우 중요하게 생각하는 부분이며, 이에 대해서 국내법 및 국제법의 법리성과 내정불간섭의 원칙 등에 근거한 군사력의 활용이 정당화될 수 있다는 입장을 견지하고 있다(Giles 2012). 물론 정보공간에서 군사력의 활동은 위협과 연관된 신뢰할 만한 정보의 수집과 도덕적 및 심리적 집단의 동요를 방지하고 국가와 사회의 위협에 적절히 대처하는 과업과 관련되어 있다.

## 2. 러시아 사이버 안보의 국제전략 기조

오늘날 인터넷은 더욱 국제화되어 가고 있다. 2020년에 인터넷 사용자의 90% 이상이 비서구 국가, 특히 비OECD 국가에 거주하는 것으로 관측되며 이러한 통계를 바탕으로 러시아는 인터넷 공간에서 미국이 행사하는 리더십에 강한 의문을 제기하는 것으로 판단된다. 즉 러시아는 "글로벌 공공재"로서 인터넷의 성격을 강조하며 인터넷 공간 관리의 국제화를 주장한다. 2010년 러시아가 추진한 도메인네임의 키릴문자 사용도 이러한 노력의 일환으로, 기존 인터넷의 라틴문자 독점을 완화하여 서방과 비서방에게 동등한 인터넷 공간이라는 인식을 주지시켜야 함을 강조한다. 한편 러시아라 할지라도 인터넷 거버넌스에 내재한 시장중심적 성격을 공개적으로 비판하지는 않는 모습을 보인다.

글로벌 사이버 안보 거버넌스 구축에 관해 서방과 비서방으로 구분되는 두 진영이 형성되어 있음을 볼 수 있다. 서방 진영은 미국을 위시한 EU 등의 서방국가들로 구성되고 비서방 진영은 러시아와 중국이 주도하고 있는 상하이협력기구(SCO)가 주축이 된다. 양측의 사이버 공간에 대한 접근법은 차이를 보이는데, 근본적으로는 국가가 주도하는 사이버 공격 행위를 어떻게 규제 및 저지할 것인지에 관한 국제적 규범을 제정하는 것과 관련하여 자국의 이익에 부합하도록 치열하게 경쟁한다. 양측은 인터넷 공간을 규율하는 규범 및 원칙 설립에 큰 이견을 보이고 있는데 그 기본적인 차이를 정리하면 다음과 같다.

서방은 사이버 공간에서의 기본원칙으로 표현의 자유, 개방, 신뢰 등을 강조한다. 사이버 공간이 민간 중심적으로 운영될 것을 강조하며 개인, 산업계, 시민사회, 정부기관 등 다양한 구성원들의 의견을 수렴하여 사이버 공간에 관한 국제규범이 창설되어야 함을 주장한다. 특히 기존의 국제법, 가령 유엔헌장 등이 사이버 공간을 규율하는 국제규범의 모태가 되어야 한다는 점을 들어 다른 원칙을 강조하는 흐름에 대해서 반대하고 있다. 서방은 새로운 국제법 규범의 구축보다는 사이버 공간에서의 위협을 줄이고 행위자 간 신뢰를 증진할 수 있는 사이버 공간에 적용 가능한 신뢰구축조치(Confidence Building Measures, CBMs)의 마련 및 이행이 더욱 중요하다는 점을 강조한다. 이와 같은 서방의 기본적인 입장은 중국 및 러시아 등이 언론의 자유를 제한하고 통제하는 등의 활동을 통해 인터넷을 정치적인 선전도구 및 통치도구로 이용하는 것에 대한 견제 의도를 담고 있는 것으로 이해되기도 한다.

이에 반하여 러시아와 중국이 주도하는 반서방 진영에서는 사이버 공간에서 국가주권이 인정되어야 하며 필요한 경우 국가에 의한 정보통제가 가능한 공간이어야 함을 주장한다. 또한 기존에 미국이 행사하는 사이버 공간의 주도권을 약화시키기 위해 노력하는 한편 사이버 공간에 새로운 질서를 구축하기 위해서 노력한다. 신뢰구축조치 등의 합의에 우선하여 러시아가 주축이 되어 발의한 〈국제정보안보행동수칙(International Code of Conduct for Information Security)〉과 같은 이니셔티브 제정에 더욱 집중한다. 현재 러시아가 선두가 되어 상하이협력기구(SCO) 회원국과 브릭스(BRICS) 국가들과 함께 인터넷 거버넌스 변경을 위해 노력하고 있다. 일례로 미국 중심의 구글, 페이스북과 같은 세계적 인터넷 기업에 대항하여 자체 검색엔진 및 사회소통망(SNS) 확대에 노력하고 있다(장규현·임종인 2014).

이와 같은 양 진영 간의 기본적인 입장 차이와 이에 따른 경쟁은 사이버 공간을 둘러싼 지구적 균열구도를 형성하게 된다. 전술한 바와 같이 러시아는 신홉스주의적 시각(new Hobbesian perspective)에 따라 사이버 공간을 디지털 웨스트팔리아 체제가 지배하는 공간으로 인지하고 있다. 따라서 러시아는 글로벌 사이버 공간이 상위정치적(high politics) 공간임을 주장하며, 국가들 간 세력균형 원리가 사이버 공간에서도 적용 가능한 것으로 여긴다(Nocetti 2013). 러시아는 글로벌 인터넷 거버넌스에서 서방 세계에 뒤지지 않기 위한 노력을 지속하고 있으며, 사이버 공간에 대한 국가의 관리를 증대시키고 다른 국가가 타국

내정에 개입하는 것을 금하는 원칙으로 일국의 인터넷 공간과 주권을
보호하는 원칙을 확립하려는 입장을 견지하고 있다.


## IV. 러시아 사이버 안보의 환경

## 1. 러시아 사이버 안보 역량

이 절에서는 사이버 안보 전략 실행을 위한 기반이 되는 러시아의 사
이버 안보 환경을 러시아의 사이버 안보 역량에 관한 각종 역량평가
자료와 러시아가 연계된 것으로 추정되는 사이버 공격 사례, 러시아
가 집중적으로 추진하는 주요 정책 추진과제를 통해 살펴본다. 우선 러
시아의 사이버 안보 역량에 관한 평가자료를 살펴보고자 한다. 다수의
사이버 안보 관련 기관들은 국가의 사이버 안보 실태를 평가하기 위
한 목적으로 각 국가의 사이버 안보 역량평가를 실시하고 있다. 국가
사이버 보안 역량평가는 각 평가마다 다른 목표, 특징, 지표수준을 갖
지만 대체적으로 대상 국가 및 비교 가능한 평가항목을 선정하여 평
가를 실시한다. 이러한 역량평가 자료들은 국가들의 사이버 공격 및
방어 능력 수준을 평가하거나 사이버 안보 역량 강화 방안 마련을 위
한 체계적인 지표를 제공하고 각국의 사이버 안보 역량 수준을 타국
과 비교 가능한 객관적인 지표자료로 제시한다. 또한 사이버 안보 강
화 방안을 제시하거나 모범사례를 공유하기도 한다. 대표적인 국가 사
이버 보안 역량평가 주요 자료로 'ITU 세계 사이버 지수(ITU Global
Cybersecurity Index 2017)', 'BSA 유럽 사이버 보안 대쉬보드(BSA,
EU Cybersecurity Dashboard 2017)', 'ASPI 아태지역 사이버 성숙도

(ASPI, Cyber Maturity in the Asia Pacific Region)', 옥스퍼스대 사이버 보안 역량 성숙도 모델(Univ. of Oxford, Cybersecurity Capability Maturity Model(CMM)) 등이 있다.

국가 사이버 안보 역량평가는 단순하고 직관적인 순위자료가 아닌 객관적이고 표준화된 지표를 제시하기 위해 다양한 평가기준을 사용한다. 평가는 구체적이고 세부적인 지표보다는 국가 및 조직의 특성에 따른 차이를 고려하여 포괄적인 지표를 사용한다. 'ITU 세계 사이버 지수'에서는 법, 기술, 조직, 역량구축, 국제협력의 5가지 평가 영역에 대한 25가지 세부항목을 평가지표로 사용하며, 'BSA 유럽 사이버 보안 대쉬보드'는 법, 조직, 정책, 민관협력, 교육의 5가지 평가영역에 대한 31가지 세부항목을 평가지표로 사용한다. 'ASPI 아태지역 사이버 성숙도(2017)'는 거버넌스, 군의 역할, 디지털 경제 및 산업, 사회 참여의 4가지 평가영역에 대한 9가지 세부항목을 평가지표로 사용하며, '옥스퍼드대 사이버 보안 역량 성숙도 모델(2016)'은 정책, 문화 사회, 교육·훈련·기술, 법·규제, 조직 기술 표준의 5가지 평가영역에 대한 24개 평가지표를 사용한다(양정윤·박상돈·김소정 2018).

러시아는 다양한 국가 사이버 역량평가에서 상위 순위에 랭크되어 높은 사이버 역량을 보유한 것으로 평가된다. 헤리티지 재단의 2015년 미 군사력 지수(2015 Index of U.S. Military Strength) 보고서에 따르면 러시아의 사이버 군사력은 '매우 역량이 높음(Very Capable)'으로 매우 위협적인 것으로 판단된다. 러시아는 전 세계적으로 군사적, 정치적 목적의 사이버활동을 수행하고 있으며, RBN(Russia Business Network)과 같은 비정부 및 범죄적 핵티비스트 및 애국적 해커집단이 국가 사이버능력을 강화하는 것으로 분석된다. ITU 세계 사이버 지수는 러시아의 사이버 역량을 전체 193개국 중 26위로 평가한다. 평가항목인 법제도, 기술, 기관, 협력, 역량 구축 중 러시아는 법제도 항목이 가장 발달하였으며 기술 및 역량 구축 항목이 비교적 낮은 것으로 평가된다. Richard A. Clarke는 미국 안보정책 수립을 위한 기초자료 마련을 목적으로 5개국(이란, 북한, 미국, 중국, 러시아)을 대상으로 공격 및 방어능력 위주의 사이버 역량평가를 수행하였는데, 러시아는 전체 5개국 중 2위로 평가된다. 러시아의 공격 능력은 미국과 비교하였을 때 다소 낮으나 독자적 사이버 공간 운용능력 및 방어능력이 높아 미국에 비해 높이 평가되었다(네트워크 의존도가 낮아 침투 가능성이 낮아지게 되어 방어력이 높은 것으로 평가).

2020년 Belfer Center가 발표한 국가 사이버 역량 지수 2020 (National Cyber Power Index 2020)에 따르면 러시아는 미국, 중국, 영국에 이어 전 세계 4위의 사이버 역량을 갖춘 국가로 집계되었다(Voo et al. 2020). 러시아는 특히 감시(surveillance), 통제(control), 공격(offense) 항목에서 높게 평가되었으며, 전체적으로 사이버 공간 활용에 대한 의도는 강하나 역량은 상대적으로 낮은 것으로 평가되었다. 지표 내 동일한 항목으로 의도에 대해서만 평가하였을 때 러시아는 감시 항목에서 1위에 집계되었다.

사이버 공간에 관한 러시아의 역량 강화 노력은 다양한 원인에서 기인한 것으로 분석되나 러시아의 국방비 열세와 전략무기 노후화에 따른 물리적 군사력 열세를 극복하기 위한 수단으로 고도화된 사이버 기술력 확보를 위해 노력하는 것으로 추정된다. 실제로 러시아의 사이버전 전력은 세계 최고 수준인 것으로 평가되며, 서방 측은 러시아가 최근 재래식 전쟁과 사이버 작전을 동시적으로 수행해온 거의 유일한 군사강국인 점을 들어 러시아의 사이버전 군 전력으로부터의 위협에 관해 상당히 우려하는 분위기가 고조되고 있다.

**표 I-1 NCPI 2020**

|  | 전체 | 감시 | 방어 | 통제 | 첩보 | 상업 | 공격 | 규범 |
|---|---|---|---|---|---|---|---|---|
| 1 | 미국 | 중국 | 중국 | 미국 | 미국 | 중국 | 미국 | 미국 |
| 2 | 중국 | 러시아 | 프랑스 | 러시아 | 영국 | 미국 | 영국 | 프랑스 |
| 3 | 영국 | 미국 | 네덜란드 | 중국 | 중국 | 영국 | 러시아 | 일본 |
| 4 | 러시아 | 영국 | 미국 | 이스라엘 | 이스라엘 | 일본 | 중국 | 독일 |
| 5 | 네덜란드 | 캐나다 | 캐나다 | 베트남 | 네덜란드 | 한국 | 스페인 | 중국 |
| 6 | 프랑스 | 독일 | 일본 | 영국 | 한국 | 네덜란드 | 이스라엘 | 영국 |
| 7 | 독일 | 뉴질랜드 | 스웨덴 | 뉴질랜드 | 캐나다 | 스위스 | 독일 | 호주 |
| 8 | 캐나다 | 네덜란드 | 영국 | 이란 | 뉴질랜드 | 호주 | 이란 | 한국 |
| 9 | 일본 | 호주 | 스위스 | 호주 | 호주 | 스웨덴 | 네덜란드 | 네덜란드 |
| 10 | 호주 | 에스토니아 | 독일<br>(러시아<br>18위) | 독일 | 러시아 | 싱가포르<br>(러시아:<br>26위) | 프랑스 | 캐나다<br>(러시아:<br>15위) |

## 2. 러시아 연계 추정 주요 사이버 공격 사례 분석

월드와이드웹(www)이 사용되기 시작한 1990년대 중반 러시아 내에서 체첸전이 발발하였는데, 체첸인들은 사이버 선전을 적극적으로 활용하였으며 러시아인들은 이에 대항하여 체첸인들의 웹사이트를 폐쇄하였다. 1998년 러시아의 동맹국인 세르비아가 나토로부터 공격을 받자 친(親)세르비아 해커들은 나토를 대상으로 디도스(DDoS) 공격을 감행하였다. 또한 구소련이 1998-1999년까지도 미 국방부, NASA, 에너지부, 대학들을 대상으로 사이버 공격을 감행한 정황이 공개되었다. 이를 통해 전 세계에 배치된 수천만 건의 미 군사시설 관련 지도, 병력 배치, 전력자료 탈취를 목표로 하였으며 일부 작전을 성공한 것으로 알려져 있다(달빛미로 사건, Moonlight Maze)(Buchanan and Sulmeyer

2016). 러시아는 2007년 국가 전체를 마비시킨 대규모 사이버 공격인 에스토니아 DDoS 공격의 유력한 용의자이다. 2007년 에스토니아가 수도 탈린에 위치한 소련군 동상과 묘지를 탈린 중심에서 외곽의 군 묘지로 이전시키자 대규모의 DDoS 공격이 발생한 사건이다. 이전된 소련군 동상은 제2차 세계대전 당시 나치의 침입에 대한 소련군의 투쟁을 상징적으로 나타내는 기념비로, 러시아에게는 큰 의미를 가지나 에스토니아에게는 의미가 쇠락하여 에스토니아의 수도 탈린에서 외곽으로 이전이 결정된 것이었다. 소련군의 동상이 철거되자 러시아 해커들은 2007년 4월 27일에서 5월 10일까지 약 2주간 에스토니아의 의회, 정부기관, 언론기관, 방송기관, 금융기관 등을 대상으로 대규모 DDoS 공격을 감행하였으며 국가의 주요기관을 마비시켰다. 이에 따라 피해 시설이 약 3주간 다운되었으며 2개월간 국가 행정이 마비되었고 피해 규모가 7억 5000만 달러에 이르는 등 국가적 혼란이 야기되었다(Geers 2008). 이 사이버 공격의 주 발신지 IP주소가 러시아 정부기관으로 밝혀져, 에스토니아 외무장관은 러시아가 공격에 직접적으로 연루되었음을 발표하였으며 나토 국방장관회의에서 공격에 관한 러시아 정부 개입 문제를 공식적으로 제기하였으나 러시아 정부는 공격 사실을 부인하였다. 이 사건은 사이버 공격의 심각성에 대한 전 세계적 경각심을 촉구하고, 국가를 대상으로 한 대규모 사이버 공격의 위해성을 최초로 보여준 사건이다. 또한 국제적 대응 조직 설립에 대한 논의를 촉발하여 NATO 산하에 '사이버방어협력센터(Cooperative Cyber Defense Centre of Excellence, CCDCOE)'가 설립(2008)되는 계기가 된다.

2008년에는 러시아-조지아 전쟁 중 러시아 사이버 범죄조직(Russia Business Network)이 조지아 대통령 홈페이지를 비롯한 의

회, 국방부, 외교부 및 조지아 소재 미국 웹사이트 약 54개를 대상으로
DDoS 공격을 집중적으로 실행하여 국가 행정을 마비시켰다. 일부 연
구자들은 2008년 조지아에 대한 사이버 공격이 조지아를 공격하는 동
안 러시아의 진군을 지원하는 역할을 하였다고 분석하여 동 공격이 전
쟁기간 동안 전자전을 통해 물리전을 지원하는 형식의 하이브리드전
(hybrid warfare) 작전이었음을 주장한다(U.S. Cyber Consequences
Unit 2009). 2008년에 러시아는 린(William Lynn) 미 국방부차관이
"미국군 컴퓨터에 대한 가장 중대한 침해"라고 단정한 공격을 실시했
다는 혐의를 받았으며, 이 공격은 감염된 USB 드라이브를 통해서 중부
사령부(CENTCOM)에 전달된 것으로 알려졌다(Lynn 2010, 97-108).

러시아의 사이버 범죄자들은 2009년 기후변화 해결에 대한 국제
협상을 방해하기 위한 의도로 한 대학 연구에 침투한 "클라이밋 게이
트(Climategate)"에 대한 책임이 있다는 비난을 받기도 했다(Stewart
and Delgado 2009). 2009년 러시아 해커가 키르기스스탄 내 미 공군
기지 주둔 등에 항의하는 정치적 목적으로 주요 인터넷서비스 사업자
전산망을 대상으로 사이버 공격을 감행한 것으로 알려졌다. 나토와 유
럽연합은 2010년에 러시아의 사이버 공격이 증가하는 것에 대해 경고
를 보냈고, 미연방수사국(FBI)은 마이크로소프트사에서 소프트웨어
검사자로 일하던 카렌트니코프(Alexey Karetnikov)가 러시아의 정보
원일 가능성이 있는 것으로 보고 그를 추방했다(Ustinova 2010).

러시아는 2013~2014년 이후로 우크라이나 사태를 거치며 사이
버전 군 전력을 효과적으로 활용하는 모습을 보이고 있다. 특히 우크
라이나 사태와 관련하여 포괄적이며 파상적인 사이버 공격 및 정보수
집 등의 다양한 사이버 전술을 구사함으로써 더욱 진일보한 사이버전
의 양상을 개척해 나가고 있는 것으로 평가되고 있다(Blank 2016). 러

시아는 2015년 발생한 우크라이나 정전사태의 배후로 지목된 바 있다. 2015년 12월 23일 우크라이나 이바노프란키우시트주에서 대규모 정전사태가 발생하여 약 8만 가구에 전략 공급이 중단된 사건이다. 우크라이나 에너지부는 지방 전략공급회사에 '블랙에너지(BlackEnergy)'라는 악성코드를 활용한 사이버 테러가 원인이 되어 대규모 정전사태가 발생하였음을 발표한다. 이후 조사에서 우크라이나 국가안보국(SBU)과 미 국토안보부(DHS)는 공격의 배후가 러시아라고 발표하나 러시아는 이를 부인한다. 이 사건은 사이버 공격으로 발전시설이 정치된 최초의 사건으로 실제 대규모 정전사태(blackout) 및 물리적 피해 발생 가능성을 보여준 사건이다.

　　2016년 발생한 미국 대선에 러시아가 개입한 사건이 알려진다. 미 대선에 러시아가 DNC 서버를 해킹하여 정보를 유출하고 허위사실 유포 등을 통해 트럼프 대통령 당선에 영향력을 행사하였다고 알려진 사건이다. 2016년 7월 위키리크스(WikiLeaks)는 DNC 관련 20,000개 이메일과 8,000개 파일을 유포하는 사건이 발생하는데, 미 보안업체들을 이메일 유포가 러시아 정보기관에 의해 조직적으로 발생한 것임을 발표한다. 당시 미 대통령인 오바마 대통령은 미-러 핫라인(red phone)을 통해 푸틴에게 대선 해킹에 대해 경고하고, 이에 대한 보복으로 러시아 외교관 35명을 추방하고 대선 해킹과 연루되어 있는 것으로 의심되는 러시아의 시설 2개를 폐쇄하는 행정명령을 발동시킨다. 또한 DHS와 FBI는 관련 합동분석보고서를 발표하고 DNI도 미 대선에 관한 러시아 활동보고서를 발표한다. 보고서에 따르면 해킹의 주체는 러시아 민간·군사 정보기관(Russian civilian and military Intelligence Service, RIS) 및 러시아 정보기관(연방보안국 FSB), 정보총국(GRU)이며 공격 목표는 트럼프 대통령 당선 및 미 민주주의 및 미국 정부에 대한 신뢰 저하이다(양정윤·김규동·김소정 2016, 105-118).

러시아는 2018년 2월에 발생한 평창 동계올림픽 해킹사건의 배후로도 지목되었다. 2018년 2월 9일 평창 동계올림픽 개막식이 열린 20시 전후로 평창 동계올림픽 조직위원회 홈페이지(https://www.pyeongchang2018.com)에 해킹 공격이 발생한다. 평창 동계올림픽 네트워크 시스템에 장애가 발생하여 개막식 도중 메인프레스센터(MPC)에 설치된 IPTV가 꺼지면서 중계방송을 통해 개막식을 취재하던 취재단의 취재 활동에 장애가 발생하였다. 또한 조직위원회 홈페이지 접속 장애가 발생하여 시민들의 입장권 출력이 중단되었고, 행사장의 일부 좌석이 비워진 채로 행사가 진행되었다. 또한 IPTV, 와이파이, 전자태그(RFID), 웹, 앱, 메일 등을 사용할 수 없게 되었다(디지털데일리 2018). 공격의 배후는 러시아의 군 정보기관인 정보총국(Main Intelligence Directorate, 이하 GRU)으로 추정된다. 러시아는 2016년 브라질 리우 올림픽 당시에도 도핑의혹으로 자국의 육상 선수단이 출전하지 못하게 됨에 따라 세계반도핑기구(World Anti-Doping Agency)에 해킹공격을 수행한 공격자로 지목된 바 있다(The Washington Post 2016).

2018년 4월 러시아 GRU[4] 소속 정보요원 4명은 네덜란드 헤이그 소재의 유엔화학무기금지기구(OPCW)에 대한 해킹을 시도하다 네덜란드 정보당국(AVID)에 발각되어 러시아로 강제 추방된다(The Guardian 2018). 유엔화학무기금지기구는 당시 러시아 이중스파이 독살시도 사건(2018.3) 및 시리아 두마(Douma)지역 화학무기 사건

---

4    정보총국(Main Intelligence Administration, 이하 GRU, 러시아어: Главное разведывательное управление, ГРУ): 러시아연방군 정보기관으로 2016년 미 대선 러시아 개입 사건 등 다양한 해킹사건의 공격자로 지목.

(2018. 4)을 조사 중이었던 것으로 알려졌다. OPCW 해킹 사건의 경우 해킹 피의자들의 동향을 예의주시하고 있던 영국 정보당국이 이들의 동향을 감시하는 과정에서 네덜란드 입국을 경계하고 있다가, 이들이 와이파이 신호를 잡을 수 있을 정도의 거리로 OPCW 건물에 근접하게 접근하자 네덜란드 측에 경고를 하고, 네덜란드 정보국 요원이 해킹 범죄 현장을 급습함으로써 이례적으로 해킹 공격의 피의자에 대한 책임 귀속이 가능했던 사건이다.

지난 몇 년간 러시아의 사이버군에 소속된 해커들은 프랑스의 TV 네트워크, 폴란드 주식시장, 미국 국무부 등 서방의 주요 목표물들에 침투하는 데에 성공한 것으로 알려지고 있다(Foxall 2016). 따라서 러시아는 향후 각 지역에서 서방과의 갈등을 포함해 분쟁 상황에 직면하게 될 경우, 사이버군 전력이 한층 강화된 하이브리드 전술을 활용할 것으로 보인다.

한편 이와 같은 사이버 공격과 달리 일반인들에 대한 감시 등에서도 러시아 관련 사이버 범죄의 가능성도 포착되었다. 러시아 보안회사인 카스페르스키연구소(Kaspersky Lab)는 2012년에 전 세계에서 수백만 명의 사람들에 대해 스파이 활동을 한 사이버 공격 기제인 '붉은 10월(Red October)'을 발견했다고 발표했다(Kaspersky Lab 2016). 이 캠페인의 공격 목표에는 대사관, 연구소, 군사 시설, 에너지 회사, 핵 관련 조직 및 중요 기반시설 등이 포함되어 있었다고 한다(BBC 2013). 일부 연구자들은 2013년에 러시아와 러시아어를 사용하는 인근 국가들에서 악성코드가 들어 있는 수백만 개의 안드로이드 기기를 발견하기도 했다고 보고했다. 연구자들은 이러한 공격들이 러시아 정부가 자국 국민과 인접 국가의 국민들을 감시하고 있다는 것을 부분적으로 입증하는 증거로 보고 있다(Higgins 2013).

**표 I-2** 러시아 관련 주요 사이버 공격

| 발생 시기 | 피해 대상 | 내용 |
|---|---|---|
| 2018 | OPCW | 유엔화학무기금지기구(OPCW) 해킹 시도 중 검거 |
| 2018 | IOC, 평창 동계올림픽 조직위원회 | 평창 동계올림픽 조직위원회 해킹을 통해 개막식 행사 차질 유발 |
| 2016 | 미국 | 미 대선에 DNC 서버를 해킹하여 정보를 유출하고 허위사실을 유포하여 트럼프 대통령 당선에 영향력을 행사함 |
| 2015 | 우크라이나 | 이바노프란키우시트주에 정전사태가 발생하여 약 8만 가구에 전력 공급이 중단 |
| 2009 | 미국 | 기후변화에 관한 국제협약을 방해하기 위해 대학의 연구시설 해킹 (Climategate) |
| 2008 | 조지아 | 러시아-조지아 전쟁 중 조지아 대통령 홈페이지, 정부기관 등에 DDoS 공격을 실시하여 국가 행정 마비 |
| 2007 | 에스토니아 | 에스토니아 의회, 정부기관, 금융기관, 방송기관 등에 DDoS 공격을 실시하여 국가 행정 마비 |

## 3. 러시아 사이버 안보 주요 정책 추진 과제

### 1) 러시아 디지털 경제 프로그램

현재 러시아의 사이버 안보에 관한 가장 주목할 만한 정책으로는 '러시아 디지털 경제 프로그램'과 '정보사회 발전전략 2017-2030' 및 RuNet 2020 프로젝트가 있다.

'러시아 디지털경제 프로그램'은 2017년 6월 1일 러시아연방 대통령(the President of the Russian Federation), 러시아연방 정부(the Government of the Russian Federation), 그리고 러시아연방 대통령 행정실(the Administration of the President of the Russian Federation)의 명령(order)에 따라 발전되고 승인되었다. 이 프로그램

은 러시아 내의 데이터 전송, 처리, 저장에 관하여 안전하고 견고한 기반시설을 구축하고 사이버 위협으로부터 러시아 국민, 기업 및 국가이익을 보호하며 러시아의 사회경제적 발전을 위한 디지털 기술 발전을 위해 2024년을 목표로 추진되고 있는 국정과제이다. 이 프로그램의 코디네이터는 정보통신부(Ministry of Communication and Mass Media of the Russian Federation)이며 2017년 3월에 인터에이전시 워킹그룹(inter-agency working group, IWG)이 구성되었다. 이 IWG는 9개의 세부그룹들로 이루어진다. 이는 "디지털 경제의 규제(Regulation of the digital economy)", "연구와 개발(Research and development)", "인적자원과 교육(Human resources and education)", "디지털 기반시설(Digital infrastructure)", "정보안보(Information security)", "디지털 정부(Digital government)", "디지털 헬스케어(Digital healthcare)", "스마트시티(Smart city)", 그리고 "디지털 경제 발전 거버넌스(Digital economy development governance)"이다. 세부그룹들은 2024년 말까지 목표, 목적, 마일스톤, 그리고 지표의 매트릭스에 따라 드래프트 프로그램을 구조화한다. 이 IWG들은 모두 디지털 경제발전을 위한 조건을 만들어내는 데 목표를 둔다. 이러한 조건은 디지털 경제의 규제(Regulation of Digital Economy), 디지털 기반시설(Digital Infrastructure), 디지털 경제를 위한 인적자원(Human Resources for Digital Economy), 정보안보(Information Security), 그리고 디지털 기술(Digital Technologies) 등을 포함하며 이는 러시아 디지털 경제의 핵심기반을 이룬다. 한편 민간부문의 디지털 경제발전 프로그램과 병행하여 6개의 연방 "디지털 공공행정(Digital Public Administration)" 프로젝트가 작동되는데 각 프로그램은 〈표 I-3〉과 같다.

전체 프로그램의 총괄은 부총리이며 각각은 프로그램에 대한 관

**표 I-3** 러시아 디지털 경제 프로그램

| | 프로그램 | 관리 부처 | 시행 기간 |
|---|---|---|---|
| 1 | 정보환경에 관한 규범 발전 | 경제발전부 차관 | 2018. 11. 1–<br>2021. 12. 31. |
| 2 | 정보 기반시설 발전 | 디지털발전통신매스컴부 차관 | 2018. 11. 1–<br>2024. 12. 31. |
| 3 | 정보 인력 확보 | 경제발전부 차관 | 2018. 11. 1–<br>2024. 12. 31. |
| 4 | 정보보안 강화 | 디지털발전통신매스컴부 차관 | 2018. 11. 1–<br>2024. 12. 31. |
| 5 | 정보기술 발전 | 디지털발전통신매스컴부 차관 | 2018. 11. 1–<br>2024. 12. 31. |
| 6 | 전자정부 발전 | 디지털발전통신매스컴부 차관 | 2018. 11. 1–<br>2024. 12. 31. |

리부처를 지정하였다. 이 중 정보보안 프로젝트는 총 4개의 세부 목표에 대한 52개의 이행과제로 구성되어 있다. 6개의 주요 프로그램 하에 법률의 제·개정, 정보통신기반시설 구축, 사이버 인력 확충, 정보보안 강화, 정보기술 발전, 전자정부의 발전을 도모하고 총 1,000여 개의 세부 이행과제를 명시하여 사이버 공간에 대한 국가주도적인 발전 의지를 나타낸다. 정보보안 프로그램의 세부 목표 및 중점 추진사항은 다음과 같다.

첫 번째 세부 목표는 정보보안 기술 분야의 국내 기술 발전을 통해 기술 수출 분야에서 러시아의 경쟁력을 제고하는 것이다. 이를 위한 중점 추진사항으로는 러시아의 정보보호 제품 및 서비스에 대한 대내외적인 홍보를 전개하고 국가적으로 특허 취득을 지원하여 러시아 정보보호 산업의 발전을 도모하고, 국제기구에서 사이버 공간의 관할권과 적용 가능한 국제법에 관한 국제활동을 활발히 전개한다. 또한 러시아 전문가들의 국제기구 활동 참여를 지원하여 국제기구에서 러시아의 영향력을 강화한다. 세부 목표 1의 책임기관은 디지털발전통신매스컴부, 국가표준위원회(Rosstandart), FSTEC, FSB로 지정되어 있다.

두 번째 세부 목표는 정보 인프라 및 데이터 전송, 처리, 저장 서비스의 기능에서 안정성과 보안 기능을 향상하는 것이다. 이를 위한 중점 추진사항으로 정보통신기반시설의 안전한 운영을 위한 관련 법제도 및 규정을 개선한다. 또한 국가 컴퓨터 사고 조정센터 및 러시아 정보자원 대상 컴퓨터 공격 탐지·예방·제거에 관한 국가시스템(GosSOPKA)의 기능을 강화하여 사이버 위협에 관한 정보공유를 활성화하고 국가의 사이버 보안을 강화한다. 세부 목표 2의 책임기관은 디지털발전통신매스컴부, FSB, 통신·IT·언론감독국, 국방부이다.

세 번째 세부 목표는 디지털 경제에 대한 정보보안 위협으로부터 개인, 기업, 국가의 법적 권리와 이익을 보호하는 것이다. 이를 위해 신기술 발전에 따른 사이버 안보 환경의 변화에 대응하여 법규정을 개정하고 관련된 국가 표준을 마련한다. 또한 암호기술, 교육훈련, 사용자 인증기술, 사이버 보안 관련 인식 제고에 관한 국가적 노력을 강화한다. 세부 목표 3의 책임기관은 디지털발전통신매스컴부, 국가표준위원회, FSB, 산업통상부, FSTEC, 통신·IT·언론감독국, 뱅크오브러시아, 노동사회보호부, 교육부, 과학고등교육부이다.

네 번째 세부 목표는 데이터 전송, 처리, 저장에 관한 국내 기술의 사용을 보장하는 것이다. 이를 달성하기 위한 중점 추진사항으로 연방기관에서 사용하는 컴퓨터, 서버, 통신 장비의 조달에 국내 생산장비를 우선적으로 사용한다. 또한 러시아 전체에 국내에서 생산된 컴퓨터, 서버, 통신 장비의 사용을 권장하기 위한 정책을 마련하여 추진하고, 러시아산 보안 소프트웨어의 사전 설치를 의무화한다.

이는 사이버 전 분야를 포괄하는 체계적이며 국가 주도적인 프로그램으로 사이버 공간에 대한 국가의 지배력을 강화하려는 속성을 내포한다. 정보보안에 관한 러시아 디지털 경제 프로그램에 따라 연방기관에 러시아산 컴퓨터, 서버, 통신장비의 사용이 장려되고, 러시아 인터넷서비스공급자(ISP)는 네트워크 스위치 장비를 통해 인터넷 트래픽을 국내 라우팅 포인트로 리디렉션하는 것이 가능해진다(BBC 2019). 이를 통해 전 세계 인터넷망으로부터 인터넷 분리가 가능해짐에 따라 국가의 인터넷 검열 및 사이버 공간의 주권화에 관한 문제가 심화될 것으로 전망된다.

### 2) 정보사회 발전전략 2017-2030

러시아는 정보사회의 발전 및 국가의 디지털 경제 창출, 정보통신기술 분야의 국가이익 보장 및 국가적 우선 과제의 전략적 이행에 관한 사항을 정하기 위한 목적으로 정보사회의 발전에 관한 정책 문건을 지속적으로 발표하고 있다. 최초의 정보사회에 관한 전략은 2008년에 발표하였으며 2010년 〈정보사회에 관한 국가 프로그램 2010-2020〉을 발표하였다. 이후 2017년 〈정보사회 발전전략 2017-2030〉을 발표함으로써 기존 정보사회에 관한 정책 문건을 대체하고 정보보안 및 디지털 경제에 관한 부분을 증대하였다. 또한 그 내용이 "디지털 경제발전 프로그램"과 "정보안보 독트린"을 포함하고 있으며 중첩된다. 〈정보사회 발전전략 2017-2030〉의 내용은 다음과 같다.

정보사회 발전전략상 사이버에 관한 전략적 우선순위에 관한 5개 분야로 ① 지식정보공간 조성, ② 연방 정보통신 인프라 개발, ③ ICT 의 개발, 활용 및 국제적 차원에서의 경쟁력 보장, ④ 경제 및 사회 분야 개발을 위한 새로운 기술 기반 형성, ⑤ 디지털 경제 분야 국가이익

분야를 설정한다. 사이버 안보에 관한 사항으로 지식정보공간 조성에 관하여 사이버 안보에 관한 위협을 감지·예방·경고하는 시스템을 구축하고 관련 기술개발을 보장할 것을 명시한다. 또한 ICT 인프라 개발 분야에서 정보 접근을 확보하기 위해 SW·서비스, 시스템·데이터 처리 센터, 통신 네트워크에 대한 인프라 개발의 필요성을 언급한다. 이와 같이 ICT 인프라를 개발하기 위해 규제에 관한 국가 전체의 통일성을 갖추고 기반시설에 대한 중앙 집중식 모니터링 및 관리를 실시할 것임을 명시한다. 또한 ICT 인프라를 러시아산 제품으로 교체하여 기술의 독립성과 정보보안을 보장할 것임을 천명한다. 신기술 발전에 따른 위협 증대에 신속히 대응하기 위해 상시 모니터링 체제를 구축하고 러시아에서 자체적으로 개발한 어플리케이션, SW, 원격통신 장비 및 정보보안 장비의 사용을 강화할 것임을 명시한다. 러시아연방기관과 연방행정기관, 국영기업, 지자체는 러시아에서 자체적으로 개발한 ICT 제품을 의무적으로 사용해야 하며 러시아 영토 내에 위치한 서버를 통해 데이터를 처리해야 하며, 러시아 통신망을 이용하여야 하고 데이터의 국내 전송이 보장되어야 한다. 또한 이 프로그램은 러시아연방 내 정보자원을 구축하고 이를 관리하기 위한 규제를 실시하며 정부는 연방의 전기통신 단일 네트워크에 대한 중앙집중식 모니터링 및 관리 시스템을 구축하는 등 러시아의 인터넷 기반시설에 대한 국가의 관리를 강화한다. 국제적으로는 사이버 공간에서의 국가주권을 보호하기 위해 노력해야 하며 ICT 개발의 주요 9대 분야 중 하나로 정보보안을 포함하여 정보보안 분야를 지속적으로 강조할 것임을 천명한다.

이 프로그램에서는 특히 데이터 보안을 강조하는데 본 전략을 통해 러시아는 국가 정보 시스템에 포함된 데이터의 처리 절차, 개인정보의 국가 보호 절차 등을 법제화할 것이며, 정보보안 분야에서 러시아산

ICT 기술을 활용하고 데이터의 불법적인 해외 송출을 엄격하게 금지하고 있다. 또한 러시아 자체 개발 SW와 장비로 데이터 처리 센터 및 데이터 처리 장비를 개발할 것임을 명시한다. 국제적으로도 러시아 기관의 정보 저장 및 데이터 처리는 러시아 내 소재하는 서버 및 데이터 베이스에서만 실행되어야 하며 ICT 제품·서비스에 대한 정보의 접근, 판매 등에 있어 러시아 공급업체에 대한 최혜국 대우를 보장한다. 또한 해외 기관과 전자 상거래 시 러시아 결제 시스템을 통해 결제를 실행해야 함을 원칙으로 정한다. 러시아 정보사회 발전전략은 디지털 경제 프로그램과 더불어 전방위적으로 사이버 공간에 대한 국가의 영향력 강화를 표방하는 전략으로 해석된다.

### 3) RuNet 2020 프로젝트

RuNet 2020 프로젝트(이하 RuNet 2020)는 정보공간에서의 "디지털 주권", "국가통제", "러시아/유라시아 문명권의 방어", "정보기술과 정보내용의 위협성" 등에 대한 러시아의 전략적 인식이 구체적으로 투영된 사례로 간주될 수 있다. 러시아는 RuNet 2020을 통해 폐쇄되고(closed), 안전하며(safe), 그리고 완전히 국가에 의해 통제되는(controlled) 사이버 공간을 추구한다. 이는 미국과 서방이 추구하는 사이버 공간에 대한 열린(open), 안전한(safe), 보안된(secure) 목표와 확연히 대별된다. 러시아의 전략적 목표는 글로벌 인터넷 망과는 완전히 분리된 독립된 국가 정보 시스템을 만들려는 것이고 그에 대한 백업 카피를 마련하여 러시아 내에서의 인터넷 라우팅 아키텍처를 통제함으로써 네트워크 전반의 안정성을 확보하려는 것이다. 즉 러시아는 글로벌 인터넷에서 분리된 폐쇄적인 사이버 공간 구축을 목표로 추진한다(Nikkarila and Ristolainen 2017, 30).

러시아의 디지털발전통신매스컴부는 2016년 6월 글로벌 인터넷으로부터 RuNet(인터넷의 러시아 섹션: the Russian segment of the Internet)을 단절시키기 위한 구체적인 기술 계획을 논의한 것으로 알려져 있으며, RuNet이 글로벌 인터넷으로부터 2020까지 단절될 것이라고 선언한 바 있다. 비영리기관인 MSK-IX는 로스텔레콤과 공동으로 RuNet의 백업 포메이션에 관한 연구를 시작하였는데 연구의 목적은 네트워크 라우팅에 관한 트래픽을 시각화할 수 있는 시스템을 개발하는 동시에 실시간으로 네트워크 상태에 대한 정보를 획득하는 것이 가능하고 상호보완적인 네트워크 장비를 개발하는 것이다. 디지털발전통신매스컴부는 이를 통해 네트워크 라우팅 포인트에 관한 자체 소유의 레지스터를 생성하여 네트워크 운용자들이 제한된 레지스터 포인트 사용을 의무화하고자 한다(Nikkarila and Ristolainen 2017, 56).

2016년 9월 일련의 지방정부와 공공기관에서 RuNet 2020과 관련된 정책이 추진되었으며 모스크바시는 MS 프로그램을 국내산 소프트웨어로 교체하겠다고 발표하였다. 또한 국영 언론사 'Rossiya Segodnya'와 모스크바 지역 정부들은 오라클(Oracle) 데이터베이스 시스템을 오픈소스 소프트웨어인 PostgreSQL로 교체한 바 있다. 2016년 10월 러시아는 공식발표를 통해 러시아 군사 정보망이 글로벌 인터넷과 완전히 분리되었으며 군사 부문의 모든 HW 및 SW 장비가 국내 장비 및 SW로 교체하였다고 발표한 바 있다(Nikkarila and Ristolainen 2017, 35). 동월 디지털발전통신매스컴부는 자동시스템, RuNet 기반시설, '.ru'와 '.pф'와 같은 자국 도메인 네임 등록대행자(Domain Name Registrar) 네트워크에 관한 기본 사항을 러시아적 시각에서 재정의하는 신법률 초안을 발표했다. 초안은 국가가 기업 및 개인에 관한 자동시스템과 네트워크뿐만 아니라 .ru와 .pф 도메인, 라우팅 포인트를 포함하는 RuNet의 전체 핵심 기반시설을 통제하는 것을 의무화하였으며 ISP는 이를 준수하여야 한다(Nikkarila and Ristolainen 2017, 15).

이러한 러시아의 전략은 인터넷 검열과 통제의 발전을 통한 '디지털 주권'의 사고를 실제로 사이버 공간에서 현실화하려는 것이다. RuNet은 러시아의 현존하는 영토의 정보공간으로의 확장으로 간주된다. 이러한 측면에서 RuNet 2020에서 나타나는 러시아의 전략적 사고는 현실 국제정치질서에서의 웨스트팔리아 체제가 사이버 공간으로 확장 적용되는 '디지털 웨스트팔리아'로 이해할 수 있다. 최근 수년간 RuNet은 러시아 국가가 법적, 기술적 발전을 통해 국가의 힘을 사용하고 열린 글로벌 인터넷의 아이디어에 도전하는 플랫폼이 되고 있다(Nikkarila and Ristolainen 2017, 7-8). 서방 전문가들은[5] RuNet 2020의 실현 가능성을 낮게 또는 부정적으로 보고 있으나, 핀란드의 전문가들은 폐쇄된 인터넷 망이 가지는 개방형 인터넷 망에 대한 비대칭적 이점 때문에 매우 심각한 위협으로 받아들여야 할 필요가 있다고 주장한다(Nikkarila and Ristolainen 2017).


## V. 맺음말

사이버 공간은 국가들 간의 전략적 경쟁의 공간이다. 모든 디지털적인 것들이 정치화되는 과정에는 국가와 관련하여 제기되는 몇 가지 문제들이 있다(Nocetti 2013). 우선, 적지 않은 정부들은 국가주권이 영토공간에서와 같이 사이버 공간에서도 실현되는 것을 선호하고 있다. 또

---

5   King's College Department of War Studies 사이버 안보 전문가들과의 인터뷰, 2019년 8월 27일.

한, 기술의 빠른 발전을 법제(法制)의 변화 과정이 쫓아가지 못하여 국민국가를 중심으로 하는 웨스트팔리아 체제에 대한 의구심이 제기되고 있고, 나아가 21세기 국가 간 및 국가-국민 간 관계의 재정립 과정이 심각하게 진행되고 있다. 이와 같은 변화의 과정에서 인터넷 공간은 과거 서구 중심에서 탈피하여 국제적 성격을 띠게 되었으며, 그 결과 적지 않은 국가들이 미국의 사이버 공간과 도메인(domain) 관리에 대한 정당성에 의문을 제기하기 시작하였고 미국과 경쟁하는 국가들이 등장하였다.

그 가운데 러시아는 사이버 공간에서 가장 대표적인 미국의 경쟁자이다. 러시아의 사이버 안보에 대한 인식과 입장 그리고 그 실제적 적용의 모습은 어떤 것인가? 정보기술 강국 러시아의 사이버전 능력의 진화에 대한 관심이 높아지고 있다. 민간 중심으로 인터넷 발전되고 주요기반시설 관리가 유지되는 서방과는 달리 러시아는 정보기관 중심으로 사이버 안보 체계가 구축되어 있으며 러시아의 사이버 보안 기술 및 공격 능력이 매우 발전해 있는 것으로 알려져 있다. 중국의 사이버 범죄·테러와 관련된 움직임은 지속적으로 포착되는 데 비하여 러시아와 관련된 사이버 공격 활동이 잘 드러나지 않는 것에는 러시아 해커들의 공격 기술이 높은 수준이기 때문인 것으로 추정하는 분석도 존재한다.

미국·서방의 그것들과 충돌하는 러시아의 사이버 안보 전략과 정책들은 주요한 패러다임 도전이 된다. 게임이론의 측면에서 글로벌 인터넷망 내에서 미국·서방의 열린 인터넷과 러시아의 폐쇄된 인터넷이 서로 경쟁할 경우에 러시아의 폐쇄된 인터넷이 공격/방어에 있어 전략적 이점을 갖는다. 다음의 〈그림 I-1〉은 그러한 러시아의 공격/방어에 있어서의 전략적 이점을 보여준다. 바깥의 점선 사각형은 열린(open)

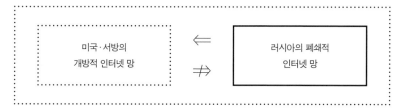

**그림 I-1** 미국·서방 vs. 러시아의 인터넷 개념도

글로벌 인터넷 공간을 의미한다. 안쪽의 점선 사각형은 미국·서방의
열린(open) 인터넷 공간을 의미한다. 안쪽의 실선 사각형은 러시아의
폐쇄된(closed) 인터넷 공간을 의미한다. 이 닫힌 인터넷 공간은 러시
아의 개념에 따르면, 국가가 통제권을 가지는 디지털 주권의 영역에 해
당한다. 열린 인터넷 공간과 닫힌 인터넷 공간과의 관계는 화살표로 표
시되었다. (⇐)은 공격이 가능한 것을 (⇏)은 공격이 불가능한 것을 의
미한다. 게임이론의 측면에서 러시아는 공격이 가능하고 미국·서방의
공격이 불가능하기 때문에 방어에서 상당한 우위를 점한다. 이 때문에
게임의 전략적 측면에서 러시아는 상당한 우위를 점하게 된다.

이와 같은 게임이 지속될 경우 미국·서방의 대응이 어떤 방식으
로 전개되던지 러시아는 윈-윈(Win-Win) 상황이 되고 미국·서방은
루즈-루즈(Lose-Lose) 상황이 될 수 있다. 예를 들면 미국·서방이 열
린 인터넷의 전략을 지속할 경우 러시아의 폐쇄된 인터넷 망은 공격-
방어에 있어 상당한 우위를 계속 누릴 수 있게 된다. 한편 게임의 승리
를 위한 전략적 선택에 따라 미국·서방이 폐쇄된 인터넷 망을 선택할
경우 글로벌 인터넷 공간 전체가 러시아가 주창하는 "디지털 주권화"
또는 "디지털 웨스트팔리아" 체제로 패러다임이 이동하게 된다. 이 경
우에는 러시아가 담론의 주도권을 잡게 된다. 이런 맥락을 고려하면
러시아의 사이버 안보 전략과 정책은 사이버와 오프라인 공간에서 미

국·서방이 주도하는 기존 국제정치질서에 대한 "게임체인저"로서의 성격을 가진다.

러시아의 최근 사이버 안보 전략, 정책들과 관련된 여러 움직임들은 주요한 몇 가지 사이버 전략과 정책에 관련된 시사점을 준다. 먼저, 국가의 사이버 안보 전략과 정책은 해당 국가의 자기 정체성과 가치, 국가의 장기적이고 총체적인 목표와 전략을 근간으로 안보전략과 그 한 부분으로서의 사이버 안보 전략, 그리고 그와 관련된 세부정책들이 체계적이고 유기적으로 연계되고 조율되어야 한다는 점이다. 이는 바꾸어 말하면 구체적인 개별 사이버 침해 사례와 사이버 보안과 관련된 필요성과 정치적 또는 정책적 판단, 또는 해외 사례에 대한 선택적 벤치마킹 등에 따라 사이버 안보 전략과 정책이 이루어져서는 안 된다는 것을 의미한다. 러시아 사례분석에서 나타나는 특징 가운데 하나는 러시아의 사이버 전략과 정책 등이 만들어지는 데 영향을 미친 어떤 구체적인 사안이나 필요의 제기 등의 특정한 추진배경을 찾기 어렵다는 점이다. 또한 적어도 2000년 정보안보 독트린부터 최근까지 나타나는 여러 전략과 정책들이 전반적으로 일관성과 연계성을 갖고 꾸준히 추진되고 있다는 점이다. 이는 러시아의 사이버 안보 전략과 정책이 러시아가 어떤 자기 정체성을 가지며 국제정치 질서에서 어떤 국가목표를 추구할 것인지에 대한 자기인식을 근간으로 꾸준히 지속적이고 체계적으로 시행되고 있기 때문인 것으로 보인다. 이러한 러시아의 인식과 접근방법은 의미 있는 시사점을 준다.

또한 국가들은 러시아와 중국 등이 추진하는 폐쇄된 인터넷 망에 포획되지 않도록 유의할 필요가 있다. 러시아는 러시아를 포함한 주변 인접 국가들을 러시아의 폐쇄망인 RuNet 2020에 포함시켜 글로벌 인터넷에서 단절시키려고 시도한다. 이 과정에서 러시아의 주변 국가들이 러시아의 폐쇄 인터넷 공간 속으로 포획될 위험이 있다. 중국 역시 러시아와 같은 디지털 웨스트팔리아 체제를 선호한다는 측면에서 주변 국가들이 중국의 "디지털 만리장성"[6]으로 불리는 폐쇄망 속으로 포획되지 않도록 경계할 필요가 있다. 이런 측면에서 러시아, 중국 등이 주변 국가들의 공공 와이파이 사업이나 전자발찌 감시망 사업, 위치추적이나 지리정보사업, IoT 사업, 컴퓨터 하드웨어, 소프트웨어, 그리고 정보통신기반시설 등에 자금투자나 합작사업, 기술협력 등의 형태로 침투하는 것에 대한 높은 수준의 경계와 감시가 필요하다.

마지막으로 러시아, 중국, 그리고 북한 등과 같은 글로벌 인터넷으로부터 단절된 폐쇄된 인터넷을 가진 국가들과의 사이버 충돌 또는 사이버 전쟁 전략을 면밀하게 수립해야 할 필요가 있다. 이는 러시아가 주는 시사점처럼 정보-기술과 정보-내용의 측면을 모두 고려해야 한다. 자유민주주의 기본가치와 질서, 그리고 개인적 권리에 대한 가치들을 존중하는 열린 인터넷을 추구하면서도 폐쇄된 인터넷을 가진 국가들과의 사이버 충돌에서 승리할 수 있는 전략과 전술들이 준비되어야 한다. 하지만 불행히도 아직까지는 이에 대한 적절한 대안이 자유민주주의 국가들에서 찾아지지 않은 것처럼 보인다. 그럼에도 불구하고 이에 대한 계속되는 노력이 필요할 것이다.

사이버 안보는 미래 사회로 갈수록 점점 더 중요한 안보문제가 될

---

6   금순공정(金盾工程): 황금방패 프로젝트, 방화장성 또는 만리방벽(The Great Firewall)으로도 불림. 중국 공안부에서 운영하는 디지털 공안체계로 1998년 중국 민주당이 인터넷과 휴대전화 문자메시지, 그리고 이메일을 이용하여 대중에게 정치적 영향력을 미치기 시작하자 이를 경계한 공산당이 관련자들을 체포하고 인터넷상 정치활동을 금지시키는 사건을 계기로 창설. 국은 황금방패를 통해 효율적으로 공안시스템을 운영하여 사회의 공공질서가 확보됨을 선전함. 동시에 유해한 웹상의 콘텐츠로부터 자국민을 보호한다는 명목으로 대규모의 인터넷 검열, 감시 및 첩보시스템을 가동시키는 것으로 알려져 있음.

것이다. 이러한 흐름을 반영하여 한국에서도 사이버 안보와 관련된 노력이 계속되어야 할 것이다. 해외의 주요 국가들의 사례를 적실성 있게(timely) 살펴보고 참조하는 것은 그러한 노력의 주요한 한 방법이다. 러시아 사례를 살펴보는 것은 이 때문에 나름의 의미가 있고 이 연구의 내용들이 그러한 측면에서 의미가 있기를 기대한다. 한국의 입장에서는 서방과 러시아와 중국을 위시한 진영 사이의 팽팽한 경쟁 구도 가운데 어떤 역할을 감당하고 또한 어떤 변화를 가져올 수 있는지 예의 주시하면서 한국의 사이버 안보 전략을 발전시켜 나가야 할 것으로 보인다.

# 참고문헌

디지털데일리. 2018. "시스템 붕괴됐다 성공적인 평창올림픽 무대 뒤 긴박했던 12시간"
　　(http://www.ddaily.co.kr/news/article/?no=168483)
신범식. 2017. "러시아의 사이버 안보 전략."『슬라브학보』 32(1): 139-178.
신범식·윤민우. 2020. "러시아 사이버 안보 전략 실현의 제도와 정책."『국제정치논총』 60(2):
　　167-209.
양정윤. 2019. "상하이협력기구의 사이버 안보 논의." 김상배 외,『사이버 안보의 국가전략 2』.
　　사회평론아카데미.
양정윤·김규동·김소정. 2017. "Implications on National Security Strategies of the
　　Strategic Use of Cyber Capabilities of Foreign Governments."『Crisisonomy』
　　13(11): 105-118.
양정윤·박상돈·김소정. 2018. "정보공간을 통한 러시아의 국가 영향력 확대 가능성 연구:
　　국가 사이버 안보 역량 평가의 주요 지표를 중심으로."『세계지역연구논총』 36(2): 133-
　　162.
윤민우. 2017.『폭력의 시대 국가안보의 실존적 변화와 테러리즘』. 서울: 박영사.
장규현·임종인. 2014. "국제 사이버 보안 협력 현황과 함의: 국제안보와 UNGGE 권고안을
　　중심으로."『정보통신방송정책』 26(5): 21-52.

ASPI. 2017. "Cyber Maturity in th Asia-Pacific Region 2017." (https://www.aspi.org.au/
　　report/cyber-maturityasia-pacific-region-2017)
Ayers, Cynthia E. 2016. "Rethigking Sovereignty in the Context of Cyberspace." U.S.
　　Army War College Center for Strategic Leadership.
BBC. 2013. "'Red October' cyber-attack found by Russian researchers."
BBC. 2019. "Russia considers 'unplugging' from internet." (2019. 2. 11)
BSA. "EU Cybersecurityn Dashboard." http://cybersecurity.bsa.org/assets/PDFs/
　　study_eucybersecurity_en.pdf
Buchanan, Ben and Michael Sulmeyer. 2016. "Russia and Cyber Operations: Challenges
　　and Opportunities for the Next U.S. Administration." Carnegie Endowment for
　　International Peace.
Blank, Stephen J. 2016. "Information Warfare A La Russe." in Phil Williams, Dighton
　　Fiddner (eds.). *Cyberspace: Malevolent Actors, Criminal Opportunities, and
　　Strategic Competition*. SSI & US Army War College.
EastWest Institute. 2011. "Moscow State University Information Security Institute."
　　Russia-U.S. Bilateral on Cybersecurity Critical Terminology Foundations.
Ettinger, Aaron. 2020. "Principled Realism and Populist Sovereignty in Trump's Foreign
　　Policy." *Cambridge Review of International Affairs* 33(3): 410-431.

Foxall, Andrew. 2016. *Putin's Cyberwar: Russia's Statecraft in the Fifth Domain*. London: The Henry Jackson Society.

Gallagher, S. 2013. "US, Russia to install 'cyber-hotline' to prevent accidental cyberwar." *Ars Technica* (June 18 2013).

Geers, K. 2008. "Cyberspace and the Changing Nature of Warfare." Hakin9 E-Book 19-3. SC *Magazine* 6: 1-12.

Giles, Keir. 2011. "Information Troops: A Russian Cyber Command?" in Third International Conference on Cyber Conflict, CCDCOE, 2011.

Giles, Keir. 2012. "Russia's Public Stance on Cyberspace Issues." in Fourth International Conference on Cyber Conflict, CCDCOE, 2012.

Giles, Keir. 2012. "Russian cyber security: Concepts and current activity." REP Roundtable Summary (London: Chatham House, 2012), p. 64.

Global Cyber Security Capacity Centre, Univ. of Oxford. "Cybersecurity Capacity Maturiey Model for Nations (CMM)." https://www.sbs.ox.ac.uk/cybersecurity-capacity/system/files/CMM%20revised%20edition_09022017_1.pdf

Gorshenin, V. 2013. "Russia to create cyber-warfare units." *Pravda* No.14. (August 29. 2013).

Higgins, K, Jackson. 2013. "Anatomy of a Russian Cybercrime Ecosystem Targeting Android." *Dark Reading* (August 3 2013).

Ingersoll, G. 2013. "Russia Turns to Typewriters to Protect against Cyber Espionage." *Business Insider* (July 11 2013).

ITU, "Global Cybersecurity Index(GCI) 2017." https://www.itu.int/dms_pub/itu-d/opb/str/DSTR-GCI.01-2017-PDF-E.pdf

Kaspersky Lab. 2016. "The 'Red October' Campaign—An Advanced Cyber Espionage Network Targeting Diplomatic and Government Agencies." *GReAT* (January 14 2016).

Kukkola, J., M. Ristolainen, and J-P. Nikkarila, 2017. "Confrontation with a closed network nation: Open network society's choices and consequences." in J. Kukkola, M. Ristolainen, and J-P. Nikkarila eds. *Game Changer Structural transformation of cyberspace*. Puolustusvoimien tutkimuslaitoksen julkaisuja 10(Finnish Defence Research Agency Publications 10), Finnish Defence Research Agency, pp. 55; Черных, "Информационная война: традиционные методы, новые тенденции." p. 194.

Lynn, W. J. 2010. "Defending a New Domain: The Pentagon's Cyberstrategy." *Foreign Affairs* 89(5): 97-108.

Medvedev, Sergei A. 2015. "Offense-Defense theory analysis of Russian cyber capability." Thesis, (Monterey, California: Naval Postgraduate School, 2015), p. 47.

Michael. A. 2010. "Cyber Probing: The Politicization of Virtual Attack." Defence Academy of the United Kingdom, Shrivenham.

Nikkarila, Juha-Pekka and Mari Ristolainen. 2017. "'RuNet 2020' – Deploying traditional elements of combat power in cyberspace?" in Juha Kukkola, Mari Ristolainen, and Juha-Pekka. Nikkarila (eds.). *Game Changer Structural transformation of cyberspace.* Puolustusvoimien tutkimuslaitoksen julkaisuja 10(Finnish Defence Research Agency Publications 10), Finnish Defence Research Agency: 30-31.

Nocetti, Julien. 2013. "Contest and conquest: Russia and global internet governance."

Ristolainen, Mari. 2017. "Should 'RuNet 2020' be taken seriously? Contradictory views about cybersecurity between Russia and the West," in Juha Kukkola, Mari Ristolainen, and Juha-Pekka. Nikkarila (eds.), *Game Changer Structural transformation of cyberspace.* Puolustusvoimien tutkimuslaitoksen julkaisuja 10(Finnish Defence Research Agency Publications 10), Finnish Defence Research Agency (2017), p. 12.

Stewart, W. and M. Delgado. 2009. "Were Russian security services behind the leak of 'Climategate' emails?" *Daily Mail* (December 6, 2009).

The Guardian. "Russia accused of cyber-attack on chemical weapons watchdog." (2018. 10. 5) (https://www.theguardian.com/world/2018/oct/04/netherlands-halted-russian-cyber-attack-on-chemical-weapons-body)

The Washington Post. "World Anti-Doping Agency confirms Russian hack of Rio Olympic drug-testing database." (2016. 9. 13)

Talihärm, A.-M. 2010. "Cyberterrorism: in Theory or in Practice?" *Defence Against Terrorism Review* 3(2): 59–74.

U.S. Cyber Consequences Unit. 2009. "Overview by the US-CCU of the Cyber Campaign against Georgia in August of 2008." August.

Ustinova, A. 2010. "Microsoft Says 12th Alleged Russian Spy Was Employee." *Bloomberg* No.13. (July 14 2010).

Voo, Julia et al. 2020. *National Cyber Power Index 2020: Methodology and Analytical Considerations.* Harvard Kennedy School Belfer Center.

Михаил. М. Кучерявый, "Роль информационной составляющей в системе политик{и обеспечения национальной безопасности Российской Федерации," Известия Российского государственного педагогическ{ого университета им. А.И. Герцена № 164 (2014), p. 157.

# 제2장    러시아 사이버 안보의 국내적 기반과 체제

윤민우  가천대학교 경찰안보학과

# I. 머리말

오늘날 빠르게 진화하는 사이버 위협과 사이버 안보 환경을 이해하고 이에 대응하여 국내 사이버 안보 역량을 발전시키기 위해 사이버 안보 부문의 주요 선도국가들의 사례를 살펴보고, 소개하고, 그리고 그러한 사례들로부터 시사점을 도출하는 것은 의미가 있다. 이런 맥락에서 이 연구는 러시아 사이버 안보의 국내적 기반과 체제를 살펴보고, 소개하고, 분석한다.

러시아의 사이버 안보 역량은 매우 높은 수준에 도달해 있는 것으로 평가되며, 사이버 안보와 관련된 전략개발에서도 상당한 역량축적과 발전을 보여주고 있다. 이미 러시아의 사이버 안보 전략은 2000년부터 제시되었다. 2000년 3월 러시아연방 대통령 취임과 함께 푸틴 대통령은 '강한 국가(strong state)'를 다시 만들겠다는 것을 목표로(Carman 2002, 340), 그러한 목표달성을 위한 수단의 일환으로 사이버 전력의 강화를 추진했다. 2000년 3월에 발표된 〈러시아연방 정보안보 독트린 2000(Доктрина информационной безопасности Российской Федерации)〉은 그러한 푸틴의 의도와 목표를 반영한 사이버 안보 전략을 제시한다(Carman 2002, 343). 푸틴은 해당 정보안보 독트린에서 정책의 목적은 전략적으로 중요한 정보의 보호를 보장하는 것이라고 주장했다. 당시 이 독트린의 주요 전략 정보보호의 대상은 신문과 방송 등과 같은 미디어에 우선순위를 둔 것이었지만 이후 정보기술(information-technology)뿐만 아니라 정보내용(information-content)까지 주요한 정보안보의 대상으로 인식하는 러시아의 정보안보의 전략적 프레임을 구축하는 데 주요한 영향을 미쳤다(Carman 2002, 344).

러시아 사이버 안보의 국내적 기반과 체제는 러시아의 독특한 인식(perception)과 생각(mind-set)을 기반으로 한다. 그러한 인식과 생각들은 요약하면 다음의 내용들을 포함한다. 첫째, 2000년 푸틴정권 등장 이후 본격화한 강한 국가의 재건과 미국 주도의 일방적 단극체제를 러시아가 한 축을 담당하는 다극체제로 바꾸고자 하는 지정학적 전략의 채택이다. 둘째, 러시아가 가지는 미국과 서방의 기술적, 문화적, 정신적 침해 또는 세력 확장에 의해 포위되어 있다는 '포위된 요새(besieged fortress)' 관념(mentality)이다. 셋째, 사이버 공간에서 정보-기술의 위협뿐만 아니라 정보-심리의 위협 역시 매우 심각하다는 러시아의 관념(mind-set)이다. 넷째, 인터넷 공간에서 국가의 배타적 주권과 불간섭의 원칙이 지켜져야 한다는 러시아의 인식(perception)이다. 이러한 일련의 인식과 생각들은 복합적으로 작용하여 오늘날 러시아 사이버 안보의 국내적 기반과 체제를 형성하고 작동하는 데 영향을 미친다. 이 연구에서는 러시아 사이버 안보의 국내적 기반과 체제에 대한 연구를 통해 러시아의 독특한 인식과 생각이 어떻게 이러한 구체적인 사이버 안보에 투영이 되어 있는지를 소개한다. 이 연구의 조사 내용들은 주요한 사이버 안보부문 선도국가 가운데 하나인 러시아의 사이버 안보의 국내적 기반과 체제에 대한 이해를 제공하고 이로부터 우리의 사이버 안보 기반과 체제의 발전을 위한 시사점을 제시한다.

## II. 러시아 사이버 안보의 국내적 기반: 전략 및 법령

### 1. 사이버 안보 전략

러시아의 사이버 안보 전략은 러시아의 지정학적 인식과 관련이 있다. 2000년 푸틴 정권의 출범을 기점으로 러시아는 지속적으로 강한 국가를 재건하고 미국 주도의 단극질서를 다극질서로 바꾸려고 시도해왔다. 그리고 그러한 다극질서에서 러시아가 주도하는 세력 공간(sphere of influence)을 확보하고자 노력해왔다. 이러한 러시아 주도의 세력 공간은 러시아연방을 포함하여 근외지역(Near Abroad)으로 정의하는 이전 소비에트 연방에 속했던 주변 국가들을 포함하는 지리적 범위에 해당한다. 미국과 서방의 세력침투로부터 이 러시아의 세력공간을 방어하는 것이 지난 20년간 푸틴 정권의 지정학적 전략의 핵심이었다. 이러한 지정학적 전략의 연장선상에서 러시아의 사이버 안보 전략 역시 미국이 일방적으로 주도하는 글로벌 사이버 공간에서 러시아의 인터넷 공간을 디지털 주권의 개념에 따라 격리해내고 그러한 러시아의 인터넷 주권 공간을 미국·서방의 정보-기술적, 정보-내용적 세력 침투로부터 방어하는 것을 핵심 목표로 한다.

　　러시아의 사이버 안보 전략에 깔린 가장 근본적인 인식론은 러시아와 러시아 인근 지역을 독자적인 러시아/유라시아 문명(Russian/Eurasian civilization) 공간으로 보는 것이다. 이러한 인식론에 기초하여 정보전쟁은 미국이 이끄는 대서양 문명(Atlantic civilization)으로부터 초래되는 정보적 적대행위(informational aggression)이며 러시아의 사이버 안보는 이에 대한 대응행동이라고 간주된다. 이와 같은 러시아의 정보전쟁에 대한 인식과 이해는 러시아의 지정학적 이론 및 실천과 서로 긴밀하게 연계되어 있다(Darczewska 2014, 5). 2014년 우크라이나에서의 정보전쟁은 러시아의 이러한 시각이 투영된 좋은 사례이다. 러시아의 전략적 인식에서 우크라이나에 대한 러시아의 정보작전은 러시아의 문명권(sphere of influence)에 대한 대서양 세력의 침투에 맞선 방어적 성격의 대응행동이다(Darczewska 2014, 6).

정보전쟁에 대한 러시아의 전략이론은 오랜 전통을 갖고 있다. 이는 1942년 군사외국어학교(Military Institute of Foreign Language)에서 별도의 과목으로 처음 수업이 진행된 특수 프로파간다(спецпропаганда; special propaganda)에 의해 유래되었다. 특수 프로파간다는 1990년대에 커리큘럼에서 없어졌다가 2000년대에 다시 도입되었다. 프로파간다와 관련된 정보전쟁은 이처럼 소비에트 시절부터 러시아 군사전략의 주요한 부분으로 존재했다(Darczewska 2014, 9). 전통적으로 러시아 정보전쟁 이론은 학제 간 응용 학문(interdisciplinary applied science)의 성격을 갖는다. 이는 매우 다양한 영역을 포함하기 때문이다. 여기에는 정치학, 경제학, 사회학, 군사학, 정보(intelligence), 방첩, 외교, 프로파간다, 심리, 정보(information), 통신, 교육 등이 모두 포함된다(Darczewska 2014, 9).

전통적으로 러시아의 정보전쟁 전략이론은 다음과 같은 특성을 갖는다. 먼저 방어적 속성이 강조되어 있다. 이는 미국·서방의 패권적인 문명적, 정보적 영향으로부터 러시아의 독자적인 문명권을 보존하고 방어해야 한다는 시각이 깔려 있음을 의미한다. 다음으로 러시아인들은 정보전쟁을 정보무기로서의 정보 자원을 통제하기 위해 특별한 수단을 사용함으로써 정보공간 내에서 서로 다른 국가들에 의해 채택되는 다른 문명적 시스템들 사이의 경쟁의 한 부분으로 대중의 의식에 영향을 미치는 것으로 이해한다는 점이다. 따라서 그들은 군사와 비군사적 서열(order)[1]과 기술적(사이버 공간)이고 사회적인(정보공간) 서열(order)을 혼합하여 사용한다(Darczewska 2014, 12).

러시아의 이와 같은 사이버 안보 전략은 2000년에 발표된 〈러시아연방 정보안보 독트린 2000〉에서부터 드러나 있다. 이 독트린은 러시아의 사이버 안보 접근을 총괄하는 근본 자료(fundamental document)이며 러시아 국가 사이버 안보 전략의 핵심적인 부분을 담고 있다(Giles 2012, 67). 이 독트린은 푸틴 대통령의 국가안보회의에 의해 발행된 첫 번째 정책 문건 가운데 하나이다. 이 문건은 안보 정책 담론을 정보 영역(information domain)으로 확장시켰다. 해당 문건의 위협의 정의는 국가 정체성(national identity)의 한계를 정하고 문화생산물의 주요 행위자인 매스미디어에 대한 통제를 합법화했다. 러시아연방정부는 국가의 단일성(uniformity)과 안정성(stability)을 보장하기 위한 통신 기반시설(communications infrastructure)에 대한 규제를 강화했다. 이러한 움직임은 정체성의 재생산에서 국가의 역할을 합법화하고 이를 위해 국가 내에서 독립 미디어를 국가가 장악하여 정체성 재생산에 대한 국가의 적극적인 활동을 보장하는 담론 전략을 의미한다(Carman 2002). 이 독트린의 주요 타깃은 러시아의 방송과 같은 전통적인 매스미디어에 관한 것이지만 이후 인터넷 전반에 적용되는 러시아의 기본적인 전략 담론을 담고 있다는 점에서 주요한 의미가 있다. 국가정책에 관한 러시아적인 의미에서 이 독트린은 정보안보에 대한 러시아의 접근을 관할하는 근본적인 문건이고 사이버 이슈들을 정보안보의 필수적인 부분(integral subset)으로 간주한다. 해당 독트린은 방송국(broadcasting organizations)과 다른 공공 미디어의 공

---

1    서열은 전투서열을 의미한다.

공 정보 정책의 형성에 국가의 개입·관여의 효율성을 증진시키기 위한 방법들을 개발하는 것을 규정한다. 가장 핵심적인 개념은 미디어가 정부 당국에 우호적인 방식으로 공공 여론을 형성하는 국가의 도구라는 점이다. 예를 들어 이 독트린에 따르면, 어떻게 성공적으로 정보 투쟁을 수행할 것인가에 대한 대답으로 정보안보에 관한 법률의 필요성을 지적한다. 정보안보를 위해서는 미디어가 독립적이건 그렇지 않건 미디어에 의해 전송되는 관점이 정부에 우호적인 것이 반드시 보장되어야 한다. 따라서 모든 미디어는, 정부 미디어이건 민간 미디어이건, 국가의 감독 아래에 있어야 한다. 특정한 법적·제도적 메커니즘의 발전이 불법적인 정보–심리적 영향이 사회의 대중의 의식에 미치는 것을 예방할 수 있다고 이 독트린의 2항 7절(Article II Part 7)은 강조한다(Giles 2012, 70-71).

러시아의 독자적인 사이버 안보 전략은 국제무대에서 독자적인 목소리로 나타났고 이는 미국·서방의 사이버 안보에 대한 접근 전략과 충돌했다. 러시아는 2011년 9월 예카테린부르크에서 열린 "안보 사안들에 대한 책임이 있는 고위급 관료들의 국제회의(international meeting of high-ranking officials responsible for security matter)"에서 "국제정보안보에 관한 드래프트 컨벤션(Draft Convention on International Information Security)"을 발표했다. 이 드래프트의 핵심 조항들은 모스크바 국립 대학교의 IISI(the Institute of Information Security Issues)에 의해 만들어졌으며 정보 공간에 대해 러시아가 관심을 가지는 23개의 근본적인 이슈들로 압축된 것이다. 주요 내용들은 권리와 자유에 대한 침해의 회피와 불법적 목적들을 위한 정보자산의 이용을 범죄화하는 것들과 같은 국제사회 전반의 보편적인 것들도 있지만 동시에 미국과 영국, 그리고 다른 서방국가들에서 보편적으로 받아들여지는 인터넷의 이용과 통치에 관한 관점과 정면으로 충돌하는 이슈들도 다수 포함된다(Giles 2012, 64).

러시아는 "정보안보를 위한 국제 정보안보와 국제 행동강령에 관한 드래프트 컨벤션(Draft Convention on International Information Security and an International Code of Conduct for Information Security)"을 중국과 비서방권 다른 국가들과 함께 유엔(UN)에 제안했다. 이 제안은 두 가지 사항을 제기한다. 먼저, "국가 정보 공간 또는 네트워크 주권"과 같은 핵심 영역에서 러시아가 제안한 원칙들은 서방의 원칙들과 다르다. 인터넷상에서의 위협에 대응한 인터넷의 국가 관리와 통제가 필요하며 그 대상범위는 적대적 코드뿐만 아니라 적대적 내용으로부터의 위협을 포함한다. 둘째, 국경을 넘나드는 정보의 자유롭고 방해받지 않은 흐름을 보장하는 것은 러시아의 안보 엘리트들이 인터넷이 작동하도록 원하는 바와는 반대된다(Giles 2013, 3-4). 이런 러시아의 제안은 미국·서방의 입장과 정면으로 충돌했다.

2013년 2월에 "게라시모프 원칙"[2]이 발표되었다. 이 원칙의 이름은 러시아의 전략가이자 현 러시아연방군 참모총장인 발레리 바실리예비치 게라시모프(Валерий Васильевич Герасимов)의 이름을 딴 것이다. 게라시모프 원칙에 따르면, 전쟁의 규칙들이 바뀌었다. 따라서 사이버 공간에서의 해킹과 언론조작, 사이버 공격, 프로파간다, 선전

---

2  게라시모프 원칙은 사이버 안보를 포함한 군사전략 전반에 관한 러시아의 핵심 군사 지도부의 인식이 바뀌어 가고 있는 것을 보여준다. 게라시모프 원칙은 마크 갈레오티가 "게라시모프 독트린"이란 용어로 서방에 처음으로 소개하였다. 최근 갈레오티는 "게라시모프 독트린"이 실존하는 명칭이나 용어가 아니라고 언급하면서 이와 관련된 오해에 대해 사과하였다. 그럼에도 불구하고 게라시모프 원칙 또는 게라시모프의 주장들은 러시아의 사이버 안보를 포함한 군사전략 전반에 대한 변화하는 러시아 국가안보와 군사 지도부의 인식과 접근전략을 이해하는 데 도움을 준다. 이와 관련된 보다 자세한 사항은 이 책의 4장에서 다루고 있다.

여론전 등 비군사적 수단들이 전통적인 물리적·군사적 수단들보다 더 중요할 수 있다. 이 원칙은 현대의 사이버 안보 갈등의 속성은 정보전쟁의 모든 갈등 단계에 내포되어 있으며 군사적이고 비군사적인 힘을 함께 포함한다고 주장한다. 해당 원칙은 다음과 같은 중요한 사안들을 지적한다. 첫째, 갈등은 점점 더 정보와 다른 비군사적 수단들로 이루어지고 있다. 둘째, 비밀 작전과 비정규 병력은 점점 더 정보 충돌에서 중요해지고 있다. 셋째, 전략적(strategic), 작전적(operational), 그리고 전술적(tactical) 수준들과 공격과 방어 활동 사이의 구분이 사라지고 있다. 넷째, 정보무기들은 적의 이점들을 상쇄시키고 적 영토의 전반에 걸쳐 저항 전선의 형성을 허락한다는 점에서 비대칭 작전들을 가능하게 한다. 다섯째, 정보 충돌은 적의 전투 능력을 떨어뜨리는 기회를 만들어낸다. 러시아가 게라시모프 원칙에 따라 21세기 전쟁에서 새로운 접근을 시도하고 있는 정황이 나타난다. 러시아는 공세적이고 공격적인 사이버 태세로 전환했다. 분명한 정치적, 군사적 위기가 나타나기 전에 상대국에 대한 선제적인 정보활동을 시작하며 러시아 군이나 러시아연방정부의 책임 여부를 묻기 어렵도록 다양한 민간 행위자들을 프록시 병력으로 활용한다(Giles 2013, 63). 특히 자발적 애국심으로 동기화된 해커들이나 금전적 동기를 가진 사이버 범죄자들과 같은 전통적인 의미에서 군이나 국가의 에이전트로 볼 수 없는 다양한 프록시 행위자들을 적극적으로 주요한 사이버 공격의 첨병으로 활용한다. 이런 점에서 전통적인 군과 민간의 경계가 점점 더 사라지고 있다(윤민우 2018, 100; Connell and Vogler 2017, 10-12; Medvedev 2015, 62-63).

　러시아의 사이버 안보에 관한 대표적인 국제전략은 2013년 7월에 대통령령 1735호로 발표된 〈2020년 국제정보안보 정책 기본원칙(Основы государственной политики Р оссийской Федерации в области международной информационно й безопасности на период до 2020 года)〉이다. 이는 국제 정보안보 강화를 위한 국가정책의 우선사항을 명시하고 있다. 국제정책의 목표는 국제 정보안보 메커니즘 구축을 위한 국제법제도 구축, 양자·다자·지역·국제적 수준의 국제 정보안보 시스템 구축, 정보통신기술을 악용한 국가의 주권, 영토적 완결성, 국제평화와 안보 침해행위 금지, 정보통신기술이 테러 목적으로 활용되는 가능성을 예방하기 위한 국제협력 메커니즘 실행, 주권국가의 내정 침해를 목적으로 하는 극단주의적 활동에 정보통신기술을 이용하는 행위 방지, 정보통신기술이 범죄에 활용되지 않도록 국제협력의 실효성 강화, 정보통신기술의 활용에 있어 국가의 기술 주권 행사, 선진국과 개발도상국의 정보격차 완화이다. 정책 우선사항은 양자·다자·지역·국제적 수준의 국제정보안보시스템 구축에 있어 유엔(UN), 유엔 정부전문가그룹(UNGGE), 상하이협력기구(SCO), 독립국가연합(CIS), 집단안보조약기구(CSTO), 브릭스(BRICS), 아시아태평양경제협력체(APEC), G8, G20 및 타국과 국제 정보안보 분야에 대한 협력을 강화하고 신뢰구축조치(CBMs) 형성을 위한 양자·다자간협상에 참여한다. 또한 국제법 기본원칙(주권평등 원칙, 불간섭 원칙, 무력의 위협 또는 사용 금지의 원칙, 분쟁의 평화적 해결의 원칙, 인권존중의 원칙 등)에 따라 국제 정보안보 메커니즘을 구축한다. 문건을 통해 러시아는 국제 정보안보 발전을 위한 국제 협력에 적극적으로 노력할 것임을 밝히며 국제 정보안보 문제를 해결하기 위한 국제기구의 역할을 강조하고 있다. 또한 사이버 공간 국제레짐 형성을 통해 국제 정보안보 규율에 주도권을 행사하고자 하는 의지를 표명한다(양정윤·박상돈·김소정 2018, 148-149).

러시아는 2015년 12월에 대통령령 683호로 발표된 〈러시아연방 국가안보전략 2020(Стратéгия национальной безопасности Российской Федерации 2020)〉에서 국가안보 수호를 위한 포괄적 중·장기 전략방안을 제시하였다. 이는 러시아의 중·장기적 국가전략 목표를 나타냄과 동시에 푸틴 정부의 미래구상과 위험평가 등에 대한 시각을 보여준다. 이 전략에서는 러시아가 대외 위협에 능동적이고 적극적으로 대처할 것이며, 국제사회에서 러시아의 지위를 강화하는 한편 국민의 삶의 질 개선을 위해 노력할 것임을 밝힌다. 정보안보에 관하여 정보공간에서 국가주권 강화 및 인터넷 거버넌스 체계를 개선할 것에 대한 의지를 표방하고, 국가의 정보통제권 인정을 주장한다. 정보안보에 관한 세부 사항은 다음과 같다. ① 러시아 국가안보전략은 국가안보의 위협요소로 첨단기술을 활용한 불법행위 및 정보전을 명시하였으며, 국가안보 과제에 정보안보를 포함시켰다(6항). ② 전 세계적으로 증가하는 정보 및 정보통신기술을 이용한 분쟁에 대한 우려를 표명하였다(21항). ③ 국가안보를 저해하는 요소로 정보기술, 통신, 고도화된 기술 활용을 통한 불법 활동을 명시하였다(22항). ④ 정보안보 확보 노력으로 공공안전을 저해하는 파시즘, 극단주의, 테러주의, 분리주의 운동에 정보통신기술 활용 가능성을 제시하였다(43항). ⑤ 국민의 삶의 질 증진 및 국가기관에 대한 위협 감소 방안으로 정보 통신기반시설을 발전시키고, 국민의 사회적·경제적·정신적 활동과 관련된 정보 및 정보통신기술에 대한 접근성을 강화할 것을 지적하였다(53항). ⑥ 경제안보 위협요소로 정보기반시설의 취약성을 지적하였다(56항). ⑦ 국가안보 확보를 위한 노력의 일환으로 국제 정보안보체제 형성 노력에 참여할 것과(104항) 러시아의 전통과 정신적 가치를 수호하기 위해 인터넷 매체 등을 통한 외국의 문화 유입에 대한 방어 태세를 강화할 것임을 명시하였다(양정윤·박상돈·김소정 2018, 146-147).

2016년 12월 대통령령 646호로 발표된 〈러시아연방 정보안보 독트린(Доктрина информационной безопасности Российской Федерации)〉은 정보안보 분야의 국가안전보장에 대한 러시아의 기본정책 표명을 위해 발표한 문건이다. 이 문건은 2015년 12월 발표한 '러시아연방 국가안보전략'의 후속문건이며 2000년 발표한 '러시아연방 정보안보 독트린 2000'을 최초로 개정한 것이다. 주요 내용으로 정보안보의 국가이익, 주요 정보위협, 정보안보의 전략목표 및 주요 방향을 명시한다. 정보안보의 국가이익은 정보의 자유로운 이용, 개인정보 보호, 민주주의의 수호, 상호교류 확대, 역사적·정신적·도덕적 가치 보존의 창구로서 정보공간이용, 주요정보기반시설 보호, 통신 네트워크의 안정성 및 지속성 보장, 전자 산업 및 정보보호 산업 발전, 연구개발 강화, 정보안보에 관한 국가 간 전략적 파트너십 강화, 국제기구 활동을 통한 정보공간에서의 국가주권 보장이다. 주요 정보위협은 군사정치, 테러리즘, 극단주의적 범죄, 기타 불법적 활동, 주요정보기반시설에 대한 주변국의 군사적 영향력 강화 및 주요 기반시설 공격, 정보전과 심리전을 통한 국내 정치적·사회적 불안 야기, 러시아 정체에 대한 외국 언론의 편파적 보도, 러시아 언론활동 방해, 러시아 전통가치 폄훼, 컴퓨터를 이용한 개인정보 침해 및 금융사기, 군사·정치적 목적으로 정보기술을 이용하여 러시아와 러시아 동맹국의 국가주권 및 영토보전에 위해를 가하는 행위, 국제사회에 위협을 가하는 행위로 규정한다. 정보안보의 전략목표로 국방적 측면에서 군사·정치적 목적으로 정보공간을 이용하여 국가주권과 영토보전에 위해를 가하는 행위로부터 국가이익을 보호하고, 공공적 측면에서 국가주권 보호, 정치사회적 안정, 영토보전, 국민의 기본적 권리와 자유보장, 그리고 주요정보기반시설을 보호한다. 경제적 측면에서 정보보호 산업 및 전자산업 발전을 통한 정보안보 분야의 경쟁력을 높이고 국방기업 및 연구기관의 정보 자원과 국방시스템(소프트웨어, 하드웨어, 전자장비, 통신체제)을 보호한다. 과학, 기술, 교육적 측면에서 연구개발을 증진하고 정보보호 산업을 강화하고 전자산업 발전을 지원한다. 국제적 측면에서 전략적 안정성 확보를 위한 국가 간 전략적 파트너십을 강화한다. 이와 같은 정책은 정보공간의 확대와 정보기술의 발전이 야기하는 국가안보 위해 요소에 주목하여 이에 대처하기 위한 대통령과 국가기관의 역할을 강조하고, 또한 정보공간에 대한 국가통제력을 강화(정보공간에 대한 전체주의적 국가통치 방향 표상)하고 있다. 또한 정보공간을 이용한 국가 주요 정보기반시설 공격 및 심리전에 대한 예방 및 대응을 강조하고 있다(양정윤·박상돈·김소정 2018, 147-148). 이 정보안보 독트린은 또한 루넷(이하 RuNet으로 표기)을 내포하고 있다. 이 독트린이 러시아 정보보안의 주요 측면들의 리스트 가운데 하나로 들고 있는 것이 인터넷의 러시아 부분을 관리하기 위한 국가시스템을 배치하는 것이다(Nikkarila and Ristolainen 2017, 34). 다음의 〈표 II-1〉은 이제까지 소개한 러시아 사이버 안보 전략의 주요 주장과 문건들을 간략히 정리하여 보여준다.

**표 II-1** 러시아 사이버 안보 전략의 주요 주장과 문건들

| 발표 시기 | 명칭 | 내용 |
|---|---|---|
| 2000 | 러시아연방 정보안보 독트린 2000(Доктрина информационной безопасности Российской Федерации) | - 러시아의 사이버 안보 접근을 총괄하는 근본 자료<br>- 러시아 국가 사이버 안보 전략의 핵심적인 부분을 담고 있음 |
| 2011 | 국제정보안보에 관한 드래프트 컨벤션(Draft Convention on International Information Security) | - 정보 공간에 대해 러시아가 관심을 가지는 23개의 근본적인 이슈들을 압축<br>- 주요 내용들은 불법적 목적들을 위한 정보자산의 이용을 범죄화하는 것과 같은 국제사회 전반의 |

| | | |
|---|---|---|
| | | 보편적인 것들도 있지만 동시에 미국·서방에서 보편적으로 받아들여지는 인터넷의 이용과 통치에 관한 관점과 정면으로 충돌하는 이슈들도 다수 포함 |
| 2013 | 게라시모프 원칙 | – 전쟁의 규칙들이 바뀌었고 사이버 공간에서의 해킹과 언론조작, 사이버 공격, 프로파간다, 선전여론전 등 비군사적 수단들이 전통적인 물리적 군사적 수단들보다 더 중요할 수 있음 |
| 2013 | 2020년 국제정보안보 정책 기본원칙(Основы государственной политики Р оссийской Федерации в области международной информационно й безопасности на период до 2020 года) | – 국제 정보안보 강화를 위한 국가정책의 우선사항을 명시<br>– 국제정책의 목표는 ① 국제 정보안보 메커니즘 구축을 위한 국제법제도 구축, ② 양자·다자· 지역·국제적 수준의 국제 정보안보시스템 구축, ③ 정보통신기술을 악용한 국가의 주권, 영토적 완결성, 국제 평화와 안보 침해행위 금지, ④ 정보통신기술이 테러 목적으로 활용되는 가능성을 예방하기 위한 국제 협력 메커니즘 실행, ⑤ 주권국가의 내정 침해를 목적으로 하는 극단주의적 활동에 정보통신기술을 이용하는 행위 방지, ⑥ 정보통신기술이 범죄에 활용되지 않도록 국제협력의 실효성 강화, ⑦ 정보통신기술의 활용에 있어 국가의 기술 주권 행사, ⑧ 선진국과 개발도상국의 정보격차 완화 |
| 2015 | 러시아연방 국가안보전략 2020(Страте́гия национальной безопасности Российской Федерации 2020) | – 국가안보 수호를 위한 포괄적 중·장기 전략방안을 제시<br>– 러시아가 대외 위협에 능동적이고 적극적으로 대처할 것이며, 국제사회에서 러시아의 지위를 강화하는 한편 국민의 삶의 질 개선을 위해 노력할 것임을 밝힘<br>– 정보안보에 관하여 정보공간에서 국가주권강화 및 인터넷 거버넌스 체계를 개선할 것에 대한 의지를 표방하고, 국가의 정보통제권 인정을 주장 |
| 2016 | 러시아연방 정보안보 독트린(Доктрина информационной безопасности Российской Федерации) | – 정보안보 분야의 국가안전보장에 대한 러시아의 기본정책 표명을 위해 발표한 문건<br>– 2015년 12월 발표한 러시아연방 국가안보전략의 후속문건이며 2000년 발표한 '러시아연방 정보안보 독트린 2000'을 최초로 개정한 것<br>– 주요 내용으로 정보안보의 국가이익, 주요정보위협, 정보안보의 전략목표 및 주요방향을 명시 |

출처: 저자 작성.

## 2. 사이버 안보 관련 법령

러시아의 사이버 안보와 관련된 법령들은 러시아의 전략 목표인 디지털 주권과 국가의 인터넷 통제와 관리, 그리고 정보기술과 정보내용에 대한 통합적 안보위협인식을 구체적으로 현실화하기 위한 수단으로서의 성격을 가진다. 따라서 여기에서 제시된 여러 법령들은 그와 같은 러시아의 전략 목표와 관련이 있다. 러시아의 사이버 안보 법령들은 보다 상위 개념의 전략과 보다 하위 개념의 정책과 가이드라인·지침을 이어주는 다리 역할을 한다.

러시아 법령은 헌법, 연방의 헌법적 법률, 국제조약, 연방 법률, 대통령령(указ)과 대통령명령(распоряжение) 및 기타법원에 해당하는 연방 행정기관의 규범성 문건, 법원의 판결, 소비에트 법 규정 등이 있다. 사이버 안보와 관련된 주요 법제도는 연방법률인 형법, 정보·정보기술·정보보안에 관한 법, 주요정보기반시설보호법과 대통령령인 러시아 정보자원 대상 사이버 공격 탐지·경보·복구 국가 체계 발전이 있다(양정윤·박상돈·김소정 2018, 143). 사이버 안보와 관련된 주요한 법령들을 살펴보면 다음과 같다.

### 1) 정보, 정보기술, 정보보호에 관한 법률 2006(Law on Information, Information Technologies, and Information Protection 2006)

이 법률의 공식명칭은 〈"정보, 정보기술, 정보보호"에 관한 연방법 No. 149-FZ(Federal Law "On Information, Information Technologies, and Information Protection", No. 149-FZ)〉이며 2006년 7월 8일 러시아 두마에서 채택되었고 27일 공표되었다. 이 연방법은 정보 획득, 저장, 전

송과 배포, 그리고 보호에 관련된 사항들을 규제·관리한다.[3] 이 법률은
러시아의 정보사회 구축 및 국가 정보보호의 기반이 되는 법률이다. 정
보보호에 관하여 정보보호의 목적, 정보보호의 구체적인 범위, 정보보
호 분야에서 주체의 권리와 의무, 정보화 과정과 정보화 영역에서 주체
의 권리보호, 정보에 대한 접근권 보호와 정보법의 효력에 대해 명시되
어 있다. 구체적으로 정보기술 사용 시 정보보호를 위해 정보의 획득,
저장, 전송, 배포, 차단, 복제에 대한 보안대책 마련에 대한 의무를 부
과한다. 정보제공자는 의무적으로 정보통신망에서 정보제공자의 식별
이 가능하도록 해야 하며(제10조), 정보수신자의 정보거부권은 보장된
다. 정보보안을 위한 법률적, 조직적, 기술적 조치 의무를 부여하여 개
별 시스템 정보에 대한 불법적 접근을 방지하고 디지털 서명 등 전자
문서의 송수신을 보호한다. 또한 신호 및 전자적 탐지 및 악성 소프트
웨어(바이러스 등)로부터 기밀 데이터를 보호한다. 또한 불법 복사 등
의 위협으로부터 지적재산권 등의 정보를 보호해야 함을 명시한다(제
16조). 정보 보유자 및 운영자의 의무로 정보에 대한 불법적인 접근 및
권한 없는 자에 의한 정보 이전을 금지할 것, 정보에 대한 불법적인 접
근을 탐지할 것, 정보 접근에 대한 혼란의 발생 시 경고조치를 취하여
야 하며 정보의 이용을 방해하는 장비의 작동을 금지한다. 또한 불법
접근에 따라 파괴 또는 변조된 정보를 복구하고 정보보안 수준의 관리
등에 관한 사항을 정한다. 정보, 정보기술, 정보보호 분야의 법률을 위
반할 시 손해배상 및 피해보상에 관한 책임이 부담된다(제17조). 동법
은 2014년 개정을 통해 일일 방문자수 기준 3,000명 이상의 블로거에
게 해당 블로그를 통신·IT·언론 감독국(Roskomnadzor)에 등록해야

---

3    Legislationonline 웹사이트. https://www.legislationline.org/documents/id/17757

할 의무를 부과하여 러시아의 정보검열에 대한 논란을 일으킨 바 있다 (양정윤·박상돈·김소정 2018, 143-144).

2) 러시아 정보자원에 대한 사이버 공격 탐지, 예방, 그리고 결과의 제거를 위한 국가체계마련에 관한 대통령 명령 No 31s(Presidential Decree No 31s "On establishment of the State System for detection, prevention and elimination of consequences of cyberattacks on information resources of the Russian Federation")

이는 대통령령이다. 정식명칭은 〈러시아 정보자원에 대한 사이버 공격 탐지, 예방, 그리고 결과의 제거를 위한 국가체계마련에 관한 대통령 명령 No 31s(Указ Президента Российской Федерации от 15 января 2013 г. N 31с г. Москва "О создании государственной системы обнаружения, предупреждения и ликвидации последствий компьютерных атак на информационные ресурсы Российской Федерации")〉이다. 이 명령은 2013년 1월 15일에 서명되었고, 1월 18일에 공표되었으며, 1월 15일부터 효력을 발생했다(ITU 2016).[4] 해당 대통령 명령은 사이버 공격 발생 시 대응에 관한 주관 기관을 정하고 사이버 위협정보공유체계를 확립한 법제도이다. 사이버 공격 대응에 관한 연방보안국(FSB)의 역할을 확립하였으며 연방보안국 산하에 '국가 사이버 범죄 조정 본부'를 설치하여 국가기관의 인터넷 홈페이지 보안을 강화하고 러시아 주요 기관에 대한 사이버 공격을 탐지, 경보, 복구할 것을 정한다. 또한 연방보안국이 '컴퓨터 공격 탐지·예방·제거에 관한 국가시스템(Государственная

---

4  Российская Газета, 18 января 2013 г. https://rg.ru/2013/01/18/komp-ataki-site-dok.html

система обнаружения, предупреждения и ликвидации последствий компьютерных атак, ГосСОПКА)'을 운영할 것을 정한다(양정윤·박상돈·김소정 2018, 145).

3) 사이버 안보와 인터넷을 규율하는 세 개의 새로운 사이버 안보와 인터넷 법률들 2017(three new cyber-security and Internet laws regulating cyber security and the Internet in Russia 2017)

2017년 여름 러시아는 세 개의 새로운 사이버 안보와 인터넷 법률을 통과시켰다. 그것들은 핵심데이터기반(CDI)법과 가상사적네트워크 (VPN)법, 그리고 인스턴트메시지(IM)법이다. 먼저, CDI 법의 정식 명칭은 〈"러시아연방의 핵심 데이터 기반의 보안에 관한" 연방법 No. 187-FZ (Federal Law No. 187-FZ "On the Security of the Russian Federation's Critical Data Infrastructure")〉이다. 이 법은 기반시설 보안(infrastructure security)의 필요를 반영한다. CDI 법의 주요 목적은 러시아의 핵심 데이터 기반시설의 사이버 공격에 맞서 안전과 안정성을 확보하는 것이다. 이 법은 러시아 경제의 중요한 섹터들 내의 CDI 시설들에 대한 특정한 보안 규정을 도입한다. 소유자들은 자신들의 CDI 시설이 얼마나 중요한가를 평가하고 또 필요하다면 그러한 것들을 정부 레지스터에 등록할 의무를 부여받았다. 중요한 CDI 시설의 소유자들은 사이버 사건들을 예방하고 수사하는 데 있어 추가적인 보안 요구들에 따라야 하고 정부 기관들과 협조해야 한다. 둘째 VPN 법의 정식 명칭은 〈"데이터, 정보기술, 그리고 데이터 보안에 관한 연방법 개정에 관한" 연방법 No. 276-FZ("On Amendments to the Federal Law On Data, Information Technologies and Data Security")〉이다. 이 법은 러시아 내에 제한된(restricted) 웹사이트에 접근하는 데 사용될

수 있는 기술을 규제한다. 이 법에 따라, VPN(Virtual Private Network)
솔루션 공급자들은 정부와 협력해야 하고 러시아로부터 접근이 허락
되지 않은 웹사이트들에 대한 사용자들의 접근을 차단해야 한다. 마지
막으로, IM법의 정식 명칭은 〈"데이터, 정보기술, 그리고 데이터 보안
에 관한 연방법 10.1과 15.4 조항들에 대한 개정에 관한" 연방법 No.
241-FZ("On Amendments to Articles 10.1 and 15.4 of the Federal
Law On Data, Information Technologies and Data Security")〉이다.
이 법은 인스턴트 메시지 서비스 공급자들(instant messaging service
providers)에 대한 특정 규제들을 소개한다. 해당 법률에 따라, IM의
익명 사용은 금지된다. IM 공급자들은 IM 사용자들의 모바일 번호에
의해 특정되어야 한다(Clifford Chance 2017).


4) 핵심정보기반시설 보안에 관한 연방법률(Federal Law on the Security of
　Critical Information Infrastructure 2017)

이 법의 정식 명칭은 〈"핵심정보기반시설 보안에 관한 연방법률 N
187-FZ(Федеральный закон "О безопасности критической
информационной инфраструктуры Российской Федерации"
от 26.07.2017 N 187-ФЗ)〉이다. 해당 법률은 2017년 6월 12일 러시
아 두마(러시아 하원)에서 채택되고 2017년 6월 19일에 연방회의
(Советом Федерации, 러시아 상원)에서 승인되었다. 이 법률은 모두
15개의 조항(Статья)으로 구성되어 있다(UNIDIR Cyber Policy Portal
2019).[5] 이 법은 컴퓨터 공격으로부터 러시아 주요정보기반시설의 안
정된 운영을 보장하기 위한 목적으로 입법되었다. 이 법은 2016년 12

---

5　КонсультантПлюс 웹사이트. http://www.consultant.ru/document/cons_doc_
　　LAW_220885/

월에 발의되어 2017년 7월 하원, 상원을 통과하였으며 2017년 대통령 서명을 통해 2018년 1월 1일 시행되었다. 법률은 주요정보기반시설 과 관련된 개념을 정의하고(2조), 주요정보기반시설 안전보장 원칙(4 조)을 정한다. 러시아 정보 자원에 대한 컴퓨터 공격을 탐지, 예방, 제 거하고 컴퓨터 사고에 대응하기 위한 목적으로 러시아 정보 자원에 대 한 컴퓨터 공격 탐지, 예방, 제거를 위한 국가체계를 운영하고 이에 대 한 세부지침을 정한다. 러시아 정보 자원에 대한 컴퓨터 공격 탐지, 예 방, 제거를 위한 국가체계를 통해 러시아 영토 및 외교공관의 정보 시 스템, 정보통신 네트워크, 컴퓨터 시스템상 위치한 러시아 정보자원에 대해 컴퓨터 공격 탐지, 예방, 제거를 위한 정보공유 및 기술을 개발 하고 정보자원보호를 위한 암호기술을 개발하며 '컴퓨터 사고 국가조 정센터'를 운영하여 러시아 정보 자원에 대한 컴퓨터 공격 탐지, 예방, 제거를 위한 국가시스템 활동을 지원하게 된다. 주요정보기반시설 안 전성 보장에 대한 국가기관의 역할을 정하고(6조), 주요정보기반시설 에 대한 분류를 정하며(7조), 주요정보기반시설 주요 구성요소 등록에 관한 사항(8조)과 주요정보기반시설 관련 주체의 권리와 의무를 정한 다(9조). 동법을 통해 주요정보기반시설에 관한 연방보안국의 역할이 강화되었다. 세부적으로 주요정보기반시설 주요 구성요소 안전성 보 증을 목적으로 하는 연방행정기관의 주요정보기반시설 접근을 가능 하게 하여, 주요정보기반시설에 관한 연방행정기관 통제의 근거가 마 련되었고, 주요정보기반시설 보호의 핵심 역할을 수행하는 러시아 정 보자원에 대한 컴퓨터 공격 탐지, 예방, 제거를 위한 국가체계를 연방 보안국 관리하에 두어, 연방보안국의 정보 자원 관리 역할이 강화되었 다. 또한 러시아 정보 자원에 대한 컴퓨터 공격 탐지, 예방, 제거를 위 한 국가체계와 러시아의 사이버 위협정보공유체계인 '사이버 공격 탐

지, 경보, 국가체계'를 통합하여 운영할 가능성이 예측된다(양정윤·박
상돈·김소정 2018, 144-145).


5) 통신법(On Communication, О связи)[6]

통신법의 정식 명칭은 〈통신에 관한 2003년 7월 7일의 연방법 NO.
126- FZ(Федеральный закон "О связи" от 07.07.2003 N 126-ФЗ)〉
이다. 이 법은 2003년 6월 18일 러시아 하원인 국가 두마에서 채택되
었고 2003년 6월 25일 러시아 상원인 연방회의에서 승인되었다. 이 법
은 이후 2003년 12월 23일, 2004년 8월 22일, 11월 2일, 2005년 5월
9일, 2006년 2월 2일, 3월 3일, 7월 26일, 27일, 12월 29일 각각 개정
과 추가 조항의 첨부가 있었다. 통신법은 모두 13개조, 74개의 항으로
이루어져 있다. 이 법은 러시아연방 영토와 러시아연방의 사법관할권
(юрисдикцией) 아래에 놓인 영토들에 관한 통신 영역 내에서의 활
동에 대한 법적 원칙들을 마련하며 통신 활동에 참여하거나 또는 통신
서비스를 이용하는 사람들의 권리와 의무뿐만 아니라 통신 영역 내에

---

6  최근 들어 러시아 정부는 루넷 법(RuNet Law)을 제정함으로써 기존의 통신법을 개정,
강화시켰다. 러시아 푸틴 대통령은 2019년 5월 1일 러시아 인터넷 법 또는 루넷 법으로
알려진 법률안 No. 608767-7에 서명하였다. 이 법률의 정식 명칭은 〈'통신에 관한' 연방
법과 '정보, 정보기술 그리고 정보보호'에 관한 연방법을 개정하는 것에 관한 연방법 No.
90-FZ(Federal Law No. 90-FZ "On Amending Federal Law 'On Communications'
and Federal Law 'On Information, Information Technology and Information
Protection'")〉이다. 이 루넷 법 개정안은 2019년 11월 1일부터 효력을 개시했다. 루넷
법의 주요 조항은 다음을 포함한다. 첫째, 데이터 트래픽을 중앙집중화하고 통제하는 것
에 관한 규정들을 소개하는 것(루넷 법은 중앙집중화된 러시아 인터넷 데이터 트래픽 라
우팅 시스템을 구축한다). 둘째, 데이터 이전(transfer)에 관여된 주체들에게 부가적인
장비를 설치하도록 의무화하고 그와 같은 중앙집중화를 담보하기 위한 목표를 추구하
는 새로운 의무들에 해당 주체들이 순응하도록 함. JDSUPRA 웹사이트. https://www.
jdsupra.com/legalnews/runet-law-new-russian-law-could-74551/

서의 국가 권력 기관의 권한을 정의한다.[7] 이 법은 광범위한 통신업자의 사업 활동 분야에 적용되는 주된 면허·허가 규정들을 설정한다. 이 법률에 따라 통신의 프라이버시가 러시아에서 보장된다. 따라서 통신사업자들은 통신 프라이버시에 대한 요구들에 따라야 한다. 통신 서비스의 다른 유형들에 대한 특정조항들은 또한 자신들의 네트워크를 통해 전송, 배포되는 정보의 비밀성을 유지하도록 요구된다. 이에 대한 예외는 여러 연방 법률에 규정된다. 예외가 적용되는 상황은 예를 들면, 군사적 상황, 대테러 작전, 그리고 범죄수사 활동 등이다.[8]

## 6) 형법

러시아 형법에서는 정보안보와 컴퓨터 정보 또는 시스템에 대한 불법적 접근 및 변경, 컴퓨터 시스템에 대한 오·남용에 대하여 규정한다. 러시아연방형법 28장 컴퓨터 정보영역의 죄에서 이러한 내용을 규정하고 있다. 이를 구체적으로 살펴보면, 합법적으로 보호되는 컴퓨터 정보를 불법적으로 접근·수정·복사·파괴 시 형사처벌이 가능하고(272조), 전산정보처리가공 시설에 유해한 프로그램을 작성, 사용, 유포한 행위가 중대한 결과를 초래한 경우 형사처벌의 대상이 된다(273조). 정보안보와 관련하여 형법상 처벌 가능 행위로는 컴퓨터 바이러스의 생성 또는 생산, 컴퓨터 바이러스의 이용, 컴퓨터 바이러스나 이를 포함한 전자적 판독가능매체(디지털 장치)의 유포, 과실에 의한 컴퓨터 바이러스의 생성·이용·유포 행위이며, 법적으로 보호하는 컴퓨터 시

---

7    КонсультантПлюс 웹사이트. http://www.consultant.ru/document/cons_doc_LAW_43224/
8    Lexology 웹사이트. https://www.lexology.com/library/detail.aspx?g=96a5021f-4162-4114-9a22-a65bcce602be

스템 및 정보통신 네트워크를 파괴·차단·변경하여 손해를 발생시킬 시에도 형사처벌의 대상이 된다(274조)(양정윤·박상돈·김소정 2018, 143; 한종만 외 2010, 187-189).

또한 정보기술뿐만 아니라 정보내용에 대한 침해, 위협 행위도 정보안보의 문제로 인식하는 러시아의 시각을 반영할 때, 러시아연방 형법의 다른 조항들도 사이버 보안, 보안관리에 적용될 수 있다. 예를 들면, 러시아연방형법의 10부 "국가권력에 대한 죄"의 29장 "헌법체계의 근간 및 국가의 안전에 대한 죄"의 몇몇 세부 조항들이 사이버 공간을 통해 또는 이용해 범죄가 발생하였을 때 적용될 수 있다. 이를 구체적으로 살펴보면 다음과 같다. 275조는 "국가반역"에 대해 규정한다. 이 경우 러시아 시민이 스파이 행위, 국가기밀누설, 외국 또는 외국의 단체 또는 그 대표자에게 러시아연방의 대외적 안전에 위해를 가하는 적대행위를 요구하거나 이를 돕는 행위를 한 때에는 처벌이 가능하다. 276조 "스파이 행위" 규정은 외국인 또는 무국적자가 러시아연방의 국가기밀 정보를 외국, 외국의 단체 또는 그 대표자에게 제공하거나, 제공할 목적으로 이를 수집, 절취, 또는 소지하거나 러시아연방의 대외적 안전에 손상을 가하기 위해 외국의 정보기관의 지시 하에 기타의 정보를 제공 또는 수집한 경우 처벌을 명시한다. 280조는 "극단적 행위실행의 선동"과 282조 "인간존엄성에 대한 증오, 적대감 및 모욕의 선동"에 관한 규정은 이러한 극단적 행위나 성, 인종, 언어, 출생, 종교 및 특정 사회집단의 소속 특징에 따른 사람 또는 단체의 존엄성에 대한 증오, 적대감 및 모욕을 선동하는 행위를 공개적으로 또는 매스미디어를 통하여 행할 경우 처벌을 명시한다. 281조 "교란행위(사보타지)"에 따르면, 러시아연방의 경제적 안전 및 방위력을 훼손할 목적으로 기업, 건조물, 통신시설, 통신수단, 시민 생명유지장치 등에 대하여 폭발, 방화 또는 기타의 행위를 한 경우 처벌이 가능하다. 마지막으로 283조 "국가기밀의 누설' 규정은 국가기밀에 해당하는 정보와 관련된 위임을 받거나 직무 또는 업무상 그 정보를 지득하게 된 자가 그 정보를 누설함으로써 타인의 소유가 되었을 경우 국가반역의 징후가 존재하지 아니한 때에는 이 조항에 의해 처벌이 가능하다(한종만 외 2010, 189-193).

7) 야로바야 패키지(Yarovaya package) 또는 야로바야 법(Yarovaya Law)

2016년 7월 6일 러시아 대통령은 테러리즘에 대응하고 공공안전을 보장하기 위한 추가적인 조치들을 제공하기 위해 고안된 21개 법률의 개정에 서명했다. 이를 "야로바야 패키지"라고 부르는데 이는 2016년 7월 20일자로 효력이 시작되었다(ICNL 2016). 이 법률은 법안발의 의원들 가운데 한 명인 러시아 의회 의원인 이리나 야로바야(Irina Yarovaya)의 이름을 땄다.[9] "야로바야 패키지"에 따라 러시아연방의 형법(Criminal Code)이 개정되었다. 이 패키지의 핵심은, 14살부터 시작하는 어린이들의 범죄책임의 확장, 범죄를 신고하지 않는 행위를 범죄화하는 것에 관한 새로운 범죄규정 도입, 그리고 다수 범죄들의 처벌을 상당히 강화하는 것 등을 포함한다. 여기서 범죄를 신고하지 않은 것을 범죄화하는 내용에 아직 발생하지 않은 범죄에 대한 신고의 의무화를 포함한다. 테러리스트 방향으로 향하는 범죄들에 대해서 신고할 의무가 부여되며 이에 대한 신고의무 불이행은 범죄로 규정된다. 야로바야 패키지는 통신 운용자들(전화나 모바일 폰 서비스 공급자들과 같은)과 인터넷을 통해 정보를 배포하는 조직들(인터넷 운용자들)에게 새

---

9   Lexology 웹사이트. https://www.lexology.com/library/detail.aspx?g=96a5021f-4162-4114-9a22-a65bcce602be

로운 의무들을 부과했다. 모든 통신과 다른 사용자 활동들에 관한 데이터를 저장하도록 요구했다. 운용자들은 2016년 7월 20일부터 데이터 통신, 활동들과 관련된 정보를 저장하는 것을 시작해야 한다. 그러한 정보들을 통신 운용자들은 3년 동안, 인터넷 운용자들을 1년 동안 저장해야 한다. 운용자들은 2018년 7월 1일부터 내용을 저장해야 한다. 그 내용은 6달 동안 저장되어야 한다. 인터넷 운용자들은 또한 정부기관의 요청에 따라 암호화된(encrypted) 데이터를 암호해제(decrypt)하는 수단을 정부기관에 제공해야 한다. 그리고 정부에 의해 허가된 암호해제(decryption) 장비만을 사용해야 한다. 통신 운용자들은 사용자에 대한 정보를 보유해야 한다. 해당 패키지는 권한을 부여받은 정부기관에 법원명령 없이도 정보를 제공할 의무를 부여한다. 부여된 의무를 따르지 않는 것에 대해 행정처벌을 신설했다. 다음은 핵심 조항들이다. ⓐ 통신 운용자(전화와 모바일 폰 서비스 공급자)는 법 집행 기관으로부터 정보를 요청받은 경우에 사용자가 요청을 받은 15일 이내에 자신들의 연락처 정보를 제공하지 않으면 통신운영자는 사용자에 대한 서비스를 중지해야 한다. ⓑ 통신 운용자 또는 인터넷 운용자는 다음의 정보를 저장해야 한다. 음성, 정보, 텍스트 메시지, 이미지, 오디오, 비디오, 전자 통신과 다른 활동들의 수신, 처리, 전달 등에 관한 세부 사항들에 대한 정보. 이러한 활동이 종료된 날로부터 3년 동안, 인터넷 서비스의 경우 1년 동안 덧붙여 인터넷 운용자는 1년 동안 사용자 정보를 저장해야 한다. 통신과 인터넷 서비스 사용자의 통신과 활동들에 대한 모든 내용들은 저장되어야 한다. 정보의 전송, 수신, 처리, 전달의 종료시점에서 6개월 동안 저장해야 한다. ⓒ 통신과 인터넷 운용자들은 권한 있는 정부기관에 행정 또는 수사 활동 또는 국가안보 관련 임무를 수행하는 데 사용자들에 대한 정보를 지원할 의무가 있다. 인터넷 운용자들은 특별한 엔크립트(암호화) 장비를 사용하는 경우에 정부기관이 엔크립트된 메시지를 디크립트(암호해제)하는 데 필요한 정보를 제공해야 한다. 다음의 정부기관들은 통신운영자와 인터넷 운영자들로부터 정보를 요청할 수 있는 새로운 권한을 부여받는다. 그러한 기관들은 연방보안국(Федера́льная слу́жба безопа́сности, ФСБ), 해외정보국(Слу́жба вне́шней разве́дки, СВР), 그리고 행정부 수사기관들에 소속된 수사관들이다. 그와 같은 권위당국들은 또한 다른 정부 기관들로부터 데이터베이스와 정보 시스템을 요청할 권한을 가진다. ⓓ 행정처벌은 다음의 새로운 위반에 대해서도 부여되었다. 허가받지 않은 엔크립션(암호화) 장비의 사용, 사용자들의 신원확인에 실패한 통신 운용자에 대한 처벌, 인터넷을 통해 정보를 배포하는 조직자(organizer)가 디크립팅(암호해제) 정보를 위해 부여된 정보를 정부당국에 제공할 의무를 충족하지 못했을 경우에 대한 처벌 등이다.

## 8) 그 외 다른 관련 법령들

이 외에도 다수의 법률 조항들이 러시아의 사이버 안보와 관련이 있다. 그러한 여러 법률들의 시간적 순서에 따른 간략한 리스트는 다음과 같다. 〈2012년 인터넷 블랙리스트 법률〉. 이 법률은 활동가들과 외국 미디어가 청소년들에게 위해한 영향을 미친다는 것을 이유로 웹사이트들을 폐쇄할 수 있도록 한다. 〈2013년 온라인 지적 재산권(online intellectual property) 보호에 관한 법률〉, 〈2014년 어린이들의 건강과 발달에 해로운 정보로부터 어린이들을 보호하는 것에 관한 연방 법률에 대한 개정법률 Federal Law No 307-FZ)〉. 〈2019년 러시아연방법 No 608767-7 통신에 관한법과 정보, 정보기술, 정보보호에 관한 법에 대한 개정에 관한 법(Федеральный закон № 608767-7, О внесении изменений в Федеральный закон ≪О связи≫ и Федеральный закон ≪Об информации, информационных технологиях и о защите информации≫)〉 이 법은 기존의 통신법(О связи)과 〈정보, 정보기술, 정보보호에 관한 법률 2006(Law on Information, Information Technologies, and Information Protection 2006)〉을 개정한 것이다. 이 법의 목적은 비상상황 또는 해외로부터의 위협상황에서 러시아 인터넷이 WWW(World Wide Web)으로부터 독립적으로 작동할 수 있도록 하는 것이다. 2019년 4월 러시아 두마에서 승인되었고 4월 22일 연방회의에서 승인했다. 2019년 11월 1일 푸틴 대통령의 서명과 함께 효력이 발생된다(Russia Reject "Sovereign" Internet Bill 2019).[10]

## III. 러시아 사이버 안보 국내적 추진체계

### 1. 최상위 기관

러시아 사이버 안보 국내적 추진체계의 최상위 기관은 러시아연방 대통령(President of the Russian Federation)과 러시아연방 안보회의(Security Council of the Russian Federation, SCRF)이다. 이 두 기관은 실제 정책집행이 아니라 러시아 사이버 안보 추진체계를 포함한 러시아 국가 사이버 안보 전반에서 목적, 목표, 집행방법, 수단, 전략적

---

10　СОЗД ГАС ≪Законотворчество≫(Система обеспечения законодательной деятельности Государственной автоматизированной системы ≪Законотворчество≫) 웹사이트. https://sozd.duma.gov.ru/bill/608767-7

방향 등을 결정하고 정책집행과 관련된 기관들을 지휘 통제한다. 이를 세부적으로 살펴보면 러시아연방 대통령은 러시아연방 정보사회발전전략 2017-2030(Strategy for the Development of the Information Society in the Russian Federation for 2017-2030), 정보안보 독트린, 그리고 러시아연방 국가안보개념(National Security Concept of the Russian Federation) 등을 제시하고 결정한다(UNIDIR Cyber Policy Portal, 2019).

러시아연방 안보회의는 정보안보 독트린, 러시아연방 국가안보개념 등에 대해 대통령을 보좌한다. 러시아연방 안보회의는 국가안보정책을 조율하고 통합하는 협의체로 설치되었다(Pack 2019). 이와 관련하여 연방 안보회의의 장(Secretary of Security Council)은 정보안보 독트린의 집행을 모니터링한 결과들을 러시아연방 대통령에게 보고하는 책임을 가진다. 또한 연방 안보회의는 정보자산에 대한 컴퓨터 공격의 결과들의 탐지, 예방, 그리고 제거에 관한 국가시스템 개념(Concept of the state system of detection, prevention and elimination of consequences of computer attacks on information resources), 국제 정보안보 분야에서의 국가정책의 근본원칙(Fundamentals of the State Policy in the field of international information security), 그리고 핵심 기반시설의 생산과 기술적 처리에 관한 자동화된 통제 시스템의 분야에서 국가정책의 주요 방향(Main directions of the state policy in the field of automated control systems of production and technological processes of critical infrastructure) 등에 관해 정의하고, 우선순위를 선정하고, 제시하고, 결정한다(UNIDIR Cyber Policy Portal 2019).

## 2. 정책 집행기관들

정책집행과 관련하여 러시아 사이버 안보 추진체계에 속하는 러시아 기관은 몇 가지 유형으로 나눌 수 있다. 첫째, 사이버 침해사건에 대응하는 대응센터들이다. 이들 센터들은 정부기관들의 침해에 대응하는 기관과 민간 법인들과 개인들의 침해에 대응하는 기관, 그리고 금융기관들의 침해에 대응하는 기관으로 구분된다. 둘째, 사이버 안보와 관련된 임무를 수행하는 관련 정부부처나 기관들이 있다. 이들 기관들은 사이버 안보와 관련된 감시, 행정지시, 그리고 정보와 법집행 활동들을 주 임무로 한다. 이들 기관들을 대체로 두 가지 유형으로 구분할 수 있는데 정보(intelligence), 법집행(law enforcement), 방어(defence) 등과 관련하여 사이버 안보를 주요 임무로 하는 기관과 기관의 기능 가운데 일부로 사이버 안보 관련 임무를 위임받은 통상적 행정기관으로 나눠볼 수 있다. 셋째, 사이버 안보와 관련된 여러 정부기구들과 공공기관들을 통합하고 조율하는 컨트롤 타워가 있다. 이러한 컨트롤 타워는 러시아 사이버 안보의 중추적 역할을 수행한다(ITU 2016). 넷째, 러시아연방 디지털 경제 국가 프로그램을 추진하기 위한 책임기관과 코디네이터, 그리고 워킹그룹(working group)이 있다. 이러한 추진체계는 디지털 경제 프로그램에 초점이 맞추어져 있고 정부기관과 공공기관, 그리고 민간행위자들을 포함한다. 다섯째, 러시아의 디지털 주권과 정보안보를 확보하기 위한 국가프로그램인 '루넷(RuNet) 2020'의 추진과 관련된 기관들이 있다. 여기에는 러시아 주요 연방기관과 공공기업이 참여한다. 마지막으로 정보안보와 관련한 교육기관과 연구기관들이 있다. 정보안보를 위해 아카데미 센터들의 지적 활동을 통합하고 조율할 필요에 따라 이들 기관들은 컨트롤 타워를 중심으로 조직적으로 구축되어 있다.

### 1) 사이버 침해 대응센터들

먼저 사이버 침해 대응센터는 거브-써트(GOV-CERT), 루-써트(RU-CERT), 핀-써트(FinCERT), 그리고 써트-깁(CERT-GIB)이 있다. GOV-CERT는 러시아 정부 기관들의 정보 시스템에서의 사이버 사건 대응(Cyber Incident Response)을 위한 센터이다. GOV-CERT의 정식 명칭은 '러시아연방의 정부 네트워크를 위한 사이버 보안과 사건 대응 팀(Cyber Security and Incident Response Team for the governmental networks of the Russian Federation)'이다. 이 센터는 정부기관들의 네트워크 자산들과 관련된 불법 행위의 탐지, 예방, 그리고 억제 영역에 관련된 민간 회사들과 정부기관들의 활동을 조율한다. GOV-CERT는 연방보안국(Федеральная служба безопасности, ФСБ)에 의해 운영된다.

한편, 정부기관의 네트워크 자산들을 제외한 다른 네트워크 자산들에 대한 유사한 종류의 불법 행위에 대응할 책임이 있는 컨트롤 타워로는 RU-CERT가 있다. RU-CERT는 러시아 사이버 사건 대응 센터(The Russian Cyber Incidents Response Centre)이다. RU-CERT의 정식 명칭은 '컴퓨터보안 사건대응 팀(Computer Security Incident Response Team)'이다. 이 센터의 목적은 인터넷에서 러시아 영역의 사용자들에 대한 정보 안보에 대한 위협 수위를 낮추는 것이다. 이를 위해 RU-CERT는 불법 행위의 탐지, 예방, 그리고 억제를 통해 러시아와 외국 법인들과 개인들을 지원한다. 또한 RU-CERT는 러시아연방의 영토 내에 있는 네트워크 자산들과 관련된 통계자료의 수집, 저장, 그리고 처리의 임무를 수행한다.

FinCERT는 금융회사들과 관련된 사이버 안보에 관한 데이터 수집, 그러한 데이터의 분석, 정보안보와 관련된 가능한 위협들에 관해 금융 회사들에 대한 피드백의 제공, 그리고 사이버 공격들에 관한 자문 등의 임무를 수행한다. FinCert의 정식 명칭은 '금융부문 컴퓨터 비상대응 팀(Financial Sector Computer Emergency Response Team)'이다. 이 기관은 러시아연방 중앙은행(Central Bank of the Russian Federation)의 한 부서로 설치되었다. 구체적으로는 러시아중앙은행의 보안과 정보보호를 위한 집행총국(Directorate General for Security and Information Protection of the Bank of Russia)의 한 부문이다. FinCert는 러시아연방보안국과 협력관계에 있다(ITU 2016; UNIDIR Cyber Policy Portal 2019).

한편 CERT-GIB는 24시간 사이버 사건 대응 센터(24-hour Cyber Incidents Response Centre)이다. 이는 2003년 Group-IB를 기초로 2011년에 동유럽권에서는 최초로 24/7 CERT로 만들어졌다. 이는 또한 러시아에서는 최초의 민간 컴퓨터 비상 대응 팀(first private Computer Emergency Response Team)이다(Pack 2019).

## 2) 러시아 정부부처 및 기관들

다음으로 사이버 안보의 임무를 수행하는 러시아 정부부처 또는 에이전시는 공식적으로 권위가 부여되고 지정된 기관과 부가적으로 해당 기관의 기능의 한 부분으로 사이버 보안에 대한 임무가 부여된 기관으로 나눠진다. 전자에 속하는 부처나 에이전시들은 연방보안국, 연방경호국(Федеральная служба охраны, ФСО), 기술수출규제국(Федеральная служба по техническому и экспортному контролю, ФСТЭК), 내무부(Министерство внутренних дел),

국방부(Министерство обороны), 그리고 해외정보국(Служба внешней разведки, СВР) 등이 있다. 이 부처와 에이전시들은 국가 사이버 안보 전략, 정책, 그리고 로드맵의 수행의 책임이 있는 공식적으로 지정된 기관들이다. 1990년대 잠시 별도의 정보안보기관인 팝시(Federal Agency for Government Communications and Information, FAPSI)가 있었으나 2003년에 이 기관은 해체되고 그 기관의 분과들은 연방보안국, 내무부, 연방경호국, 그리고 해외정보국 등으로 나뉘어 이관되었다. FAPSI의 역할을 승계한 기관들은 러시아 사이버 독트린의 범위들을 설정하고 국가의 대내·외적 사이버 활동·작전의 대부분을 조율할 책임을 진다(Connell and Vogler 2017, 7). 후자의 경우에는 약칭으로 로스콤나조르(Roscomnadzor)라고 불리는 통신·IT·언론감독국(Федеральная служба по надзору в сфере связи, информационных технологий и массовых коммуникаций, Роскомнадзор)과 민스뱌즈(Minsvyaz)라고 불리는 러시아연방 통신매스컴부(Ministry of Telecom and Mass Communications of the Russian Federation)가 있다. 이 부처는 2018년에 러시아연방 디지털발전통신매스컴부(Министерство цифрового развития, связи и массовых коммуникаций Российской Федерации, Минкомсвязь)로 명칭이 변경되었다. 이들은 기관 기능의 일부에 사이버 안보 관련 업무가 위임되어 있다(ITU 2016).

러시아의 사이버 안보 임무를 수행하는 여러 정부 부처와 에이전시들의 협력을 총괄하고 조율하는 가장 중요한 컨트롤 타워는 연방보안국이다. 연방보안국은 러시아연방의 공공영역 사이버 안보와 관련하여 기술수출규제국, 국방부, 내무부, 통신·IT·언론감독국, 그리고 디지털발전통신매스컴부를 공식적으로 조율한다. 이런 점을 고려하면

연방보안국이 러시아 국내에서의 사이버 안보 추진체계의 가장 핵심적인 컨트롤 타워라고 볼 수 있다(ITU 2016). 한편 해외에서의 공세적 러시아 사이버 안보 또는 정보전쟁(또는 충돌)의 가장 핵심적인 기관은 런던과 브뤼셀의 사이버 안보 전문가들에 따르면[11] 러시아 군 정보기관인 정보총국(Главное Разведывательное Управление, ГРУ)[12]이다.

컨트롤 타워에 해당하는 연방보안국과 여기에 연계된 기술수출규제국, 국방부, 내무부, 통신·IT·언론감독국, 그리고 디지털발전통신매스컴부 등은 러시아 사이버 안보에서 가장 주요한 책임을 가진 집행기관들이다. 연방보안국은 사이버 프로파간다와 역정보(disinformation) 활동을 조율하는 러시아연방의 가장 선도 행위자이다(Connell and Vogler 2017, 7). 연방보안국은 통신운용자들과 인터넷 운용자들로부터 정보통신 관련 정보를 요청할 수 있으며 다른 정부기관들로부터 데이터베이스와 정보시스템을 요청할 권한이 있다(ICNL 2016). 국방부와 러시아연방군(Armed Forces of the Russian Federation)은 다른 국가 영토 내로 정보안보를 위한 병력과 자원들을 전개할 수 있으며 동시에 대내적으로 군사목적을 위해 위협들에 대한 최신의 신뢰할 만한 정보를 수집하고 대응방안을 개발할 수 있다(Giles 2012, 68). 특히 국방부는 2010년 이후로 정보작전의 능력을 강화시키기 위해 군 내에 사이버 부대(cyber unit)를 설치했다. 이 부대는 해커들과 저널리스트들, 전략 통신과 심리작전 전문가들, 언어학자들로 구성되어 있고 이

---

11　인터뷰 자료

12　GRU의 공식 명칭은 2010년에 GU(Main Directorate of the Russian General Chief of Staff of the Armed Forces of the Russian Federation; Главное управле́ние Генера́льного шта́ба Вооружённых Сил Росси́йской Федера́ции)로 변경되었다. 하지만 미디어에서는 여전히 보편적으로 GRU라는 명칭이 계속 사용된다.

들은 특수훈련을 받았으며 특수장비를 갖추고 있다. 국방부의 이러한 움직임은 전통적인 이 분야 선도기관인 연방보안국과 갈등을 낳았다(Connell and Vogler 2017, 8). 국방부는 FAMR(Foundation for Advanced Military Research)으로 불리는 사이버 연구개발국(cyber research and development agency)을 설치하여 사이버 공격능력과 방어능력을 강화했다. 통신·IT·언론감독국은 전자미디어(electronic media), 매스컴(mass communication), 정보기술(information technology), 방송(telecommunication) 등을 포함하는 미디어를 감시하고 정보 블랙리스트를 통제하고 미디어를 관리한다(Connell and Vogler 2017, 7). 디지털발전통신매스컴부는 디지털 경제발전 프로그램을 추진하는 주요한 핵심 부처이다(Kowalska 2017, 1). 또한 이 부처는 인터넷 및 통신 등록(register)과 관련된 가장 핵심적인 감독 기관이다(Giles 2013, 3). 최근 러시아의 디지털 주권과 정보안보를 위한 가장 핵심적인 국가프로그램 가운데 하나인 '루넷(RuNet) 2020'을 추진하는 책임기관 역시 디지털발전통신매스컴부이다(Ristolainen 2017, 13).

한편 러시아 사이버 안보의 가장 핵심적 기관인 연방보안국과 그와 연계되어 주요한 사이버 안보 관련 책임을 가진 기술수출규제국, 국방부, 내무부, 통신·IT·언론감독국, 그리고 디지털발전통신매스컴부 등을 제외한 사이버 안보와 관련된 여타 다른 정부부처나 공공기관들은 다음과 같다. 해외정보국은 연방보안국과 다른 행정부 수사 기관들과 마찬가지로 통신운용자들과 인터넷 운용자들로부터 정보통신 관련 정보를 요청할 수 있으며 다른 정부기관들로부터 데이터베이스와 정보시스템을 요청할 권한이 있다(ICNL 2016). 러시아연방중앙은행(Central Bank of the Russian Federation)은 보안 관련 연방기관

(Security Agency)[13]과 함께 사이버 CDI(Critical Data Infrastructure) 운용자들(Operators)을 관리한다(Clifford Chance 2017). 산업무역부 는 디지털발전통신매스컴부와 함께 인터넷상에서의 여러 다양한 정보 내용과 전자통신의 저장과 처리와 관련된 장비와 소프트웨어를 러시 아 국내산으로 대체하기 위한 재정지출의 가능성, 조건, 그리고 규모 등과 관련된 분석과 제안을 수행한다(ICNL 2016). 검찰총장(General Prosecutor)은 바람직하지 않다고 인정된 온라인 자료들에 대한 접근 과 접근방법에 관련된 정보들을 폐쇄할 권한을 가진다(Russia Reject "Sovereign" Internet Bill 2019).

러시아의 사이버 안보 임무를 수행하는 각 정부부처나 에이전시 들은 각각 자신들의 조직 내에서 사이버 안보를 담당하는 산하 조직 이나 담당부서, 또는 관련된 예하 공공기관이나 기업체를 가지고 있 다. 이러한 산하 조직이나 기관들을 살펴보면 다음과 같다. 연방보안 국은 SORM(System for Operative Investigative Activities)을 유지하 고 운용한다. SORM의 감시시스템의 운용에 연방보안국의 역할은 특 히 중요하다(Maurer and Hinck 2018, 46). SORM은 국가의 내부 사 이버 감시 시스템이다(Connell and Vogler 2017, 7). SORM 산하에 통 신·IT·언론 감독국이 있다(양정윤·박상돈·김소정 2018, 140-141). 연 방보안국 산하에 '국가 사이버 범죄 조정 본부'가 설치되어 이를 통해 연방보안국은 국가기관의 인터넷 홈페이지 보안을 강화하고 러시아 주요 기관에 대한 사이버 공격을 탐지, 경보, 복구하는 임무를 수행한

---

13    연방보안기관(Federal Security Agency)이 구체적으로 어떤 기관을 의미하는지는 아직 지정되지 않았다. 단지 CDI(Critical Data Infrastructure)법은 연방보안기관 또는 연방 기관(federal agency)이라고만 규정하고 있을 뿐이다. 맥락상 이 연방기관에 FSB가 해 당될 것이라고 추정할 수 있다.

다. 또한 연방보안국은 '컴퓨터 공격 탐지·예방·제거에 관한 국가시스템(Государственная система обнаружения, предупреждения и ликвидации последствий компьютерных атак, ГосСОПКА)'을 운영한다(양정윤·박상돈·김소정 2018, 145). 연방보안국의 정보안보센터(FSB's Center for Information Security)는 범죄자들과 해커들을 이용한 작전을 수행하기도 한다(Maurer and Hinck 2018, 49). 연방보안국은 연방보안국 면허, 증명, 그리고 국가 비밀보호 센터(FSB Center for Licensing, Certification, and Protection of State Secretes, FSB TSLSZ)를 운영한다. 이 FSB TSLSZ는 정보안보 분야에서 암호(encryption) 기술과 관련된 연방보안국 면허 또는 증명을 발급한다. 일단 이 연방보안국 면허·증명이 발급된 이후에 러시아 국방부 프로젝트에 관한 사업에 대해서는 기술수출규제국의 면허·증명이 발급될 수 있다(TAIA Global Inc. 2012). 연방보안국은 FSB TSLSZ와 함께 연방보안국 통신보안센터(FSB CBS: FSB Communications Security Center)를 두고 있다. 이 FSB CBS는 일차적으로 FSB TSLSZ의 허가를 얻은 회사의 개별적 제품들에 대해 허가를 부여한다. 이를 통해 정부 통신 시스템이 인가받은 제품만을 사용하도록 보장한다. 이 허가증은 연방보안국이 인가한 과학기술센터 아틀라스(STC(Science Technical Center) Atlas)와 같은 연구실에서 발급된다(TAIA Global Inc. 2012). 연방보안국은 또한 통신전자감시(TSRRSS: Electronic Surveillance of Communication) 센터를 운영한다. 이 센터는 전자통신의 인터셉션, 암호해독, 그리고 처리를 수행한다. 연방보안국은 또한 에프지유피(FGUP: Federal State Unitary Enterprises)를 감독한다. 이 FGUP에는 러시아 정부를 위한 정보기술(information technology, IT) 보안과 암호체계(cryptographic system)를 개발하고 증명하는 임무를 수행하는

FGUP STC Atlas와 정보기술(IT)과 정보보안을 위한 가장 선도적인 러시아 정부 소유의 시스템통합사 'FGUP 중앙-정보(Centre-Inform)'가 소속되어 있다(Pack 2019).

연방보안국 이 외의 다른 기관들의 산하 기구나 부서들은 다음과 같다. 내부무는 K국(Directorate K)을 산하에 두고 있다. 이 K국은 정보 범죄 또는 사이버 범죄 이슈에 초점을 맞춘다. 국방부는 사이버 부대(electronic warfare force)를 창설, 운영한다. 또한 사이버 공격, 방어 작전 조율과 충돌회피(deconfliction)를 위해 총참모부(General Staff)에 소속된 사이버 방어센터(Cyber Defense Center)를 설치 운용한다 (Connell and Vogler 2017, 28). 국방부 산하에는 기술수출규제국이 군 정보보호 및 정보통신기반시설 보호에 관한 주요한 역할을 수행한다. 기술수출규제국은 국방부 프로젝트 관련 사업에 대해 FSB TSLSZ의 면허·증명이 발급된 이후에 면허·증명을 발급할 수 있다(TAIA Global Inc. 2012). 이 밖에 산하에 정보총국이 정보전쟁과 관련된 주요한 공세적 방어적 임무를 수행한다. 디지털발전통신매스컴부는 산하에 통신·IT·언론감독국이 있다(Medvedev 2015, 58-59; 양정윤·박상돈·김소정 2018, 140-143).

한편 러시아 정부 및 공공기관들과 연계된 기업체들이 있다. 카스퍼스키 랩(Kaspersky Labs)은 연방보안국과 국방부에 의해 보안 분류된 작업들을 수행하도록 허가받았다(Pack 2019). 카스퍼스키 랩은 FSB TSLSZ와 기술수출규제국(FSTEC)으로부터 모두 면허·증명을 받았다(TAIA Global Inc. 2012). 카스퍼스키 랩과 닥터 웹(Dr. Web)은 국가 비밀 정보를 다루는 업무를 위해 연방보안국의 인가를 받은 단 두 개의 안티바이러스(antivirus) 회사들이다(TAIA Global Inc. 2012).

러시아의 주요 사이버 안보 기관들은 해커들이나 범죄자들과 연

계되어 있다. 해커들과 범죄자들은 사이버 작전(cyber operations)
을 위한 프락시들(proxies)로 이용된다. 연방보안국은 조직화된 해커
그룹들(organized groups of hackers)과 연계되어 있다(Maurer and
Hinck 2018, 47). RBN(Russian Business Network) 등은 이러한 프
락시의 사례에 해당한다. 프락시를 이용하는 이유는 비용-효과의 측
면과 익명성과 러시아 정부의 부정성(deniability)을 높이기 때문이
다(Connell and Vogler 2017, 11). APT 28(또는 Fancy Bear, Sofacy)
과 APT 29(또는 Cozy Bear)는 정보총국과 연계되어 있는 것으로 알
려졌다. 이 밖에 사이버베르쿠트(CyberBerkut)라는 해커그룹은 2014
년 우크라이나 선거 기반시설에 대한 공격으로 알려졌다(Connell and
Vogler 2017, 23-24).

3) 러시아 디지털 경제 프로그램 관련 기관들
러시아 디지털 경제 프로그램을 수행하기 위한 별도의 추진체계가 있
다. 디지털발전통신매스컴부는 이러한 추진체계의 핵심 코디네이터이
다(디지털 경제 프로그램과 관련하여 제1장 3. 1) 참조).

4) 루넷(RuNet) 2020 관련 기관들
러시아 디지털 주권과 정보안보를 강화하기 위해 러시아는 러시아
의 인터넷 망을 외부세계와 분리하여 국가가 통제권을 가지는 격리
된 별도의 공간으로 구축하고자 하는 프로그램을 추진한다. 이러한 프
로그램을 'RuNet 2020'으로 명명하고 2020년까지 러시아 인터넷 트
래픽의 99%가 러시아 국가 내에서 전송되고 러시아 내의 핵심기반
시설(critical infrastructure)의 99%에 백업카피(back-up copy)를 구
축할 것이라고 선언했다(Ristolainen 2017, 13). 이러한 글로벌 인터

넷으로부터 RuNet을 격리시키기 위한 프로젝트에 디지털발전통신매스컴부, 통신·IT·언론감독국, 국방부, 연방보안국, 그리고 로스텔레콤(Rostelekom, 러시아 통신회사) 등이 임무수행에 참여하고 있다(Ristolaine 2017, 17).

### 5) 교육 및 연구기관들

정보안보와 관련한 교육기관과 연구기관들은 주로 정보기술보다는 정보심리에 초점을 맞춘 정보전쟁을 수행할 목적으로 추진체계가 갖추어져 있다. 러시아의 다양한 교육기관과 연구기관들은 2000년 러시아연방 정보안보 독트린을 수행하기 위해 추진체계가 구축되었고 이후 지속되어 오고 있다. 여기서도 연방보안국은 코디네이터로서 핵심적인 역할을 수행한다. 여기에 참여한 기관은 연방보안국 아카데미의 "암호·통신·컴퓨터 연구소(Institute of Cryptography, Telecommunications and Computer Science)", 기술수출규제국의 "기술정보보호문제를 위한 국가과학연구실험 연구소(State Science and Research Experimental Institute of Technical Information Protection Problems)", 오렐에 위치한 연방경호국 아카데미, "보로네즈 통신연구소(Voronezh Research Institute of Telecommunications)", "볼고그라드·로스토프-돈 러시아 내무부 아카데미(Academy of the Russian Internal Affairs Ministry in Volgograd and Rostovon-Don)", "모스크바 국립국제관계 연구소(Moscow State Institute of International Relations: MGIMO)", "러시아연방 외교부 외교 아카데미(Diplomatic Academy of the Ministry of Foreign Affairs of the Russian Federation)" 등을 포함한 러시아 내의 74개 연구, 교육기관들이다. 여기서 연방보안국 아카데미의 암호작성·해독 연구소(Cryptography Institute)

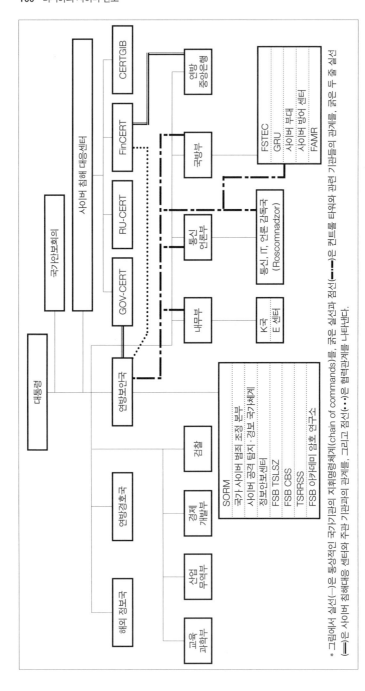

* 그림에서 실선(—)은 통상적인 국가기관의 지휘명령체계(chain of commands)를, 굵은 실선과 점선(━ㆍ━)은 컨트롤 타워와 관련 기관들의 관계를, 굵은 두 줄 실선(═)은 사이버 침해대응 센터와 주관 기관과의 관계를, 그리고 점선(••)은 협력관계를 나타낸다.

**그림 II-1** 러시아 사이버 안보 추진체계 조직도

출처: 윤민우(2019, 117).

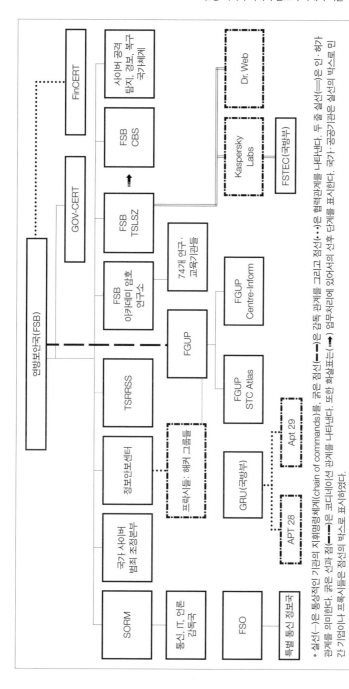

* 실선(—)은 통상적인 기관의 지휘명령체계(chain of commands)를, 굵은 점선(▬▬)은 감독 관계를 그리고 점선(‥‥)은 협력관계를 나타낸다. 두 줄 실선(═)은 인·허가 관계를 의미한다. 굵은 선과 점(▬·▬)은 코디네이션 관계를 나타낸다. 또한 화살표는(➡) 업무처리에 있어서의 선후 단계를 표시한다. 국가·공공기관은 실선의 박스로만, 민간 기업이나 프록시들은 점선의 박스로 표시하였다.

**그림 II-2 러시아 사이버 안보 관련 주요 기관들의 추진체계 조직도**
출처: 윤민우(2019, 118).

는 코디네이터로 여타 기관들을 조율한다(Darczewska 2014, 9-10).

## IV. 러시아 사이버 안보 관계기관들의 역할과 책임

러시아 사이버 안보 관계기관들의 역할과 책임을 각 기관별로 살펴보면 다음과 같다. 각 관계기관들의 리스트와 간략한 성격과 역할·임무는 앞서 추진체계를 살펴보면서 다루었다. 여기서는 추진체계에서 식별된 주요 관계기관들의 역할과 책임을 기관별로 구체적으로 살펴볼 것이다.

먼저 연방보안국은 국내외 첩보수집 및 보안·방첩기관이다. 연방보안국은 사이버 안보에 관하여 가장 중요하고 핵심적인 기관이다. 연방보안국은 해외정보국, 연방경호국과 함께 국가보안위원회(KGB)의 주요 승계기관 가운데 하나이며 그 중에서 가장 핵심적인 승계기관이다. 1991년에 해체된 KGB의 2국(Second Chief Directorate)의 방첩(counterintelligence), 3국(Third Chief Directorate)의 군사방첩(military counterintelligence), 4국(Fourth Chief Directorate)의 교통보안(Transportation Security), 헌법보호국(Directorate for the Protection of the Constitution)의 반테러(Anti-terrorism), 민족문제(ethnic problems) 등, 6국(Sixth Directorate)의 경제범죄와 부패(Economic crime and corruption), 7국(Seventh Directorate)의 감시(Surveillance), 8국(Eight Chief Directorate)[14] 통신(communication)

---

14　KGB 8국은 1991년 KGB 해체 이후 신호정보(SIGINT) 기관인 연방통신정보국(Federal Agency of Government Communications and Information, FAPSI)으로 바뀌었다가 2003년 이후 FAPSI의 해체와 함께 통신, 신호정보안보 관련 기능이 FSB(연방보안

의 일부, 그리고 KGB 국경경비대(Border Guards)의 국경경비 일부 기능과 역할 등이 FSB로 이전되었다(McCauley 2001, 406). 이와 같은 광범위하고 막강한 연방보안국의 위상과 능력 때문에 일반적인 러시아 국가안보뿐만 아니라 사이버 안보에서도 연방보안국은 가장 중요한 책임과 역할을 수행한다.

연방보안국은 사이버 안보와 관련하여 러시아 국가 정보안보 전략수행, 정책개발 및 리더십, 컨트롤 타워, 코디네이터, 정보, 보안, 법집행, 규제와 인·허가, 기술개발, 사이버 침해 대응, 교육·연구 등 광범위한 분야에서 핵심적인 역할을 수행한다. 이를 구체적으로 관련 영역별로 살펴보면 다음과 같다. 먼저 연방보안국은 러시아 사이버 안보에 있어 컨트롤 타워로서 기능한다. 연방보안국은 러시아 사이버 안보와 관련된 주요 핵심 부처들인 기술수출규제국, 국방부, 내무부, 디지털발전통신매스컴부, 그리고 통신·IT·언론감독국 등을 총괄하고 조율한다(ITU 2016). 이를 통해 공공부문 사이버 안보 및 러시아 사이버 위협 정보공유에 대한 중심적 역할을 수행한다(양정윤·박상돈·김소정 2018, 134).

다음으로, 연방보안국은 사이버 보안 관련 감시와 수사, 그리고 정보심리전이나 해킹과 같은 비밀공작 등에 관한 권한과 책임, 그리고 역할을 수행한다. 감시와 관련해서 연방보안국은 모든 국내에서 해외로 나가는 트래픽이 정부기관이나 시설들에 의해 통제되는 게이트웨이(gateway)를 통해 통과해 나가기 때문에 러시아 내에서 기원한 인터넷 활동을 감시한다. 연방보안국과 내무부 K국 모두 내무부의 센터 E(Center E)의 극단주의 데이터베이스에 포함된 극단주의자들에

국), SVR(해외정보국), FSO(연방경호국)으로 이관되었다(양정윤·박상돈·김소정 2018, 140).

대한 매일-매일(day-to-day)의 감시와 이들의 동향을 파악하도록 권한을 부여받았다(Carr 2011, 234). 연방보안국은 SORM(System for Operative Investigative Activities)을 유지하고 운용한다(Maurer and Hinck 2018, 46). SORM을 통해 연방보안국은 국가의 내부 사이버 감시 시스템을 구축 운용한다(Connell and Vogler 2017, 7). SORM은 인터넷 콘텐츠 검열(웹사이트 블랙리스트 관리 및 특정 명령어 검색 필터링 등)을 실행하는 것으로 알려져 있다(양정윤·박상돈·김소정 2018, 140-141). 정보·수사를 위해 연방보안국은 통신운용자들과 인터넷 운용자들로부터 정보통신 관련 정보를 요청할 수 있으며 다른 정부기관들로부터 데이터베이스와 정보시스템을 요청할 권한이 있다(ICNL 2016). 비밀공작과 관련해서 연방보안국은 사이버 프로파간다와 역정보 활동을 조율하는 러시아연방의 가장 선도 행위자이다(Connell and Vogler 2017, 7). 한편 연방보안국의 정보안보센터(FSB's Center for Information Security)는 범죄자들과 해커들을 이용한 비밀공작을 수행하기도 한다(Maurer and Hinck 2018, 49).

연방보안국은 주요정보기반시설(Critical Data Infrastructure, CDI) 보호에 있어서도 가장 큰 역할을 담당하고 있다(양정윤·박상돈·김소정 2018, 134). CDI 법에 따라, 연방 에이전시는 CDI 운용자들로부터 즉각적으로 사이버 사건을 보고받을 권리와 ① 사이버 공격의 탐지, 예방, 또는 복구 ② 사이버 사건들의 원인들과 정황들의 결정과 관련하여 CDI 운용자들의 협조를 받을 권리를 가진다. 이 연방 에이전시가 연방보안국이라고 법률에 지목되어 있지는 않지만 연방보안국은 당연히 이 연방 에이전시에 해당하는 것으로 추론할 수 있다(Clifford Chance 2017).

연방보안국은 기술개발에도 관여한다. 암호기술 및 각종 사이버 공격기술을 개발하고 전자전 무기를 개발, 배치하며 사이버 무기를 활용한 교전국의 C4ISR 체계를 무력화할 방안을 고안한다(양정윤·박상돈·김소정 2018, 134). 연방보안국 아카데미의 암호, 텔레커뮤니케이션, 그리고 컴퓨터 사이언스 연구소(Institute of Cryptography, Telecommunications and Computer Science at the Federal Security Service)는 이와 관련한 주요 책임기관으로 지목될 수 있다(Darczewska 2014, 9-10). 연방보안국은 또한 FGUP(Federal State Unitary Enterprises)를 감독한다. 이 FGUP에는 러시아 정부를 위한 정보기술(IT) 보안과 암호체계(cryptographic system)를 개발하고 증명하는(certifying) 임무를 수행하는 FGUP STC Atlas와 정보기술과 정보보안을 위한 가장 선도적인 러시아 정부소유의 시스템 통합 회사인 FGUP Centre-Inform이 소속되어 있다(Pack 2019).

연방보안국법에 따라 연방보안국은 암호(cryptography), 안티바이러스(anti-virus) 등을 포함하는 정부통신시스템에 사용되는 하드웨어와 소프트웨어, 그리고 기반설비 제품에 대한 인·허가 권한을 갖는다. 이와 관련하여 연방보안국법에 따라 연방보안국은 총괄적 권위를 가진다(양정윤·박상돈·김소정 2018, 134). 이러한 역할은 FSB TSLSZ(연방보안국 면허, 증명, 그리고 국가 비밀보호 센터)과 FSB CBS(통신 보안 센터)를 통해 수행된다. FSB TSLSZ와 FSB CBS는 정보 안보 분야에서 암호(encryption) 기술과 관련된 FSB 면허 또는 증명을 발급한다(TAIA Global Inc. 2012). FSB TSLSZ가 일차적으로 특정 회사에 대한 면허를 발급하면 FSB CBS가 이차적으로 FSB TSLSZ의 허가를 얻은 회사의 개별적 제품들에 대해 허가를 부여한다. 이를 통해 연방보안국은 정부 통신 시스템이 인가받은 제품만을 사용하도록 보장한다. 연방보안국은 STC(Science Technical Center) Atlas를 두고 있는데 여기서 관련 허가증(certification)을 발급한다(TAIA Global Inc. 2012).

　이 밖에도 연방보안국은 사이버 사건 대응, 신호정보, 그리고 교육, 연구 부문 등에도 주요한 책임과 역할을 가진다. 연방보안국은 사이버 사건 대응(Cyber Incident Response)과 관련하여 정부 네트워크 보호에 대한 중심적 역할을 수행하는 GOV-CERT를 운영하며(양정윤·박상돈·김소정 2018, 134), 동시에 금융부문 컴퓨터 비상대응 팀인 FinCert와 협력관계를 구축하고 있다(ITU 2016; UNDIR Cyber Policy Portal 2019). 연방보안국은 사이버 안보와 관련된 신호정보(SIGINT) 부문에서도 연방보안국 산하의 TSRRSS(Electronic Surveillance of Communication)센터를 통해 전자 통신(electronic communications)의 인터셉션, 암호해독, 그리고 처리를 수행한다(Pack 2019). 정보 안보와 관련된 교육, 연구 부문에서 연방보안국은 주요한 국가 코디네이터로 기능한다. 연방보안국 아카데미의 암호작성·해독 연구소(Cryptography Institute)는 코디네이터로 러시아 내 74개 연구, 교육 기관들을 조율하는 코디네이터의 역할을 수행한다(Darczewska 2014, 9-10). 최근 시작된 러시아의 디지털 주권을 구축하기 위한 프로그램인 'RuNet 2020'에도 연방보안국은 주요한 참여 기관 가운데 하나이다(Ristolainen 2017, 17).

　사이버 안보와 관련하여 연방보안국 이 외의 주요한 정보, 감시, 수사(또는 법집행), 비밀공작 기관은 연방경호국, 내무부, 해외정보국, 그리고 정보총국 등이다. 이 가운데 연방경호국과 내무부는 대내 사이버 방어(cyber defense)를 주 임무로 하고 해외정보국과 정보총국은 해외 사이버 공격(cyber offense)을 주 임무로 한다. 하지만 실제 업무를 수행하는 과정에서 그러한 역할과 책임이 모호해지면서 서로 중첩

되는 경향이 나타나기도 한다. 이는 종종 기관들 간의 영역 경쟁으로 이어지기도 한다.

이러한 여러 기관들의 역할과 책임을 정리하면 다음과 같다. 2003년 이전에는 신호정보 기관인 연방통신정보국(Federal Agency of Government Communications and Information, FAPSI)이 국가 전체적인 정보안보 관할기관이었다. FAPSI는 주로 신호정보 수집 및 분석, 정부통신 보안, 암호화 통신, 기술 보안, 정보 수집, 상급기관 정보제공 등에 관한 임무를 수행했다(양정윤·박상돈·김소정 2018, 140). 이 기관은 KGB가 1991년 해체되면서 KGB의 8국(Eight Chief Directorate)이 따로 떨어져 나와 독립기관으로 만들어진 것이다(McCauley 2001, 406). 2003년 FAPSI가 해체되면서 FAPSI의 통신(communication)과 정보(information)에 관련된 정보안보 관련 책임이 연방보안국, 해외정보국, 그리고 연방경호국 등으로 분리 이관되었다(양정윤·박상돈·김소정 2018, 140).

연방경호국은 대통령 및 정부기관에 대한 경호가 주요 임무이다. 이 기관은 경호 임무를 맡았던 KGB의 9국(Ninth Directorate)이 따로 떨어져 나와 만들어졌다(McCauley 2001, 406). 정보안보에 관하여 대통령-군 암호통신을 담당하며 산하 특별통신정보국을 통해 정보통신 조직 및 군 통신을 보호한다. 또한 국가 정보교환 채널의 안전 보장을 담당한다(양정윤·박상돈·김소정 2018, 140-141).

내무부는 사이버 범죄를 수사한다. 내무부에서 사이버 범죄와 감시를 전담하는 부서는 K국(Directorate K)이다. K국은 연방보안국과 함께 페이스북과 같은 SNS 활동들을 감시한다. 연방보안국이 국내에서 기원해서 해외로 나가는 모든 트래픽을 감시하는 반면 내무부 K국은 러시아 내에서 텔레커뮤니케이션(telecommunication) 회사들에 대한 권한을 행사하며 그러한 회사들에게 인터넷 소란(internet disturbances) 동안 접근을 차단하라고 지시할 수 있다. 매일-매일 (day-to-day)의 감시와 관련해서는 연방보안국과 K국 모두에게 내무부 산하 센터E(Center E)의 극단주의 데이터베이스에 포함된 극단주의자들을 파악하도록 권한이 부여되었다. 중대한 위협의 경우에, 내무부는 국내외 회사들과 반정부 그룹들에 직접 접근할 수 있고 인터넷 접속을 차단하거나 SNS를 포함한 인터넷 사용정보를 요구할 수 있다(Carr 2011, 234). 한편 법집행에서 또 다른 주요한 역할을 맡은 러시아 검찰은 바람직하지 않은 것으로 판단한 온라인 자료들에 대한 접근과 접근방법에 관련된 정보들을 차단할 수 있다(Russia Reject "Sovereign" Internet Bill 2019).

해외 정보활동(intelligence)이나 공작(covert operation)을 주로 하는 해외정보국과 정보총국은 대내외 위협으로부터 러시아를 보호하기 위한 사이버 안보 활동과는 다소 거리가 있다. 그럼에도 불구하고 공격과 방어의 뚜렷한 구분이 쉽지 않은 사이버 안보의 특성상 일정정도 국내 사이버 안보 활동과 관련이 있다. 해외정보국은 KGB 1국(First Chief Directorate)이 담당하던 해외정보(Foreign intelligence)의 책임과 권한을 승계한 기관이다(McCauley 2001, 406). 또한 2003년 FAPSI가 해체되면서 FAPSI의 통신(communication)과 정보(information)에 관련된 정보안보 관련 책임의 일부를 승계받았다(양정윤·박상돈·김소정 2018, 140). 해외정보국은 해외정보안보활동, 인간정보(HUMINT), 사이버 및 신호정보 분야의 대외협력 업무를 담당하고 있으며 전략정보를 수집하며 해외 정보보호 및 통신시스템 구축에 관한 역할을 수행한다(양정윤·박상돈·김소정 2018, 140). 해외정보국은 업무수행을 위해 연방보안국과 다른 행정부 수사기관들과 마찬가지로 통신운용자들과 인터넷 운용자들로부터 정보통신 관련 정보를 요청할 수 있으며 다른 정부기관들로부터 데이터베이스와 정보시스템을 요청할 권한이 있다(ICNL 2016).

군 정보기관인 정보총국은 사이버 공간을 활용한 군사정보활동 및 비밀공작활동을 수행하는 것으로 알려져 있다. 특히 러시아의 새로운 군사전략독트린에 따라 정보전쟁 또는 정보충돌의 수행을 위해 공격(offense)과 방어(defense)의 임무를 수행한다. 특히 정보총국은 선거개입과 해킹, 정보-심리작전 등과 같은 해외에서의 공세적 러시아 정보전쟁(또는 충돌)의 가장 위협적이고 핵심적인 기관이다.[15] 정보총국은 암호기술 및 솔루션에 관한 최고의 기술 실행력을 보유한 것으로 알려져 있으며 연방보안국 등과 공조하여 활동한다(양정윤·박상돈·김소정 2018, 140-141). 정보총국은 연방보안국과 마찬가지로 해커들과 사이버 범죄자들을 프락시로 활용하는 비밀작전(Covert Operation)을 수행한다. 2016년 미국 DNC(Democratic National Committee) 서버 해킹사건에서 GRU는 APT 28(Fancy Bear)과 APT 29(Cozy Bear)라는 해커그룹과 연계되어 있는 것으로 알려졌다(Connell and Vogler 2017, 23). 두 그룹은 독자적으로 작전을 수행했다(Connell and Vogler 2017, 24).

이 밖에도 정보, 비밀공작, 수사(또는 법집행) 등과 직접 관련된 기관들은 아니지만, 사이버 안보와 관련된 여러 러시아 정부기관과 공공기관들이 있다. 이러한 기관들의 역할과 책임은 다음과 같다. 먼저, 대통령은 사이버 안보와 관련된 최상위의 정책판단, 정책수립, 지휘총괄하는 역할과 책임이 있다.

---

15   인터뷰 자료.

국가안보회의는 정보안보 독트린과 러시아연방 국가안보개념 등 정보안보에 관해 대통령을 보좌하며, 정보안보를 포함한 전반적인 국가안보정책을 조율하고 통합한다.

국방부는 정보안보와 관련된 군사정책을 계획, 실행하며 러시아 내 정보시스템 및 통신 네트워크에 관한 접근을 통제하며 사이버 부대를 운영하는 것으로 알려져 있다(양정윤·박상돈·김소정 2018, 142). 국방부는 해외에 정보전쟁을 위한 병력과 자원을 전개할 수 있으며, 대내적으로는 군사목적을 위해 정보안보위협과 관련된 정보를 수집하고 대응방안을 개발할 수 있다. 특히 사이버 부대는 특수훈련을 받고 특수장비를 갖춘 해커들과 저널리스트들, 전략통신과 심리작전 전문가들, 그리고 언어학자들로 구성되어 있어 해킹, 사이버 심리작전, 역공작(disinformation) 등의 특수작전을 수행할 능력을 갖추고 있다. 또한 FAMR이라는 사이버 연구개발국(cyber research and development agency)을 설치하여 사이버 공격능력과 방어능력을 강화했다. 최근 들어 국방부가 정보안보 부문에 더욱 적극적으로 뛰어들어 공격과 방어능력을 강화하고 기관의 역할과 책임을 확장함에 따라 이 부문에서 전통적인 선도기관인 연방보안국과 마찰을 일으키고 있다(Connell and Vogler 2017, 7-8). 한편 국방부는 글로벌 인터넷으로부터 RuNet을 격리시키기 위한 프로젝트인 RuNet 2020에 참여하고 있다(Ristolainen 2017, 17). 국방부 산하 기술수출규제국은 군정보보호 및 정보통신 기반시설 보호에 관한 주요 역할을 수행한다(양정윤·박상돈·김소정 2018, 142). 기술수출규제국은 국방부 프로젝트 관련 사업에 대해 FSB TSLSZ의 면허·증명이 발급된 이후에 면허·증명을 발급할 수 있다 (TAIA Global Inc. 2012).

디지털발전통신매스컴부는 미디어, 매스컴, 정보기술, 정보통신기술, 네트워크기술, 개인정보처리, 인터넷 업체 등을 관리, 감독하는 업무를 수행하고 통신사업자와 통신기기제조업체에 대한 감독 및 인허가 업무를 수행한다(양정윤·박상돈·김소정 2018, 142). 디지털발전통신매스컴부는 인터넷과 통신 등록과 관련된 가장 핵심적인 감독 기관이다(Giles 2013, 3). 디지털발전통신매스컴부는 또한 산업무역부와 함께 인터넷에서의 음성정보, 문자, 이미지, 오디오, 그리고 비디오 또는 인터넷 사용자들에 의한 다른 전자 통신의 저장과 처리에 필요한 장비의 국내 제조와 소프트웨어의 국내 생산을 조직할 목적으로 한 재정지출의 가능성, 조건, 그리고 규모와 관련하여 분석하고 제안할 책임과 역할이 부여되어 있다(ICNL 2016, 2). 디지털발전통신매스컴부는 이 밖에도 러시아의 주요한 디지털 주권과 정보안보 미래전략인 디지털 경제발전과 RuNet 2020 전략 추진의 핵심 부처이다. 디지털 경제발전 프로그램의 추진과 관련하여 디지털발전통신매스컴부는 핵심 코디네이터이다. 민간부문의 디지털 경제발전 프로그램과 병행하여 6개의 연방 "디지털 공공행정(Digital Public Administration)" 프로젝트가 작동되는데 이 가운데 디지털발전통신매스컴부의 차관은 "디지털 기반시설(Digital Infrastructure)", "정보안보(Information Security)", "디지털 기술(Digital Technologies)", 그리고 "디지털 정부(Digital Government)" 등 모두 4개의 프로젝트를 지휘·감독한다. 디지털발전통신매스컴부의 차관은 또한 "디지털 경제를 위한 인적자원(Human Resources for Digital Economy)"을 지휘·감독한다(Ershova and Hohlov 2018, 35-37).

통신·IT·언론감독국은 디지털발전통신매스컴부의 산하기관으로 전자미디어(electronic media), 매스컴(mass communication), 정보기술(information technology), 방송(telecommunication) 등을 포함

하는 미디어를 감시하고 정보 블랙리스트를 통제하고 미디어를 관리한다(Connell and Vogler 2017, 7). 2017년 11월 발효된 VPN 법(VPN Law)에 따라 통신·IT·언론감독국은 VPN 소유자들(owners)과 사용자들(users), VPN 기술(VPN technology), 호스팅 공급자들(hosting providers), 검색엔진 운용자들(search-engine operators), 그리고 제한된 웹사이트들(restricted websites)에 대한 감시와 규제에 관련된 책임과 역할을 가진다. 이러한 목적을 위해 통신·IT·언론감독국은 러시아내에서 금지된 데이터와 데이터 자산, 그리고 텔레커뮤니케이션 네트워크 접근 등에 대한 연방 국가 데이터베이스를 유지할 책임이 있다(Clifford Chance, 2017). 통신·IT·언론감독국은 또한 RuNet 2020에 참여하고 있다(Ristolainen 2017, 17).

이 밖에 외교부, 산업무역부, 경제개발부, 그리고 러시아중앙은행 등이 사이버 안보에 대한 책임과 역할이 있다(양정윤·박상돈·김소정 2018, 142). 외교부는 사이버 안보 관련 국제협력을 담당한다. 산업무역부는 디지털발전통신매스컴부와 함께 인터넷에서의 음성정보, 문자, 이미지, 오디오, 그리고 비디오 또는 인터넷 사용자들에 의한 다른 전자 통신의 저장과 처리(store and process)에 필요한 장비의 국내 제조와 소프트웨어의 국내 생산을 조직할 목적으로 한 재정지출의 가능성, 조건, 그리고 규모와 관련하여 분석하고 제안할 책임과 역할이 있다(ICNL 2016, 2). 한편 경제개발부는 디지털 경제 프로그램과 연계된 "디지털 공공행정(Digital Public Administration)"프로젝트의 6개 분야 가운데 2개인 "디지털 환경규제(Regulation of the Digital Environment)"와 "디지털 경제를 위한 인적자원(Human Resources for Digital Economy)"에 대한 선도적인 책임을 진다. 경제개발부의 차관은 이 두 부문의 수장(Head)으로 프로그램을 지휘·감독한다(Ershova and Hohlov 2018, 35-37). 러시아중앙은행은 금융부문에 대한 사이버 사건 대응팀인 FinCERT를 운용한다. 러시아중앙은행은 FinCERT를 통해 금융회사들과 관련된 사이버 안보에 관한 데이터수집, 그러한 데이터의 분석, 정보안보와 관련된 가능한 위협들에 관해금융 회사들에 대한 피드백의 제공, 그리고 사이버 공격들에 관한 자문등의 임무를 수행한다(ITU 2016; UNDIR Cyber Policy Portal 2019). 또한 러시아중앙은행은 CDI 운용자들로부터 (이 CDI 운용자들이 은행과 다른 금융시장의 섹터들일 경우에) CDI 법에서 규정한 사항에 해당하는 정보들을 제공받을 권한이 있다(Clifford Chance 2017).

## V. 맺음말

한 연구(Wittes and Blum 2015)에 따르면, 미래의 정보전쟁 또는 정보충돌에서 방어의 분산과 다변화는 주요한 핵심 키워드이다. 이는 공격능력의 확산과 취약성의 확산이라는 미래 정보전쟁의 특성 때문에 기존의 국방이 군 중심으로 일원화된 방식으로 이루어졌던 것과 달리 국가기관과 공공기관, 그리고 공공의 성격을 갖는 민간부문이 함께 참여하는 확장되고 분산된 형태의 방어로 진화하는 것을 의미한다. 이와 같은 미래전쟁 특히 미래 정보전쟁의 발전추이를 감안할 때, 2000년 이후 러시아 사이버 안보의 국내적 기반과 체제의 발전 방향은 방어의분산과 다변화라는 측면에 부합하는 적절한 사례에 해당한다고 평가할 수 있다.

러시아 사이버 안보의 국내적 기반과 체제는 러시아연방 대통령과 러시아 국가안보회의라는 국가적 전략과 발전방향을 모색하고 판단하고 지휘하는 컨트롤 타워와 그러한 전략과 발전방향에 기반을 둔 정책을 실제 추진하는 것을 주도하고 조율하는 집행 컨트롤 타워인 연방보안국을 축으로 여러 국가기관과 공공기관들이 네트워크 형태로 연결되어 있다. 그리고 각각의 기관은 주어진 영역에서 러시아 사이버 안보를 위한 주어진 역할과 임무를 수행한다. 이러한 역할과 임무는 ① 컴퓨터 침해사건 대응(CERT), ② 감시와 정보(surveillance and intelligence), ③ 수사 또는 법집행(investigation or law enforcement), ④ 규제와 면허(regulation and license), ⑤ 기반시설보호(protection of infrastructure), ⑥ 디지털 경제발전(digital economic development), ⑦ RuNet 2020, 그리고 ⑧ 교육·연구·개발(training and research, and development) 등으로 구분할 수 있다. 각각의 세부 영역은 선도 기관과 다수의 참여기관들에 의해 수행되며 이러한 각각의 세부영역은 다른 세부 영역들과 연계되어 러시아 사이버 안보의 국내적 기반과 체제를 구축한다. 각 세부 영역에 참여한 선도기관과 참여기관들은 다시 다른 세부 영역의 선도기관과 참여기관들로 참여하고 있어 기관들 간의 협력과 조율의 네트워크가 구축되어진다.

러시아 사이버 안보를 증진하기 위한 목적으로 가진 각각의 세부 영역들에 참여한 선도기관과 참여기관들을 살펴보면 다음과 같다. 먼저, 컴퓨터 침해사건 대응인 GOV-CERT에는 연방보안국이, FinCERT에는 러시아중앙은행이 주된 책임을 맡고 있다. 연방보안국은 다시 러시아중앙은행과 협력관계를 구축하고 있어 전체 CERT에서 선도기관으로 역할을 수행한다.

다음으로, 감시와 정보(surveillance and intelligence) 부문에서는 연방보안국과 내무부, 해외정보국, 연방경호국, 국방부, 정보총국, 그리고 통신·IT·언론감독국 등이 주요한 책임기관들로 작동한다. 예를 들면, 감시와 관련해서 연방보안국은 국내에서 해외로 나가는 모든 트래픽이 정부기관이나 시설들에 의해 통제되는 게이트웨이(gateway)를 통과해 나가기 때문에 러시아 내에서 기원한 인터넷 활동을 감시한다. 연방보안국은 SORM(System for Operative Investigative Activities)을 통해 국가의 내부 사이버 감시 시스템(state's internal cyber surveillance system)을 운용한다(Connell and Vogler 2017, 7). 내무부는 매일-매일(day-to-day)의 감시와 관련해서 K국이 주요한 역할을 수행한다(Carr 2011, 234). 통신·IT·언론감독국은 디지털발전통신매스컴부의 산하기관이면서 동시에 SORM에 소속되어 있다. 이 기관은 전자미디어, 매스컴, 정보기술, 방송 등을 포함하는 미디어를 감시하고 정보 블랙리스트를 통제하고 미디어를 관리한다(Connell and Vogler 2017, 7). 또한 FAPSI가 해체되면서 FAPSI의 통신(communication)과 정보(information)에 관련된 감시와 정보 관련 책임이 연방보안국, 해외정보국, 그리고 연방경호국 등으로 분리 이관되었다(양정윤·박상돈·김소정 2018, 140). 한편 국방부와 정보총국 등은 군과 관련된 사이버 보안 사항에 대해 감시와 정보활동을 수행한다. 이러한 여러 러시아 사이버 감시와 정보 등과 관련된 기관들 가운데 사실상 연방보안국이 선도기관으로 역할을 수행한다. 연방보안국은 SORM을 통해 통신·IT·언론감독국의 활동을 지휘하고 동시에 국가의 사이버 보안 컨트롤 타워로서 기술수출규제국, 국방부, 내무부, 통신·IT·언론감독국, 그리고 디지털발전통신매스컴부 등을 조율한다.

수사 또는 법집행(investigation or law enforcement)에서는 내무부와 연방보안국이 가장 주요한 두 기관이다. 이 외에도 러시아 검찰이 수사 또는 법집행과 관련된 임무와 권한을 가진다. 내무부는 사이버 범죄를 수사한다. 내무부에서 사이버 범죄와 감시를 전담하는 부서는 K

국(Directorate K)이다. 또한 수사를 위해 연방보안국은 통신운용자들과 인터넷 운용자들로부터 정보통신 관련 정보를 요청할 수 있으며 다른 정부기관들로부터 데이터베이스와 정보시스템을 요청할 권한이 있다. 한편 법집행에서 또 다른 주요한 역할을 맡은 러시아 검찰은 바람직하지 않은 것으로 판단한 온라인 자료들에 대한 접근과 접근방법에 관련된 정보들을 차단할 수 있다.

규제와 면허(regulation and license)의 역할을 수행하는 주요 책임 기관은 연방보안국과 기술수출규제국, 그리고 통신·IT·언론감독국이다. 연방보안국법에 따라 연방보안국은 암호(cryptography), 안티바이러스(anti-virus) 등을 포함하는 정부통신시스템에 사용되는 하드웨어와 소프트웨어, 그리고 기반설비 제품에 대한 인·허가 권한을 갖는다. 이와 관련하여 연방보안국법에 따라 연방보안국은 총괄적 권위를 가진다(양정윤·박상돈·김소정 2018, 134). 이러한 역할은 FSB TSLSZ(연방보안국 면허, 증명, 그리고 국가 비밀보호 센터)와 FSB CBS(통신 보안 센터)를 통해 수행된다. 국방부 산하 기술수출규제국은 국방부 프로젝트 관련 사업에 대해 FSB TSLSZ의 면허·증명이 발급된 이후에 면허·증명을 발급할 수 있다(TAIA Global Inc., 2012). 통신·IT·언론감독국 역시 2017년 여름 제정되고 2018년 1월부터 발효된 메신저 법(Messengers Law)과 VPN(Virtual Private Network: 가상사설망) 법(VPN Law, Federal Law No. 276-FZ "On Amendments to the Federal Law "On Data Information Technologies and Data Security")에 따라 메신저 서비스 소유자들과 VPN 소유자들과 사용자들, 그리고 기술 소유자들에 대한 감시, 규제 권한을 가진다. VPN 법에 따라 Roscomnadzor는 VPN 소유자들(owners)과 사용자들(users), VPN 기술(VPN technology), 호스팅 공급자들(hosting providers), 검색엔진 운용자들(search-engine operators), 그리고 제한된 웹사이트들(restricted websites)에 대한 감시와 규제에 관련된 책임과 역할을 이행한다(Clifford Chance 2017).

기반시설보호와 관련하여, 국방부 산하 기술수출규제국은 군정보보호 및 정보통신기반시설 보호에 관한 주요 역할을 수행한다(양정윤·박상돈·김소정 2018, 142). 연방보안국과 내무부, 연방경호국 등은 핵심기반시설에 대한 요구들을 도입한 2017년 여름 제정된 CDI 법(CDI Law, Federal Law No. 187-FZ "On the Security of the Russian Federation's Critical Data Infrastructure"과 인스턴트 메시지 서비스 공급자들(instant messaging service providers)에 대한 특정 규제들을 도입한 IM법(IM Law, Federal Law No. 241-FZ "On Amendments to Articles 10.1 and 15.4 of the Federal Law "On Data Information TEchnologies and Data Security")에 따라 CDI와 IM 관련 업무수행의 근거를 가진다고 볼 수 있다. CDI 법은 연방기관을 특정하지 않았지만 관련법에 규정한 에이전시에 연방보안국과 내무부, 그리고 연방경호국 등이 해당되는 것으로 볼 수 있다. 이에 따라 연방보안국과 다른 연방 에이전시들은 CDI 운용자들로부터 관련 정보를 요청할 수 있고 ① CDI에 대한 사이버 공격의 탐지, 예방, 복구 그리고 ② 사이버 사건의 원인과 정황의 판단 등에 관해 CDI 운용자들의 협조를 요구할 수 있다. IM 법에 따라 연방보안국과 다른 연방 에이전시들은 IM 공급자들에게 러시아내에서 배포가 금지된 정보와 러시아 법규를 위반하면서 배포된 정보를 포함하는 관련 IM 사용자들의 메시지를 차단하도록 요청할 수 있다. 이때 IM 공급자들은 법적인 의무를 진다(Clifford Chance 2017).

디지털 경제발전과 관련해서 주요 해당 기관은 디지털발전통신매스컴부와 경제개발부이다. 여기서 디지털발전통신매스컴부는 선도 기관으로 역할을 수행한다. 디지털발전통신매스컴부는 러시아 디지털 경제 프로그램을 수행하기 위한 별도의 추진체계인 9개의 IWG(Inter-agency Working Group)의 핵심 코디네이터이다. 또한 6개의 연방 "디지털 공공행정(Digital Public Administration)" 프로젝트 가운데 4개의 부문에서 선도적인 책임을 진다. 한편 경제개발부는 디지털 공공행정 프로젝트의 6개 분야 가운데 2개에 대한 선도적인 책임을 진다 (Ershova and Hohlov 2018, 35-37).

'RuNet 2020'은 러시아 디지털 주권과 정보안보를 강화하기 위해 러시아의 인터넷 망을 외부세계와 분리하여 국가가 통제권을 가지는 격리된 별도의 공간으로 구축하고자 하는 프로그램이다(Ristolainen 2017, 13). 이러한 글로벌 인터넷으로부터 RuNet을 격리시키기 위한 프로젝트에 디지털발전통신매스컴부, 통신·IT·언론감독국, 국방부, 연방보안국, 그리고 로스텔레콤 등이 임무수행에 참여하고 있다 (Ristolainen 2017, 17). 연방보안국과 디지털발전통신매스컴부, 그리고 통신·IT·언론감독국 등은 여기서 주요한 선도적 역할을 수행한다.

교육·연구·개발에서도 연방보안국은 주요한 핵심적 역할을 수행한다. 러시아의 다양한 교육기관과 연구기관들은 2000년 러시아 연방 정보안보 독트린(Information Security Doctrine of the Russian Federation)을 수행하기 위해 추진체계가 구축되었고 이후 지속되어 오고 있다. 여기서도 연방보안국은 코디네이터로서 핵심적인 역할을 수행한다. 연방보안국 아카데미의 암호작성·해독 연구소 (Cryptography Institute)는 코디네이터로 74개의 연구, 교육기관들을 조율한다(Darczewska 2014, 9-10). 또한 연방보안국은 정보시스템과 텔레커뮤니케이션 시스템을 위한 암호(encryption)를 개발하고 암호

화 물질(encryption material)을 배포하고, 암호화에 관해 작업하고, 그
리고 암호화 서비스를 제공하는 행위자에 대한 면허 발급을 관할한다
(TAIA Global INC. 2012).

이러한 분산되고 다변화된 러시아의 사이버 안보 국내적 기반과
체제에서 연방보안국은 핵심적인 컨트롤 타워이자 허브(hub)로서 기
능한다. 사이버 보안과 관련된 ① 컴퓨터 침해사건 대응, ② 감시와 정
보, ③ 수사 또는 법집행, ③ 규제와 면허, ④ 기반시설보호, ④ 디지털
경제발전, ⑤ RuNet 2020, 그리고 ⑥ 교육·연구·개발 등의 7개 분야
거의 모든 부분에서 핵심 선도기관이거나 컨트롤 타워이거나 핵심 코
디네이터이거나 또는 주요 참여기관이다. 이런 맥락에서 러시아 사이
버 안보 국내 기반과 체제는 대통령과 국가안보회의의 정책판단과 전
략결정의 수행기관으로 연방보안국이 중심이 되어 여타 정부기관들과
공공기관들을 연결한 방식으로 구성되어 있다고 볼 수 있다.

미래 폭력에 대한 방어는 분산된 방어를 특징으로 한다. 러시아 사
이버 안보의 국내적 기반과 체제는 이 분산되고 확장된 방어의 방향으
로 바뀌고 있는 것처럼 보인다. 기존의 국방이나 안보 전담 기관에서
주도하던 방식에서 여러 다수의 국가기관과 공공기관, 그리고 민간 사
업자들과 민간 개인들과 조직들이 모두 참여하여 사이버 안보와 관련
된 분산방어에 투입되고 있다. 이와 같은 분산방어에는 여러 참여자들
과 이해관계자들을 통합하고 조율하는 컨트롤 타워의 존재를 필요로
한다. 이와 같은 컨트롤 타워의 기능을 러시아의 경우 연방보안국에서
하는 것으로 보인다.

흥미로운 점은 미국 역시 컨트롤 타워를 중심으로 한 분산, 확장
방어의 방향으로 이동하고 있다는 점이다. 미국은 이러한 분산방어를
"다중이해당사자(multi-stakeholders)"주의로 표현한다. 분산방어로의

방향성은 같지만 접근 방식에서 미국과 러시아의 차이가 눈에 띈다. 미국의 경우 민간 주도로 국가·공공기관이 지원하고 조율하는 bottom-up 방식으로 추진된다면 러시아의 경우는 국가·공공기관 주도로 민간을 동원하는 top-down 방식으로 추진된다. 이는 두 나라의 가치와 정체성, 그리고 정치적, 경제적, 사회문화적 성격의 차이에서 비롯된 것처럼 보인다. 어떤 접근 방법을 통해 분산, 확장 방어를 만들어 가야 할지 두 나라 사례의 시사점을 바탕으로 고민해 보아야 할 시점으로 판단된다. 또한 이와 함께 어떤 컨트롤 타워를 만들고 어떻게 확장, 분산 방어의 네트워크를 컨트롤 타워를 중심으로 설계할지를 고민해야 할 것이다.

사이버 안보는 미래 사회로 갈수록 점점 더 중요한 안보문제가 될 것이다. 이러한 흐름을 반영하여 우리나라에서도 사이버 안보 국내적 기반과 체제와 관련된 노력이 계속되어야 할 것이다. 해외의 주요 국가들의 사례를 적실성 있게 살펴보고 참조하는 것은 그러한 노력의 주요한 한 방법이다. 러시아 사례를 살펴보는 것은 이 때문에 나름의 의미가 있고 이 연구의 내용들이 그러한 측면에서 의미가 있기를 기대한다.

# 참고문헌

배달형. 2014. "한반도 전구 4세대전쟁 및 비대칭 위협 관점의 사이버전/사이버심리전
　　발전방향." KRIS 정책토의회 발표자료.
양정윤·박상돈·김소정. 2018. "정보공간을 통한 러시아의 국가 영향력 확대 가능성 연구:
　　국가 사이버 안보 역량 평가의 주요 지표를 중심으로." 『세계지역연구논총』 36(2): 133-
　　162.
윤민우. 2017. 『폭력의 시대 국가안보의 실존적 변화와 테러리즘』. 박영사.
윤민우. 2019. "러시아 사이버 보안관리 추진체계 및 관계기관들의 역할과 책임에 관한 연구."
　　『한국테러학회보』 12(4): 103-134.

Carman, D. 2015. "Translation and analysis of the doctrine of information security of
　　the Russian Federation: Mass media and the politics of identity." *Pacific Rim Law
　　&Policy Journal* 11(2): 339-369.
Carr, J. 2011. *Inside Cyber Warfare: mapping the Cyber Underworld.* Sebastopol, CA:
　　O'Reilly.
Clifford Chance. 2017. "New Legislation Regulating Cyber Security and the Internet in
　　Russia." September 2017. www.cliffordchance.com
Connell, M. and Vogler, S. 2017. "Russia's Approach to Cyber Warfare." CNA's
　　Occasional Paper.
Ershova, T. V. and Hohlov, Y. E. 2018. "Russian Digital Economy Program." *IAC Online
　　Journal CIO and Digital Innovation* 02-1. International Academy of CIO.
Giles, K. 2012. "Russian cyber security: Concepts and current activity." REP Roundtable
　　Summary, 6 September 2012, Chatham House, London: UK.
Giles, K. 2013. "Internet use and cyber security in Russia." *Russian Analytical Digest*
　　134, 30 July 2013.
ICNL(The International Center for Not-for-Profit Law). 2016. "Overview of the Package
　　of Changes into a number of Laws of the Russian Federation Designed to Provide
　　for Additional Measures to Counteract Terrorism." July 2016. www.icnl.org >
　　library > files > Russia > Yarovaya
ITU(International Telecommunication Union). 2016. "Cyberwellness Profile Russian
　　Federation." ITU 웹사이트. http://www.itu.int/md/D14-SG02.RGQ-C-0143/en
Kowalska, M. 2017. "Analysis of the "2017-2030 Strategy for the Development of an
　　Information Society in the Russian Federation." Centru Analiz Propagandy I
　　Dezinformacji(Center for Propaganda and Disinformation Analysis), May 2017.
Kukkola, J., M. Ristolainen, and J-P. Nikkarila. 2017. "Confrontation with a closed
　　network nation: Open network society's choices and consequences." In

*Game Changer Structural transformation of cyberspace*. edited by J. Kukkola, M. Ristolainen, and J-P. Nikkarila, 61-67. Puolustusvoimien tutkimuslaitoksen julkaisuja 10(Finnish Defence Research Agency Publications 10), Finnish Defence Research Agency.

Maurer, T. and G. Hinck. 2018. "Russia: Information Security Meets Cyber Security." In *Confronting an "Axis of Cyber"*. edited by F. Rugge, 39-58. Milano, It: Ledizioni LediPublishing.

McCauley, M. 2001. *Bandits, Gangsters and the Mafia*. Harlow, UK: Longman.

Medvedev, S. A. 2015. "Offense-Defense theory analysis of Russian cyber capability." Thesis, Naval Postgraduate School, Monterey, California.

Ristolainen, M. 2017. "Should 'RuNet 2020' be taken seriously? Contradictory views about cybersecurity between Russia and the West." In *Game Changer Structural transformation of cyberspace*. edited by J. Kukkola, M. Ristolainen, and J-P. Nikkarila, 7-26. Puolustusvoimien tutkimuslaitoksen julkaisuja 10(Finnish Defence Research Agency Publications 10), Finnish Defence Research Agency.

Russia Reject "Sovereign" Internet Bill. 2019. Article 19, Civil Rights Defenders, Committee to Protect Journalists Human Rights Watch, International Federation for Human Rights(FIDH), International Media Support, International Partnership for Human Rights, Norwegian Helsinki Committee, PEN International, Reporters Without Borders(RSF). https://www.article19.org/resources/russia-reject-sovereign-internet-bill/

TAIA Global Inc. 2012. "Russian Laws and Regulations: Implications for Kaspersky Labs." https://www.rijksoverheid.nl/documenten/publicaties/2018/10/11/russian-laws-and-regulations-and-implications-for-kaspersky-labs

UNDIR(United Nations Institute for Disarmament Research) Cyber Policy Portal. 2019. "Russian Federation: Cybersecurity Policy." Last Updated May 2019. https://cyberpolicyportal.org/en/states/russianfederation

Wittes, B. and Blum, G. 2015. *The future of violence: Robots and germs, hackers and drones*. New York: Basic Books.

Wolf Pack. 2019. "Supplement to the 2012/3 South African Cyber Threat Barometer: Russia Case Study Report." www.wolfpackrisk.com

Кучерявый М. М. 2014. "Роль информационной составляющей в системе политики обеспечения национальной безопасности Российской Федерации." Известия Российского государственного педагогического университета им. А.И. Герцена. 2014. № 164. С. 155-163.

Черных С. Н. 2017. "Информационная война: традиционные методы, новые тенденции." *Context and Reflection: Philosophy of the World and Human Being* 6(6A): 191-199.

# 제3장    러시아 사이버 안보의 대외적 발현

신범식  서울대학교 정치외교학부

## I. 머리말

20세기 후반에서 21세기 초에 걸친 컴퓨터의 발전과 인터넷의 보급에 따라 세계는 큰 변혁을 이루었다. 구텐베르크의 활판인쇄술이 종교개혁과 과학혁명의 기원이 되었던 것과 같이, 수많은 하드웨어와 소프트웨어 장치들이 상호 연결되어 창출된 정보공간은 물리공간에 제한되어 있던 인간의 생활 반경과 지평을 크게 확장시켰다. 국가에 있어 사이버 공간은 기회이자 도전이 되어 각국은 국내적으로 정보화, 전자정부, 정보사회 발전, 정보보안 등에 관한 법정책을 발전시키는 한편, 국제적으로 새로이 창출된 공간에 자국의 이익에 부합하는 사이버 안보에 관한 국제규범 및 국제질서를 창출하기 위해 경주하고 있다. 존스턴 (Johnston 2019)은 국제질서를 8가지[1]로 구분하여 8개의 질서가 동시에 존재한다고 가정하는데 이 중 정보 질서는 다른 질서들과 비교하여 경합의 정도가 가장 높은 것(high)으로 평가된다. 이는 여타의 질서의 경우 핵심 규범이 보편타당한 것으로 간주되어 경합의 정도가 낮은 반면,[2] 정보 질서의 경우 그 영향이 빠르게 강화되는 한편 현재 질서의 형성이 진행되고 있는 분야임과 동시에 서방과 비서방국가가 형성하고자 하는 규범의 정의와 이익이 대립하고 있는 데 기인한 것으로 추정된다.

---

1   8가지 세계질서: constitutive order(구성적 질서), military order(군사 질서), political development order(정치발전 질서), social development order(사회발전 질서), trade order(무역 질서), financial order(금융 질서), environmental order(환경 질서), information order(정보 질서)

2   가령, 구성적 질서의 핵심 규범에는 주권, 영토 규범이 해당하고, 군사 질서는 무력사용 금지 및 특정 무기(예: 화학무기)의 사용 금지, 정치 질서는 자유, 민주화, 인권, R2P, 사회발전 질서는 발전의 권리, 차별 금지, 개인의 선택 보호, 무역 질서는 자유 무역, 금융 질서에는 자유, 투명성, 책임 규범, 환경 질서는 예방적 원칙 규범 등이 해당한다.

사이버 공간에 관한 국가들의 대외적 구상이 경합하는 가운데 러시아의 사이버 안보 전략에 대한 관심이 고조되고 있는데, 이는 러시아가 사이버 공간에서 보여준 다양한 행위양식이 러시아의 대외 영향력을 적극적으로 투사하는 가장 중요한 수단으로 활용되고 있으며, 이러한 증거들이 다양한 수준의 국제정치 무대에서 자주 노출되고 있기 때문인 것으로 보인다. 또한 러시아가 활용하는 복합적 사이버 전략은 과거 사회주의 시절 자본주의 진영과의 대결에서 보여주었던 프로파간다 전략보다 진일보한 샤프파워라는 이름으로 주목받고 있으며, 권위주의 정권에 기반한 대안적 국제질서에 대한 모색에 대해 공조하는 중국과 러시아의 사이버 전략을 이해할 필요성이 높아가고 있다. 러시아의 경우 사이버 안보에 관한 국내 법정책 기반이 비교적 초기에 마련되었으며, 1998년 UN에 최초의 정보통신에 관한 결의를 러시아가 제안하였고, 국내외적으로 사이버 공간에 관한 대외활동을 적극 추진하고 있다. 러시아가 주도력을 행사하는 UN 정보안보 GGE, 러시아와 중국이 UN에 제안한 국제정보안보행동수칙(International Code of Conduct on Information Security), SCO에서 정보 질서에 관한 러시아와 중국의 협력은 강화되고 있다. 2019년 러시아가 UN에 제안한 '사이버 범죄에 관한 UN 결의안'의 통과는 정보 질서에 관한 국제규범 확립에 있어 러시아의 역할 강화를 반증한다.

이 장에서는 러시아 사이버 안보의 대외적 측면을 살펴보기 위하여 러시아의 대외 사이버 안보 전략을 분석하고, 이 전략이 다자무대와 양자무대에서 어떤 정책으로 실현되고 있는지 검토할 것이다. 그리고 이런 러시아의 대외 사이버 안보 정책이 가진 국제정치적 함의를 하이브리드전과 샤프파워 개념을 중심으로 파악해 볼 것이다.

## II. 러시아의 대외 사이버 안보 전략

### 1. 러시아 사이버 안보 전략 형성 배경

'정보'에 대한 러시아의 인식이 변화하게 된 계기를 이해하기 위해서
는 2000년대 초 대내외적으로 러시아가 처했던 상황을 살펴보아야 한
다. 먼저 대내적으로, 러시아는 2000년대 체첸 전쟁 이후 블라디미르
푸틴(Vladimir Putin) 대통령은 전쟁에서의 패전을 러시아 내 독립 언
론인의 책임으로 전가시키며 자유 언론을 향한 불신과 반감을 드러내
었다. 1990년대 중반 이후 진보적 러시아 언론인들과 해외 언론인들이
러시아가 수행하고자 하는 전쟁에 대한 반대 여론을 조성하였다. 따라
서 러시아 정부는 정보의 본질에 대한 새로운 관점을 발전시켰으며, 이
를 무기화하기로 결정하였다. 세르게이 이바노프(Sergei Ivanov) 러시
아 안보회의 의장은 이에 대해 '체첸에서는 실제 전투와 함께 가상 전
쟁이 벌어지고 있다는 사실을 인정해야 한다'고 언급한 바 있다. 이후
러시아는 언론 통제를 '대테러 작전'의 일환으로 편성하고 대테러 활
동에 대한 언론 보도와 관련된 규칙들을 강화하였다. NTV 채널 압수
사건은 2000년대 초반 러시아 정부의 언론 및 정보 통제 활동을 잘 보
여주는 예이다.

　　대외적으로 벌어진 일련의 사건들도 정보와 관련된 러시아의 인
식을 변화시키는 요인이 되었다. 2000년대 러시아의 근외지역(Near
Abroad)에 위치한 키르기스스탄, 조지아, 우크라이나에서 발발한 색
깔혁명은 러시아 입장에서 서구의 선전으로 인한 정권 교체 시도로 여
겨졌으며, 근외지역 내에서 러시아의 영향력 상실뿐만 아니라 정권의
위협으로 인식되었다. 2008년 러시아-조지아 전쟁에서도 서구는 선전

과 정보 확산을 통하여 러시아에 대한 부정적인 인식을 전파하였다. 또한 2011년 NATO가 리비아 사태에 개입하는 과정에서 정보 전파를 통하여 NATO 군의 개입과 정권 교체의 정당성을 선전하는 것을 목도하면서 러시아는 정보 안보 내지는 사이버 안보의 필요성을 절감하게 되었다(신범식 2017b, 146). 러시아 입장에서 2014년 우크라이나 사태 이후 정보 확산 측면에서 나타난 서구의 행보는 2000년대 초 색깔혁명, 2008년 러시아-조지아 전쟁, 2011년 NATO의 리비아 개입에서 나타난 행태를 재현한 것과 다름없었다. 이후 2014년 크림반도 합병을 통하여 알 수 있듯이, 러시아는 자국과 근외지역에서 사활이 걸린 핵심 이익을 방어하기 위하여 공세적인 수단을 활용하는 '공세적 방어 전략'으로 기조를 선회하였다. 이러한 기조 변화에 발맞추어 러시아는 사이버 공간상에서도 자국의 이익을 지키기 위하여 공세적인 수단을 동원하고 있다.

한편 러시아는 대외 사이버 안보를 확보하기 위한 제도와 조직을 정비하였다. 2000년 푸틴 대통령이 〈정보안보 독트린(Doctrine of Information Security of the Russian Federation)〉에 서명하면서 러시아의 정보보안에 관련된 원칙이 수립되었다. 정보안보 독트린은 이례적으로 '정보 조작'에서부터 '러시아 국민의 영적, 도덕적, 창조적 잠재력의 파괴'에 이르기까지, 정보 및 미디어로부터 발생하는 광범위한 위협을 열거하였다. 또한 이러한 위협의 주요 근원은 '세계 정보 분야에서 러시아의 이익을 저해하고 침해하려는 일부 국가들의 욕망'이라고 명시하였다. 〈정보안보 독트린〉은 정부의 통제를 받지 않는 언론과 그러한 언론이 만들어낸 내용이 러시아의 국가안보에 위협을 줄 수 있으며 이는 정권의 안정을 훼손하는 것임을 천명하고 있다. 이 독트린은 단순히 언론뿐만 아니라 인터넷 공간 또한 포함하고 있다. 1990

년대 말부터 2000년대 초까지 러시아는 국내적으로 정보보안 독트린을 채택하는 한편 대외적으로는 인터넷에 유포된 정보가 '범죄 또는 테러의 목적'에 오용될 수 있고 '국가안보'를 훼손할 수 있다고 경고한 유엔총회 결의안의 초안 작성에 참여하였다(United Nations General Assembly, "Resolution on Developments in the Field of Information and Telecommunications in the Context of International Security").

러시아 정부의 인터넷 관련 담론에서는 '정보보안', '정보전쟁', '정보전'이라는 용어가 등장하게 되었다. 이러한 정부 담론은 정부 기구의 제도적 변화와 맞물리는데 러시아연방보안국(FSB)의 사이버 안보 부서는 2002년 '정보안보 센터(information security center)'로 개칭되었다. 정보보안, 정보전 등의 용어는 러시아와 서양 국가들에서 그 의미가 다르게 사용되는데, 러시아는 사이버전과 함께 언론에 대한 통제도 포함하는 개념으로 사용하는 반면, 서양 국가들은 자국의 디지털 네트워크를 보호하기 위한 수단으로 러시아보다는 축소된 개념으로 사용하고 있다.

2000년대 초반 러시아는 FSB의 ISC와 FAPSI(federal agency for government communications and information)을 통해 사이버 분야를 감시하고 통제하였으며, 2003년 이후에는 FSB가 통합 관리하였다. 또한 러시아 국방부는 2013년 사이버 사령부 창설 계획을 발표하고, 이 듬해 실행에 옮겼다. 러시아는 2000년대 FSB 장성인 블라디슬라프 쉐르스티우크(Vladislav Sherstyuk)를 안보리 대표로 임명하였으며, 외무부 산하 '신흥도전위협국(New Challenge and Threat Department)'의 국장으로 러시아 정부의 사이버 안보 특사인 안드레이 크루츠키흐(Andrey Krutskikh)를 임명하였다. 이는 러시아가 2000년 이후 사이버 안보 및 보안을 국가 전략 및 외교의 목표로 삼았음을 반증하고 있다.

러시아는 사이버 안보 및 사이버전을 위한 군사력을 사용한다는 점을 분명하게 명시하기도 하였다. 2013년 7월 푸틴 대통령은 국가안보회의(Security Council)에서 러시아군의 현대화 차원에서 사이버 공격에 대한 대응이 필요하다고 강조하였다. 위 회의에서 푸틴 대통령은 사이버 공격으로부터 전략적 요충시설 등 인프라의 방호 수준을 제고하여야 한다는 점을 강조하였다. 이러한 방침에 따라 2013년 러시아 국방부는 사이버 안보를 전담하는 특수부대를 창설하는 계획을 수립하고, 2014년 5월 사이버 전담 부대를 창설하였다. 더 나아가 2014년 12월 푸틴 대통령은 〈러시아연방 정보자원에 대한 사이버 공격의 탐지·예방·차단을 위한 국가체계 구상〉에 서명하였으며, 이에 따라 〈국가 사이버 범죄 조정본부〉가 설치되고 국가 기관의 인터넷 사이트 보안을 강화하는 조치가 이루어졌다. 국방부 차원에서도 2015년 〈2020 러시아군 정보통신발전 구상〉이 발표되었으며, 이로써 수학, 프로그래밍, 암호학, 통신 및 무선전자전 분야의 전문가들과 육상 군관, 해군 함대가 사이버부대에 참여하면서 다면적 구성의 부대가 창설되었다(신범식 2017b, 154-155).

2016년에 새로 발표된 〈정보안보 독트린〉에서는 정보 분야(Information Sphere)에서 국익, 위협, 정보 안보에 대한 명확한 개념이 소개되었으며, 정보 안보의 제공은 다양한 주체들의 협력을 통하여 이루어진다는 점과, 정보 안보군은 국가 기관이라는 점이 구체적으로 명시되었다(Security Council of the Russian Federation 2016). 특히 새 독트린에서는 러시아인, 그 중 젊은 층을 상대로 해외 언론이 영향력을 행사하는 것에 대한 경각심이 포함되어, 해외 언론을 러시아의 정신적 가치인 도덕 체계, 역사 인식, 애국의 전통을 훼손하는 주체로 보았다. 또한 새로운 정보안보 독트린에는 외국 정보기관의 의도적인 사이버 작전 방지, 러시아 내 외국 정찰기관에 대한 활동 대응 등도 명시되어있다(니콜라이 리톱킨 2016).

## 2. 러시아의 사이버 안보 위협인식

러시아가 상정하는 사이버 공간에서의 국익은 다음과 같다. 사이버 공간에서의 러시아의 국익은 러시아 헌법질서의 불가침성, 주권, 독립, 정치적 안정, 국가 및 영토의 완전성을 포함하고 있다. 러시아의 국익은 서방국가, 극단주의자, 테러리스트, 범죄자 등 외부 또는 내부 주체에 의해 사이버 공간에서 또는 사이버 공간을 통해 위협받을 수 있다. 러시아는 해외 특수 기관에 의해 자행되는 러시아 네트워크 내로의 침투를 러시아 내정에 대한 간섭으로 규정하고 있으며 이로 인해 러시아의 정치적 안정성이 훼손될 것임을 천명하고 있다. 전략적 차원에서 러시아에 대한 사이버 위협은 러시아의 전략적 이익에 대한 광범위한 위협의 일부분으로 평가받고 있다. 이란 핵시설에 대한 스틱스넷 악성코드의 사용은 신세대 전쟁의 첫 사례였으며 사이버 무기가 최소한 부분적으로 '전략적 무기'가 될 것임을 보여주었다. 러시아는 스틱스넷 공격과 마찬가지로 러시아 내의 전략 시설에 대한 공격을 우려하고 있으며 그에 따라 발생할 수 있는 경제적 피해 또한 우려하고 있다.

러시아연방의 정보 인프라는 '러시아연방의 영토와 러시아연방의 관할 하에 있는 영토에 위치하거나 러시아연방의 국제 협정상 근거지에 놓여 있는 정보화, 정보 시스템, 인터넷 사이트 및 통신 네트워크의 복합체'로 정보안보 독트린 2016에 정의되어 있다. 러시아연방의 정보 인프라에는 중요 정보 인프라, 그 구성요소 및 기능, 정보 통신 네트워크 및 이들의 자동제어 시스템, 특수 통신 네트워크, 통신 사업자, 정보

처리 및 정보보안 관리 기술이 포함되며 정보 처리 및 정보보안 관리 기술은 소프트웨어, 하드웨어, 운영체제, 암호와 키 및 암호화 보호 시스템을 포함한다. 러시아 측의 평가에 따르면 사이버 공간의 이용과 러시아 정보 인프라에 대한 사이버 공격이 빈번해지고 있으며, 이러한 사이버 공간에서의 공격은 러시아 정권의 지도력에 대한 취약성을 야기한다.

러시아의 사이버 위협에 대한 대응책은 정보 위협을 예측, 탐지, 억제 및 방지하기 위한 부처 간 법, 조직, 정보, 대정보 작전, 과학 기술, 정보 분석 및 경제 정책으로 구성되어 있다. 이러한 조치에는 전략적 안정성의 훼손을 방지하기 위한 ICT의 이용을 방지하고 정보공간에서의 러시아연방의 주권을 보호하기 위해 국제조약이나 프로토콜을 제정·획득하고자 하는 러시아의 의도가 포함되어 있다. 외부의 사이버 공격에 대한 방어는 중요 정보 인프라와 러시아 인터넷 네트워크를 세계 인터넷으로부터 격리하여 디지털 주권을 수호하는 방편을 포함한다. 러시아는 또한 사이버 위협에 대응하기 위해 인터넷에 대한 감시 강화, 검열, 인터넷 실명제, 온라인 사용자 식별 등 다양한 방법을 사용하고 있으며, 러시아 정부와 군은 인터넷과 분리된 특수 목적 통신망을 개설하여 사용하고 있다. 또한 서구 ICT 사용으로 인한 사이버 위협에 대응하기 위해 독자적인 ICT 연구, 개발, 생산을 지속하고 있다.

러시아가 2016년 11월 발표한 〈외교정책 개념(Foreign Policy Concept of The Russia Federation)〉을 살펴보면 외교정책에 나타난 러시아의 사이버 공간 및 사이버 안보에 대한 인식과 수단을 확인할 수 있다. 〈외교정책 개념〉은 러시아가 바라보는 현대 세계, 외교정책의 구체적인 목표, 개발 지역 및 현안에 대한 인식과 전략, 수단 등의 내용이 담긴 러시아 외교정책의 기조이자 원칙이다. 〈외교정책 개념〉의 일반 규정(General Provisions)에서 러시아는 지구적 정보공간(Global Information Space) 내에서 러시아의 대중매체 및 통신수단의 입지를 강화하고, 더 넓은 국제사회에 "국제적 절차(International Process)"에 대한 러시아의 시각을 전달하는 것을 목표로 한다는 것을 밝히고 있다.

또한 러시아는 현대 세계에서 "소프트 파워(Soft Power)"가 외교 정책 목표를 달성하는 불가결한 수단이 되었으며, 소프트 파워에는 시민사회가 제공하는 수단을 비롯하여 정보, 통신에서 인도주의적 수단 등 다양한 방법과 기술이 포함되었다는 점을 언급하였다. 이러한 맥락에서 러시아는 외교정책 활동상 정보 지원이 필요하다는 입장이다. 특히, 주요 세계 현안에 대한 러시아의 시각을 편향 없이 전달하고, 글로벌 정보 공간에서 러시아의 긍정적인 이미지를 외국인들에게 전달할 수 있는 효과적인 방법을 개발하는 것이 러시아의 목표 중 하나이다.

국제안보에 관한 부분에서 러시아는 사이버 안보의 중요성을 재차 강조한다. 특히, 국내외 사이버 안보를 확보하고, 사이버 공간에서 비롯된 위협에 대응하기 위한 필수적인 조치를 취할 것을 문헌을 통하여 천명했다. 특히 러시아가 사이버 안보를 확보하기 위하여 제시한 구체적인 조치는 다음과 같다.

△ 사이버 공간에서 비롯된 국가·경제·사회 안보를 위협하는 요인에 대응
△ 정보와 통신 기술을 활용한 테러 및 기타 범죄적 위협을 방지
△ 정보통신기술을 활용하여 국내 개입, 혹은 국제 평화와 안정을 위협하고자 하는 테러 및 범죄 집단의 군사-정치적 목표 달성을 저지
△ 공정한 방식으로 인터넷 거버넌스를 형성하는 등 UN 내에서 인터넷 사이버 안보 관련하여 책임감 있는 행동에 대한 보편 원칙을 수립

이 외에도 러시아는 유럽 지역 외교정책 우선순위에서 러시아와 EU가 테러, 불법 이주, 사이버 범죄를 비롯한 인신매매, 마약 및 향정신성 약물과 무기 밀매 등 조직범죄 대응에 협력할 수 있다는 점을 명시하였다. 한편 러시아는 미국과 그 동맹국들이 러시아에 대한 정치, 경제, 정보 등에서 봉쇄를 가하는 정책을 추진하는 것이 지역적, 지구적 안정성을 저해하며, 장기적으로 모든 측의 이익에 부정적인 영향을 끼칠 것이라고 지적하였다.

## 3. 러시아 사이버 안보 전략의 목표

러시아의 사이버 안보 전략의 중요 목표 중 하나는 러시아연방의 중요 정보 인프라의 지속적이고 자유로운 기능을 보장하는 것이다. 2000년에 발행된 러시아 〈정보안보 독트린〉에서는 주요정보인프라의 보호가 최초로 논의되었다. 〈정보안보 독트린〉에서 주요정보인프라 보호에 대한 논의의 핵심은 정보보안에 관한 부처 간 역할과 책임 배분이었다. 이 문제를 둘러싸고 러시아연방보안국(FSB), 연방기술수출규제국(FSTEC), 연방 통신정보기술감독청(federal service of communications, information technology and mass media)과 국방부 등 민간기업과 정부 조직 간 책임 분담을 둘러싼 권력 투쟁이 발생하여 논의가 확정되기까지 20여 년이 소요되었다. 2016년에 발표된 새로운 〈정보보안 독트린〉에서는 2000년에 발행된 〈정보안보 독트린〉보다 더욱 구체적인 전략 목표가 규정되었다. 2016년 판 〈정보안보 독트린〉이 규정하는 러시아 정보안보 개념의 전략 목표는 다음과 같다.

 "**국방 분야**에서 정보안보를 확보하는 전략 목표는 국가의 주권과 영토적 온전성을 훼손하고 국제평화 안보, 전략적 안정성을 위협하는 등 국제법에 반하여 군사적인 목적으로 정보기술을 활용한 국내외 위협 개인, 사회, 국가의 핵심 이익을 보호하는 것이다."

"국가와 공공의 안보와 관련된 정보안보를 확보하려는 전략 목표는 주권의 보호, 러시아연방의 정치, 사회적 안정성, 영토적 온전성 유지, 기본적인 인권, 시민권, 자유를 보장, 주요 정보 기간시설을 보호하는 것이다."

"경제 분야에 관한 정보안보 전략 목표는 러시아 정보통신 및 전자 분야의 불충분한 발전으로부터 야기된 부정적 요소들의 영향을 최소화하고, 정보안보 수단의 경쟁력을 제고하며, 정보안보 서비스의 질과 양을 높이는 것이다."

"과학, 기술, 교육 분야에 관한 정보안보 전략 목표는 정보안보 체계, 정보통신기술, 전자 분야의 혁신과 발전을 지원하는 것이다."

"전략적 안정과 동등한 전략적 동반자 분야에서 정보안보 전략 목표는 정보 공간 내에서 갈등 없는 국가 간 관계에 관한 지속가능한 체계를 구축하는 것이다."

- 러시아 국가안보위원회, 〈정보안보 독트린〉 -

주요정보인프라 보호에 관한 법률은 2017년 7월 CII 보호법으로 통과되었다. 이 법률에 따르면 러시아연방의 중요 정보 인프라에는 중요 정보, 중요 정보 보관 매체 및 중요 정보 중개 매체를 포함시키고 있다. 구체적으로 CII 보호법은 정보 시스템, 의료, 운송, 통신, 신용 및 금융, 에너지, 원자력, 항공우주 산업, 채광, 금속, 화학 등의 분야에서 운용되는 시스템을 보호의 범위에 포함한다. 이러한 중요 정보 인프라에 대한 위협은 정보에 대한 무단 접근, 파괴, 수정, 차단, 복사 및 무단 배포가 포함되어 있다. 중요 정보 인프라에 대한 보호는 기술 및 수출 통제를 위해 FSB와 FSTEC에 보호 권한이 위임되어 있다. FSB는 러시아 연방의 정보 자원에 대한 공격을 탐지, 방지 및 제거하기 위한 시스템인 GosSOPKA를 운영하고 있다. 이러한 시스템의 운영을 통해 정보 자원이 안정적이고 자유롭게 기능을 유지할 수 있도록 보호하고 있다. FSB는 NCCCI와 ISOC를 설립하여 운영하는데 ISOC의 주요 업무는 컴퓨터 공격 및 컴퓨터 사고에 대한 정보 수집 및 분석, 위협에 대한 대응 및 제거 등을 맡고 있다. 러시아 내 각 지역의 ISOC는 늦어도 2024년까지는 완전한 운영 능력을 갖출 계획이다.

이 외에도 〈정보안보 독트린〉, 법제 등에서 명시하고 있지 않지만, 러시아는 대외적으로 공세적인 사이버 전략을 추진하고 있다. 지정학적인 관점에서 러시아는 자국 내 주권 유지에서 더 나아가 근외지역 내 주변 국가에 대한 영향력 유지·확대 및 서구의 영향력을 배제를 목표로 삼고 있다. 이러한 러시아의 목적은 일련의 사건에서 나타난 러시아의 행동을 통하여 추론 가능하다. 먼저 러시아는 사이버 범죄에서 비롯되는 안보적 위협을 방지하기 위하여 자국과 주변국을 포함한 일반인들을 감시하기도 하였다. 2012년 카스페르스키 연구소(Kaperksy Lab) 백신 프로그램에서 발견된 '붉은 10월(Red October)', 2013년 러시아어 및 러시아어 사용국 안드로이드 OS에서 발견된 악성코드 등이 이에 해당된다. 또한, 러시아는 하이브리드전(Hybrid War)의 형태로 사이버 공간을 공세적으로 활용하였다. 2008년 러시아-조지아 전쟁이 진행되는 동안, 러시아는 조지아 대통령 홈페이지와 의회, 국방부, 외교부 사이트를 공격하여 행정을 마비시켰으며, 러시아 출신 해커들은 프랑스 TV 네트워크, 폴란드 주식시장, 미국 국무부 등을 해킹한 것으로 알려졌다. 더 나아가 2016년 러시아는 미국의 대통령 선거에도 개입하는 모습을 보였다(신범식 2017b, 141-142).

## III. 양자 관계로 본 러시아의 사이버 외교

### 1. 사이버 공간의 러-미관계

사이버 공간의 이중적인 특성인 은밀성과 책임 소재의 불분명성으로 인하여 사이버 공간상에서 미국과 러시아의 관계는 경쟁적인 요소와 협력적인 요소를 모두 포함하고 있다. 그렇기 때문에 사이버 공간상에서 미-러관계는 오프라인에서 나타나는 강대국 간의 세력 경쟁이나 지정학적 안보 경쟁과는 다른 양상을 보이며, 탈지정학 또는 복합지정학의 모습을 띤다(김상배 2018, 83-86). 예를 들어, 미-러는 사이버 협력을 위하여 2013년 양자 간 사이버 핫라인을 설치하였으며, 2015년 UNGGE 참여 등은 양국이 사이버 안보를 위하여 협력한 사례이다. 그럼에도 사이버 공간상에서 양국의 관계는 협력보다는 긴장으로 묘사되는 경우가 많다. 2007년 에스토니아 해킹 사건, 2013년 스노든 사태, 2016년 러시아의 미국 DNC 해킹 사건 및 대선 개입 의혹 등은 미국을 비롯한 서구와 러시아 간의 대립을 잘 나타낸다. 따라서 이러한 사이버 공간상에서 양국 간 이중적 관계는 친구이자 적인 "Frenemies"로 표현되기도 한다(McConnell, Sharikov and Smekalova 2014, 4).

2000년대 들어 색깔혁명, 2008년 러시아-조지아 전쟁, 2011년 NATO의 리비아 개입, 2014년 우크라이나 사태에서 러시아는 서방의 선전과 정보 공세에 따라 국제 정세가 움직이는 것을 경험하였으며, 이에 새롭게 대응해야 한다는 경각심을 지니게 되었다. 특히 러시아는 서구 국가가 주권국가의 내정에 대한 비판을 통해 레짐의 변화를 시도한 다고 여겼으며, 그러한 개입이 러시아와 주변 국가들 간 전쟁으로 비화 되는 것을 우려하였다. 이는 색깔혁명 과정에서 서구 국가들이 추진한 공세적인 자유주의 전략이 러시아 국익에 위협이 된다는 인식과 상통 하는 부분이다. 다시 말해 러시아는 미국과 서방이 사이버 공간을 통한 가치, 규범, 제도를 확산하고 있으며, 이를 정보전쟁으로 인식하고 이 에 대응하기 위한 러시아의 사이버 공간상 능력을 강화하는 한편, 정보 전쟁에 돌입하였다(신범식 2017b, 146).

반면 미국은 2008년 러시아-조지아 전쟁, 2014년 우크라이나 사 태 이후 이루어진 러시아의 사이버 공격과 2016년 DNC 해킹 및 대선 개입 등 일련의 사건을 경험하면서 러시아가 충분한 사이버 전력과 정 보전쟁을 수행할 수 있다는 것을 확인하고 이를 위협으로 인식하게 되 었다. 특히, 우크라이나 사태를 기점으로 양국은 본격적인 사이버 전쟁 에 돌입하였으며, 2015년 미국이 발표한 〈국가안보전략〉에서도 세계 가 사이버 전쟁의 상황에 돌입하였다고 인식하고 있다는 점을 엿볼 수 있다. 2016년 러시아의 미국 대선 개입 의혹이 불거진 가운데, 미국은 선거제도도 국가 핵심기반시설로 규정하여 정보-기술적인 부분과 더 불어 정보-심리 부분, 즉 사이버 심리전 부분에 대한 전력을 강화하고 자 하였다. 사이버 방어와 공격 능력, 보복 및 억제 능력, 사이버 심리 전 수행, 피해복구-회복 능력, 가해자 탐색 능력과 더불어 오프라인에 서 군사 전력과의 연계 등이 미국의 사이버 역량 강화의 주요 내용이 다. 미국은 이러한 수단을 활용하여 사이버 공간상에서 러시아 등 도 전 세력과의 경쟁에서 미국의 패권을 유지하는 것을 목표로 삼고 있다 (Libicki 2017; Singer 2017).

양국 간 벌어지고 있는 사이버 안보전쟁의 원인은 양국 국내정치체제의 차이에서 찾아볼 수 있을 것이다. 먼저, 미국은 개방된 자유민주주의 체제를 지향하며, 사이버 공간상에서도 개인의 자유와 권리, 정보 공유와 소통의 자유, 프라이버시 보호 등을 매우 강조한다. 이러한 맥락에서 미국 내 사이버 안보는 위의 자유와 권리 등이 부당하거나 불법적으로 침해되는 것을 의미한다. 다시 말해 미국은 개인 수준에서 개인 정보의 도난, 자금 세탁, 디도스 공격을 이용한 행위, 사회적인 수준에서 정보통신기술을 활용한 극단주의 전파 및 테러 활용, 기업 활동에서 기업 정보 유출과 도난 등 사이버 스파이 행위를 위협으로 인식하여 이를 저지하는 것을 사이버 안보의 목표로 설정하였다. 따라서 미국은 위와 같은 상황이 발생하였을 때 국가 및 비국가 행위자들이 저지른 불법 행위를 처벌할 수 있는 법 집행을 통해 사이버 위협에 대응하고자 하고 있다. 이를 통해 미국은 사이버 공간상에서 정보소통의 자유를 보장하고, 개방성을 확보하며, 더 나아가 자유민주주의를 확산하고 개인주의를 확대하고자 한다(Kshetri 2014, 19-24).

한편 러시아는 권위주의 정치체제를 유지하는 것을 핵심 국익으로 인식하고 있으며, 그렇기 때문에 국익은 정권의 안정과 같은 의미로 해석될 수 있다. 이러한 이유로 러시아는 사이버 공간상에서 국가주권의 확립, 사이버 공간을 활용한 정부 전복 기도를 저지하는 것을 우선순위로 삼고 있다. 미국이 개인의 자유를 보장하는 것과 달리, 러시아는 사이버 공간이 국가주권 범위 안에 위치하며, 국가가 인터넷 통제와 정보 관리를 통하여 개인의 사생활과 자유를 제한할 수 있다고 여긴다. 이와 같은 미국과 러시아 간의 사이버 공간에 대한 인식 차이는 러시아의 인터넷 주권과 사이버 안보에 대한 인식을 규정하는 근간이 되며, 이러한 "인터넷 주권" 문제는 러시아-미국 간 합의하기 어려운 사안 중 하나이다. 러시아가 중국과 같은 인터넷 통제를 추진하고 있지는 않지만, 정부에 의한 모니터링이 이루어지는 소프트웨어 개발의 투자, 외부 간섭으로부터 자유로운 인터넷 환경 구축 등의 노력을 기울이고 있는 것은 사실이다(신범식 2017b, 147). 또한 러시아는 미국이 추진하는 민주주의와 개인주의의 확산 시도를 국가주권에 대한 중대한 위협 내지 정권 전복 시도로 이해한다(신범식 2017b, 268-273).

양국 간 사이버 안보경쟁은 과거 미-소 간 핵 안보 경쟁과 달리 지정학적 패권 경쟁과 더불어 탈지정학적인 측면에서 이루어지는 글로벌 안보 거버넌스 표준 경쟁을 포함하는 복합적인 모습을 띤다. 지정학적 측면에서 사이버 안보경쟁은 미국의 패권 유지 전략과 러시아의 반(反)패권 전략 사이의 충돌로 묘사할 수 있다. 2014년 우크라이나 사태 이후 본격적으로 가열된 정치, 군사, 경제 등 오프라인상 안보경쟁과 함께 사이버 공간에서도 안보경쟁이 이루어지며, 오프라인-사이버 공간의 안보경쟁이 연결되는 양상을 보였다(윤민우 2019, 11). 양국은 사이버 공간상에서 자국이 상정한 목표를 달성하기 위하여 사이버 전력을 양성하고 있다. 최근 러시아 육군 장군인 바실리 게라시모프(Valery Gerasimov)가 발표한 소위 "게라시모프 독트린(Gerasimov Doctrine)"은 다음과 같은 사이버 안보 전쟁에 대한 내용의 기조를 담고 있다.

△ 갈등은 점점 더 정보와 다른 비군사적 수단들로 이루어지고 있다.
△ 비밀 작전과 비정규 병력은 점점 더 정보 충돌에서 중요해지고 있다.
△ 전략적, 작전적, 그리고 전술적 수준들과 공격과 방어 활동 사이의 구분이 사라지고 있다.
△ 정보무기들은 적의 이점들을 상쇄시키고 적 영토의 전반에 걸쳐 저항 전선의 형성을 허락한다는 점에서 비대칭 작전들을 가능하게

한다.

△ 정보 충돌은 적의 전투 능력을 떨어뜨리는 기회를 만들어낸다.

러시아는 "게라시모프 독트린"의 내용에 따라 사이버 공간 내에서 공세적인 전략을 취하고 있다. 이러한 전략의 구체적인 내용을 살펴보면, 러시아는 정치적, 군사적 위기가 촉발되기 전 정보활동을 선제적으로 진행하며, 이러한 위기가 촉발되었을 때는 러시아 군이나 연방정부의 책임 여부를 확인할 수 없는 수단을 사용하고 있다. 특히, 정보전에서 러시아는 과거 국가의 전략 자산으로 여겨지지 않았던 해커, 사이버 범죄자들을 적극적으로 활용하기도 한다(Connell and Vogler 2017, 10-12).

한편 미국은 사이버 공간의 패권 장악을 글로벌 패권 유지의 일환으로 인식하고 있으며, 이를 위하여 사이버 전력을 강화하고 있고, 사이버 안보상 경쟁자인 러시아, 중국을 사이버 공간상에서도 압도하고 우월적 지위를 확보하려 한다. 미국도 사이버 공간 내에서 정보활동 역량 강화뿐만 아니라 국방역량강화, 법 집행 및 사후 대응 등 공권력 집행 능력 확보, 인력 양성 등 전반적인 차원에서 사이버 안보 역량을 강화하고 있다. 특히, 2009년 창설된 사이버 사령부(United States Cyber Command)는 사이버 공격에 대한 방어를 주요 임무로 삼았으나, 점차 공격적이고, 물리적인 형태의 임무도 수행하게 되면서 독자적인 통합 전투 사령부(a full and independent Unified Combatant Command)로 재편되었다(Office of the Press Secretary 2017). 이와 같은 맥락에서 2017년 3월 군사위원회 청문회에서도 사이버 공격에 대한 방어와 회복, 사이버 공간상의 침해에 대한 대응 등 방어적인 조치의 강화와 더불어 사이버 억지(deterrence)와 보복(retribution) 등 공세적인 능력이 강조되기도 하였다(Healey 2017; Singer 2017). 이러한 미국의 사이버 전략에 대한 인식의 변화는 사이버 공간상에서의 전쟁과 심리전을 오프라인과 통합하여 입체적인 군사전략을 수립하는 계기가 되었다. 일례로 미국이 제시한 5세대 전쟁개념을 살펴보면, 미국은 사이버상의 비물리적 군사 활동과 현실 공간에서의 물리적 군사활동이 서로 통합되면서 군사적 승리는 물리적 전장 환경의 승리에만 의존하지 않는다고 인식하고 있는 것을 확인할 수 있다(Wilson 2014).

양국의 사이버 안보경쟁은 글로벌 표준 경쟁 부문에서도 나타나며, 사이버 보안의 정의와 개념, 논의 범위, 위협에 대한 인식 등에서 큰 차이를 보인다. 미국의 경우, 앞서 언급한 것처럼 사이버 공간에서 표현의 자유, 자유로운 의사소통, 개인의 알 권리가 보장되어야 한다고 역설하며, 정보가 아닌 정보통신 인프라와 네트워크 보안을 사이버 보안의 대상으로 인식하고 있다. 뿐만 아니라 미국은 사이버 범죄, 사이버 테러, 정보 유출과 침해, 스파이 행위 등 사이버 공간에서 국가 및 비국가 행위자들의 일탈 행위를 주목하고, 이를 저지할 수 있는 협력과 기본권 보장이 필요하다고 여긴다(윤민우 2019, 16). 미국은 사이버 공간에서 벌어지는 보안상 현안들이 범죄 차원에서 이루어지고 있으며, 이에 대한 예방과 방지, 법 집행이 필요하다고 인식한다. 이러한 이유로, 미국은 기존 국제 규범, 국제 협약, 실무기관 차원의 비공식적 협력 등을 통해 초국경적인 사이버 범죄를 대응할 수 있는 초국경적 법 토대를 구축하고자 하며, 자신의 사법 집행 권한을 확대하여 미국의 주권 범위를 넘어설 수 있는 정당성을 마련하려 한다(Kshetri 2014, 7).

한편 러시아는 사이버 공간을 주권의 공간으로 인식하여 정보의 식민지화(information colonialism) 등 자국 주권을 위협한다고 여기며, 정보의 격차가 러시아의 정치, 경제, 사회, 문화적 안정성을 저해하며, 이는 곧 전통적인 안보 위협으로 이어진다고 인식한다. 이러한 이유로 러시아는 사이버 안보의 목표를 위협의 감소와 안정성의 향상으로 상정하고, 통신 인프라뿐만 아니라 정보의 위협에 대한 예방과 방지, 대응을 넘어 정보전쟁이라는 개념을 사용한다. 정보전쟁의 개념에는 정보(intelligence), 보안(counterintelligence), 기만(deceit), 역정보(disinformation), 전자전(electronic warfare), 통신약화(debilitation of communications), 내비게이션 성능 지원저하(degradation of navigation support), 심리적 압박(psychological pressure), 정보 시스템 저하와 프로파간다(degradation of information systems and propaganda)가 모두 포함된다. 또한 러시아는 정보가 무기화될 수 있다고 인식하고 있으며, 정보의 무기화, 정보전쟁은 UN, ITU 등 국제기구에서 대량살상무기(Weapons of Mass Destruction, WMD)와 더불어 논의되어야 한다는 입장이다(윤민우 2019, 17).

## 2. 사이버 공간의 러-중관계

중국은 1990년대 후반부터 사이버 안보 관련 정책인 금순공정(金盾工程, Golden Project)을 추진하여 왔는데, 프로젝트명에서 알 수 있듯이 방어적인 전략이 주를 이루었다. 하지만, 시진핑 주석이 집권하고 2014년 2월 안전한 네트워크 구축이 중국의 국가이익의 핵심이 될 것임을 언급함에 따라, 중국의 사이버 안보 정책은 적극적인 형태로 전환되었다(김상배 2019, 15). 시진핑 주석은 제16차 세계인터넷대회(世界)에서도 인터넷 주권 존중, 평화 안전 수호, 개방협력 촉진, 질서 구축, 사이버 공간 운명 공동체 설립 등을 제안하고, 글로벌 네트워크 인프라 구축의 가속화, 사이버 공간상에서 문화 공유 플랫폼 구축, 경제 혁신 추진, 안전보장, 공평한 거버넌스 구축이 이루어져야 한다고 강조하였다(김소정·양정윤 2017, 20). 2016년 중국은 사이버 안보 이념과 정책을 제시한 〈국가 사이버 공간 안전전략(国家网络空间安全战略)〉을 발표하여 사이버 주권의 중요성, 국가 안전 유지, 정보 인프라 보호, 사이버 문화 구축과 사이버 범죄 및 테러 예방, 사이버 거버넌스 체제 개선, 사이버 안전기초 마련, 사이버 방어력 향상, 사이버 국제협력 강화 등 9개 전략 목표를 제시하였다(김상배 2019, 15).

중국의 사이버 안보 대외 전략 부분을 살펴보면, (1) 주권 수호와 안전, (2) 국제규범 체제의 확립, (3) 공평한 인터넷 관리의 추진, (4) 국민의 합법적 권익 보장, (5) 디지털 경제 협력 추진, (6) 온라인 문화 교류 플랫폼의 구축을 전략 목표로 제시하였다(김소정·양정윤 2017, 26-28). 이러한 전략 목표를 달성하기 위하여 중국은 평화 원칙, 주권 원칙, 공동관리 원칙, 이익공유의 원칙을 밝혔다. 이를 통하여 알 수 있듯이 중국은 러시아와 같이 사이버 공간상의 주권을 강조하며, 필요에 따라서 사이버 공간 내에서 공세적인 수단을 활용하기도 한다. 사이버 공간에 대한 미-중 간 갈등은 이러한 점을 극명하게 드러내는 사례이다. 미국 측은 중국이 국가적인 차원에서 해커를 고용하여 미국에 직접적인 위협을 가하였다고 비난한다. 오랫동안 중국 정부가 고용한 해커들이 미국 국가 기관과 기업에 직접적인 사이버 공격을 실시하였으며, 이에 미국 정부는 2013년부터 직접적으로 중국 정부가 이러한 공격의 배후에 있음을 지적하며 공격 행위를 중단할 것을 요구하였다. 공개적으로 미 국방부는 중국이 해커들을 동원하여 F-35, F-18 전투기, PAC3 미사일 등 무기 시스템에 침투하였다며 중국을 강도 높게 비난하였다. 2014년 5월 미국 법무부는 미국 기업에 대한 사이버 스파이 혐의와 관련된 인민해방군 장교를 기소하는 등 유례없는 강력한 조치를 취하기도 하였다. 또한, 미국은 사이버 공간상 전략적 안정성을 강화하기 위하여 중국과 사이버 담화를 추진하는 사이버 전략을 추진 중이기도 하다(Meyer 2015, 50).

중국의 사이버 안보 인식과 목표가 사이버 공간상에서 국가주권을 강조하는 러시아와 유사해 보인다는 점에서 알 수 있듯이, 중국과 러시아는 사이버 공간상에서 긴밀히 협력하고 있다. 중-러 간 사이버 공간에서의 협력을 이해하기에 앞서, 양국의 사이버 안보 인식과 목표가 미국·서방과 중-러 간 사이버 안보 경쟁 틀을 확인해볼 필요가 있다. 먼저, 중국과 러시아는 미국의 사이버 공간 내 패권 확립에 도전하는 한편, 미국-서구와는 다른 사이버 안보 표준의 대안적인 틀을 제시하는 데 이익을 공유하고 있다. 또한 양국은 전일적 속성에 근간을 내리고 있는 사이버 공간상에서 전투원과 비전투원이 구분되지 않는다는 인식을 공유하고 있으며, 사이버 안보를 위해서 군민 간 통합, 사이버 공간에서 공방 메커니즘의 통합을 강조한다(윤민우 2019, 22). 이러한 이유로 사이버 공간에서 중-러 간 협력은 오프라인에서 이루어지는 미국-서구의 대안 세력으로서 중-러 관계와 같은 맥락에서 이루어진다고 할 수 있다.

양국은 양자, 다자 차원에서 사이버 공간에 대한 긴밀한 협력을 진행하였다. 먼저, 양자 차원에서 살펴보면 양국은 미국이 주도하는 세계질서에 공동 대응하여 사이버 공간상에서 주권을 유지하여야 한다는 기조를 공유하고 있다. 중국은 인터넷 공간도 물리적 공간에서 적용되는 주권의 법칙이 적용되어야 한다고 주장한다. 따라서 중국은 사이버 거버넌스를 강화할 수 있는 제도적 기구와 매커니즘을 수립하는 데 노력을 경주하고 있다. 한편 러시아는 미국이 인터넷을 장악하는 것을 우려하고 있으며, 2014년 서구의 대러제재 이후 자국의 인터넷 거버넌

스 역량을 확대하여야 한다고 여기고 있다. 2014년 드미트리 페스코프
(Dmitry Peskov) 크렘린궁 대변인은 성명을 통하여 러시아가 자국 인
터넷상의 외국 개입을 막는 수단을 취할 것이라고 밝힌 바 있다(Yuxi
Wei 2016).

양자 간 사이버 안보 협력이 활성화된 것은 2015년부터였다. 양
국 사이버 안보 분야의 대표자들이 회담했다는 소식이 알려지면서 러
시아 측이 중국의 검열 체계를 도입할 것이라는 전망이 지속적으로 제
기되었다. 푸틴 대통령의 측근이자 인터넷 분야의 자문이었던 이고
르 시오골레프(Igor Shchyogolev) 전 정보통신부 장관이 중국의 사이
버 장벽(The Great Wall)의 아버지로 불리는 팡빙싱(Fang Bingxing)
과 회담하였으며, 니콜라이 파트루셰프(Nikolai Patrushev) 전 러시아
연방 안보국장이 사이버 안보와 관련된 업무를 맡은 중국 중앙위원회
(Politburo) 위원들과 사이버 안보 관련 사안을 논의하였다는 소식도
전해졌다(The Guardian 2016).

양국은 2015년 4월 국제 정보안보(Information Security)에 대
한 기초 합의(이하 사이버 협정)를 체결하여 협력의 원칙에 합의하였
다. 양국이 사이버 협정에서 합의한 위협의 주요 내용은 "주권과 국가
의 안보적, 영토적 일체성에 대한 침해를 목적으로 공격행동을 수행하
는 기술의 사용", "국가 내부 문제에 대한 개입", "경제적 피해를 야기
하는 것", "데이터 침해, 테러목적, 정치와 사회-경제 시스템 또는 다른
국가의 정신적, 도덕적, 그리고 문화적 환경에 피해를 야기하는 것" 등
이다(윤민우 2019, 20). 이 외에도 양국은 중-러 사이버 공간발전과 안
보 포럼을 모스크바에서 공동으로 개최하였으며, 양국 정상은 사이버
공간 발전을 위한 공동 성명을 발표하였다(Yuxi Wei 2016).

최근까지도 양국은 사이버 안보, IoT 분야에서 협력할 수 있다는

점을 재확인하였다. 2019년 7월 16일 아키모프(Maxim Akimov) 러시아 부총리는 하얼빈(Harbin)에서 개최된 제4차 러시아-중국 엑스포의 기자회견에서 러시아는 중국과 사이버 안보 분야, 기술 솔루션 개발 분야에서의 협력에 관심이 있다고 밝힌 바 있다. 그는 지난 상트페테르부르크 경제포럼에서 논의된 양국 간 사이버 안보, IoT 분야의 대규모 협력 프로그램의 시행을 위하여 현재 정보통신부와 산업통상부에 발전 로드맵을 마련할 것을 요청하였다고 첨언하였다(Tass 2019).

바로 다음날인 17일에는 모스크바에서 중국, 러시아 사이버 감독기구 대표단이 회담하면서 러시아에 중국식 검열 체계가 도입되는 것이 아니냐는 우려가 다시 나타났다. 중국 사이버 공간사무국(Cyberspace Administration of China, CAC) 대표단은 러시아 사이버 감독기구인 로스콤나조르(Roskomnadzor) 대표단과 공식적으로 최초의 회담을 가졌으며, 러시아의 구글이라 불리는 얀덱스(Yandex), 인터넷 보안 기업인 카스페르스키랩 등을 방문하였다. 이후 로스콤나조르는 성명을 통하여 향후 중국 사이버 공간사무국과 지속적으로 회담할 것임을 밝혔다. 로이터 통신에 따르면, 일각에서는 이번 사이버 공간사무국의 방문이 러시아에 중국식 사이버 통제 방식을 이식하려하는 것이 아니냐는 우려를 표명하기도 하였다(Reuters 2019).

다자 측면에서도 양국은 UNGGE, 상하이협력기구(SCO), BRICS 등을 통하여 사이버 안보 분야에서 긴밀한 협력을 진행 중이다. 특히 이들은 UN 내에서도 활발한 협력을 보였다. 먼저 이들은 상하이 협력기구(SCO) 회원국인 타지키스탄, 우즈베키스탄과 함께 UN 총회에서 〈국제정보안보행동수칙(International Code of Conduct for Information Security)〉을 제출하였다. 이러한 이니셔티브를 통하여 중국과 러시아는 오바마 정부가 추진한 세계 전략(International

Strategy)보다 수개월 앞서 정책 논의를 시작할 수 있는 이점을 얻게 되었다. 중국과 러시아가 주도한 이니셔티브는 외교적으로 "정보공간" 내 책임감 있는 국가의 행동에 관한 규범을 규정하는 면에서 외교적인 우위를 점할 수 있게 되었다(Meyer 2015, 52).

이 외에도 UNGGE에서 이루어진 양국의 협력을 살펴보면, 2012~2013년 GGE 회의에서 중국 관리들은 사이버 공간 내 주권, 해당 정부의 권위 강조, 비개입, 평등 등을 발표하였는데, 이는 러시아가 제시하였던 원칙과 일치하는 것이다. 또한 2016~2017년 GGE 회의에서 미국이 사이버 안보 현안에도 기존 국제 규범과 신뢰 구축 조치들을 적용할 것을 주장하였으나, 중국과 러시아는 사이버 규범을 비롯하여 사이버 안보 현안에는 새로운 협정이 필요하다는 입장을 함께 피력하였다(윤민우 2019, 21).

BRICS에서도 러시아와 중국 간 사이버 안보 분야의 협력이 이어졌다. 2013년 남아프리카공화국의 〈더반(Durban) 선언〉에서 BRICS 회원국들은 인터넷 공간의 중요성을 강조하였으며, 평화롭고 안전하며 개방된 사이버 공간에 기여한다는 원칙에 합의하였다. 하지만 당시 선언에서는 이를 위하여 회원국들의 협력이 어떠한 방향으로 진행될 것인지에 대한 명확한 방향성이 제시되지는 못했다(Ebert and Maurer 2013). 2015년 BRICS 지도자들은 2016~2017년 개최될 UNGGE를 앞두고 러시아 우파(Ufa)에 모였다. 2015년 〈우파 선언〉에서 BRICS 지도자들은 글로벌 지식사회로의 전환 과정에서 인터넷 통신기술(ICT)의 도구적 역할을 인정하였으며, 다자주의적 인터넷 거버넌스(multilateral governance of the internet)를 지지한다는 의사를 밝혔다. 또한 회원국 정상들은 ICT를 활용한 안보와 관계된 정보를 공유하고, 사이버 범죄에 효과적으로 협력하여 대응하며, 각국에 절점(nodal

points)을 설치하며, 현존하는 컴퓨터보안사건대응팀(Computer Secu-
rity Incident Response Teams, CSIRT)을 활용하여 BRICS 회원국 간
협력하고, 국제 규범, 원칙, 표준 개발을 위한 협력을 진행하기로 합의
하였다(University of Torronto 2015). 위와 같이 이루어지는 양국의 협
력은 관점에 따라 "편의의 연대"나 "진정한 전략적, 건설적 협력의 진
전"으로 해석될 수 있을 것이나(Medeiros and Chase 2017, 3), 앞서 살
펴본 것처럼 양국이 이익을 공유함에 따라 향후 양국의 사이버 안보
관련 인식과 목표, 전략, 수단은 더욱 수렴하는 방향으로 나아갈 가능
성이 높다.

그럼에도 양국의 협력을 저해하는 요인이 존재한다. 먼저, 비록 중
국이 빠른 정치적, 군사적, 경제적 성장과 이를 바탕으로 힘을 외부, 특
히 러시아의 근외지역인 중앙아시아 등에 투사하는 것을 러시아가 우
려한다는 점이다. 이러한 우려는 푸틴 정권의 권위주의 정치체 유지 및
정권의 이해에 따라 수면 위로 나타나지 않을 가능성이 있다. 두 번째
로 러시아 내 국내정치 변동으로 자유민주주의 정권이 수립된다면, 러
시아는 권위주의인 중국을 멀리하고, 서구와의 관계 개선 및 협력을 도
모할 수도 있다(윤민우 2019, 24).

미국은 중-러 간 사이버 협력에 대해 비판적인 입장을 보이고 있
으며, 양국 간 체결한 협약 내용에 대해서도 협약의 내용이 중요한 것
이 아니라 결국 미국의 힘을 축소시키고, 미국에 대한 내정에 간섭하
기 위한 것이라고 혹평하였다. 월스트리트저널은 양국의 협력이 표면
상으로 사회질서를 혼란케 하는 신기술과 공공질서를 방해하는 요소
에 공동으로 대응하고 내정의 안정을 지키기 위한 것이라고 평가하였
다. 톰 켈러만(Tom Kellerman) 트렌드마이크로(Trend Micro) 사이버
보안 책임자는 2001년 상하이협력기구 설립 이후 양국의 군사, 경제

관계는 지속적으로 긴밀해지고 있으며, 이러한 관계 증진은 일본의 무
장을 지지하는 미국의 국면을 전환하고, 미국의 새로운 공격적인 사이
버 안보 전략에 대응하기 위한 것이라고 설명하였다. 리차드 베틀리시
(Richard Beitlich) 브루킹스연구소 선임연구원은 러시아와 중국의 정
보안보 개념은 정보 통제에 가까우며, 양국 간에 체결한 협약은 서로
양국 내 주요 인프라를 공격하지 않겠다는 묵시적 약속에 가까운 것으
로 보인다고 언급하였다(신범식 2017, 160-161).

## IV. 다자무대에서의 러시아 사이버 외교

### 1. UN과 러시아 사이버 외교

#### 1) UNGGE와 러시아 사이버 외교

사이버 공간의 안보 현안이 주목받기 시작하였을 무렵에는 안보 문제
의 특성상 지역 또는 우방국 간의 소다자적인 차원에서 논의가 진행되
었다. 이에 대한 대표적인 사례로는 유럽안보협력기구(Organization
for Security and Co-operation in Europe, 이하 OSCE)의 신뢰구축조
치 프로세스, 상하이협력기구(SCO)의 〈국제정보안보행동수칙〉 등
이 있다. 이 외에도 아시아지역에서는 아세안지역안보포럼(ASEAN
Regional Forum, 이하 ARF)을 중심으로 지역 사이버 신뢰구축을 위
한 실무 조직이 설립되기도 하였다. 북대서양조약기구(NATO)의 후
원 아래 국제법학자들의 공동연구로 만들어진 〈탈린 매뉴얼(Tallinn
Manual on the International Law Applicable to Cyber Warfare)〉도 주
목받은 사례 중 하나이다. 이 외에도 비국가 행위자인 마이크로소프트

도 "디지털 제네바 협약"의 필요성을 강조하며 자체적인 사이버 규범을 제시하고 있다. 이러한 맥락에서 2004년 수립된 UN 정보안보 전문가그룹(UN Group of Governmental Experts on Developments in the Field of Information and Telecommunications in the Context of International Security, 이하 UNGGE)은 지역안보기구, 소다자 협력틀을 넘어서 국제적인 차원에서 참여 국가들의 의사가 반영될 수 있는 장이라는 측면에서 사이버 규범 및 안보 개념의 합의에서 중요성을 지닌다(김소정·김규동 2017, 92).

사이버 및 정보 안보는 러시아의 제안에 의해 1998년부터 유엔군축사무국(UN office for disarmament)의 의제로 다뤄져 왔으나, 2000년대 초반부터 UNGGE에서 다루어져 왔다. UNGGE는 국제안보 맥락에서 정보 안보에 대하여 논의하는 기관이다. 사이버 공간에 대한 관심이 높아지면서 UNGGE에 참가하는 국가도 늘어났다. UNGGE 논의가 초기 단계에 머물렀던 제1차부터 제3차까지 15개국만이 참가하였으나 UNGGE의 다섯 차례 회담이 이루어지는 동안 5개 UN 안전보장이사회 상임이사국은 모두 참여하였으며, 제4차에는 40개국, 제5차에는 25개국 전문가들이 참여하게 되었다.

UNGGE는 기존 국제정치의 힘의 구도와 경쟁이 그대로 사이버 공간으로 이전되었다는 것을 확인하는 곳이기도 하다(김소정·김규동 2018, 4). 앞서 간략히 언급하였던 것처럼, UNGGE에서는 회의에 참가하는 미, 중, 러 등 국가 간 사이버 공간, 사이버 안보, 정보에 대한 인식이 대립되고 있으며, 그로 인하여 2004~2005년에 이루어진 1차 회의는 참가국 간 입장 차를 확인하는 수준에서 마무리되었다. 2차 UNGGE는 그로부터 4년 후인 2009~2010년 개최되었으나, 향후 GGE의 의제의 범위를 확정하는 소정의 성과만을 얻을 수 있었다.

본격적으로 논의가 진행되어 나름의 성과를 보인 것은 3차(2012~
2013), 4차(2014~2015) GGE 회의 시기였다. 제3차 GGE 회의에서 참
가국들은 사이버 공간상에 국제법이 적용된다는 원칙에 합의하였으
며, 사이버 공간의 특성에 적합한 신규 자발적 규범이 필요하다는 점
에 동의하고 이를 논의하였다. 제4차 UNGGE에서는 사이버 공격 행
위에 경유국의 위상에 대한 논의가 이루어지면서 한국은 국제법상 주
권의 개념에서 파생된 자국 영토가 다른 국가의 권리에 반하는 행위에
이용되는 것을 알면서도 허용하지 않는 내용의 상당한 주의 의무 추가
에 힘썼다. 이 외에도 제4차 UNGGE는 사이버 공간에 적용 가능한 규
칙을 식별하고 이를 제시하는 것으로 진행되었다(김소정·김규동 2018,
8-9). 특히, 제4차 UNGGE에서 참여국들은 사이버 공간에 적용되는
국제법, 자발적 규범, 신뢰구축조치에 대한 합의를 도출하였으며, 보고
서를 채택하였다. 먼저 국제법 부분에서 회원국들은 사이버 공간에서
도 국제법상 통용되는 영토상 기반시설에 대한 관할권과 이에 따른 책
임이 있다는 점을 확인하였다. 자발적인 규범 측면에서, 회원국들은 타
국 주요 인프라 시설에 대한 고의적 손상이나 기능을 저해할 수 있는
행위의 수행 또는 이를 지원하는 것을 금지하고, 주요 인프라 시설이
손상을 입거나 기능상 저해가 발생한 경우 공격받은 국가가 요청한 공
조에 대한 협조의 의무를 갖는다는 점에 동의하였다. 회원국들은 중대
사이버 사고가 발생할 경우 정책, 기술 차원에서 협력할 수 있는 연락
망을 구축하고, 주요 인프라 시설을 방호할 수 있는 정보의 제공, 협력
활성화, 사고심각성 분류체계 개발 등을 권고함으로써 상호 간 신뢰를
구축한다는 점도 확인하였다.

　제5차 UNGGE의 주요 쟁점과 논의 경과를 살펴보면, 사이버 공
간에서 국가 행위에 대한 국제법 적용에 대한 원칙적인 합의가 이루어

졌으나 구체적 적용 여부와 방법에 대한 국가 간 이견이 좁혀지지 않았다. 하지만 제5차 UNGGE에서 논의의 진척이나 참여국들이 긍정적인 반응을 보였던 안건이 없었던 것은 아니다. 먼저, 제4차 UNGGE에서 합의되었던 자발적 규범의 이행을 위한 구체적인 논의가 진행되었으며, 참가국들은 신뢰 구축 조치, 자발적 규범 등 이행 확산을 위한 국가별 사이버 안보 체계 역량 강화 등이 논의된 것에 긍정적인 반응을 보였다. 반면, 최종적으로 회의 내 진행된 핵심 쟁점에 대한 진영 간 입장 차를 줄이지 못하여 보고서 채택이 이루어지지 않았으며, 이는 향후 UNGGE에도 부정적인 영향을 미칠 것으로 보인다(김소정·김규동 2018, 9).

제5차 UNGGE는 오프라인 국제법이 온라인상에 적용되는 방식과 범위, 지양점, 무력 사용과 공격의 기준 해석, 사이버 공간의 안전하고 신뢰할 수 있는 사용을 보장하기 위한 국가의 책임과 신뢰 구축 조치 등이 논의되었으나, UNGGE에 참여한 25개국이 전체 합의를 도출하지 못하였고, 국제법상 자위권, 국제인도법 등 무력충돌법에 대한 간극은 좁혀지지 못한 채로 2021년 현재 제6차 UNGGE가 진행 중에 있다.

### 2) UNGGE와 진영 간 대립

앞서 살펴본 것처럼, UNGGE에서 이견이 좁혀지지 않는 현안들을 보면 미국과 중-러 간 사이버 공간 및 사이버 안보에 대한 시각 차이를 다시 한 번 확인할 수 있다. 더 나아가 UNGGE에서 미국, 중-러 간 견해 차이는 미국을 중심으로 하는 서방진영, 중-러를 중심으로 하는 진영 간 견해의 차이로 확대되는 양상을 보인다.

먼저 미국을 중심으로 하는 서방 진영은 국제법적 대응과 〈탈린 매뉴얼〉을 근간으로 하는 사이버 공간상의 독자적인 규범을 구축하고 있다. 일례로, 2007년 에스토니아가 해킹 공격을 받았을 때 대응할 근 거가 없었던 NATO는 2008년 사이버 위협에 대한 대응 방안을 마련하기 위하여 부쿠레슈티(Bucharest)에서 정상회담을 개최하고, 사이버 방어협력센터(Cooperative Cyber Defense Centre of Excellence)를 설립하였다. 사이버 방어협력센터는 UN 헌장, 제네바·헤이그 협약 등 국제법을 사이버 공간에 적용하는 연구를 진행하였으며, 이러한 연구의 성과가 바로 〈탈린 매뉴얼〉이다.

〈탈린 매뉴얼〉에는 전쟁 개시 결정에 대한 충분조건과 전쟁을 위한 수행 조건이 사이버 공간에도 적용될 수 있다는 기본 원칙이 적시되어 있으며, UN 헌장에서 규정된 무력 공격에 대한 자위권 발동과 행사에 대한 내용을 수용하고 있다. NATO는 2017년 〈탈린 매뉴얼〉의 적용 범위를 사이버 범죄까지 확대한 〈탈린 매뉴얼 2.0(Tallin Manual 2.0)〉을 발표하여, 사이버 작전(Cyber Operation)에 적용할 수 있는 대상을 규정하였으며, 공간(Space), 인권(IHRL), 해상법(IML)의 내용도 포함된 것으로 알려졌다. 미국을 비롯한 서방 진영의 사이버 안보에 대한 시각을 대표하는 〈탈린 매뉴얼〉의 특징은 다음과 같이 정리해볼 수 있다(신경수·신진 2018, 38-39).

△ 기존의 국제법은 다른 영역과 마찬가지로 사이버 공간에서도 적용된다.

△ 평시 사이버 작전에 관한 규정은 국가 책임법, 국제 인권법, 외교 및 영사법, 국제해상법, 항공법, 우주법, 국제전기통신법 등 대부분의 국제법을 모두 수용한다.

△ 국제 평화와 안보, 평화 분쟁의 평화적 해결, UN 평화 유지, 자기

방어에 대한 유엔 헌장의 성격을 대부분 수용한다.

- 결론적으로 〈탈린 매뉴얼〉에서 사이버 공간은 전쟁이 일어날 수 있는 공간이며, 동맹국들의 사이버 공격 및 침해에 공세적인 전력을 발동할 수 있는 근거가 된다.

반면 중-러 중심의 진영은 국가적인 차원에서 사이버 공간에 대한 주권의 확립을 원칙으로 삼고 있으며, 다자적인 차원에서 NATO가 제시한 사이버 안보 협력과 〈탈린 매뉴얼〉에 대한 대안으로 상하이협력기구(SCO)를 기반으로 결집을 시도한다. 뒤에 더욱 상세히 서술하겠지만, SCO는 2009년 예카테린부르크(Yekaterinburg)에서 개최한 회의에서 사이버 전쟁을 포함한 사이버 안보와 관련한 회원국의 네트워크 보호 원칙을 천명하였다. 더 나아가 상하이협력기구의 회원국인 러시아, 중국, 타지키스탄, 우즈베키스탄 4개국은 〈국제정보안보행동강령 초안(Draft International Code of Conduct for Information Security)〉을 UN 총회에 제출하면서 사이버 안보의 핵심 요소들을 군사 안보 차원의 개념과 동등하게 인식한다는 점을 천명하였다. 또한 2015년 러시아, 중국, 카자흐스탄, 우즈베키스탄, 타지키스탄 5개국은 2011년 〈국제정보안보행동강령〉을 더욱 강화하여 사이버 공간이 오프라인상 국가의 주권과 영토의 개념이 적용되는 공간임을 규정하였다 (신경수·신진 2018, 41).

러시아는 GGE 5차 회의 이후 UN 중심의 체제 확립을 위한 노력을 지속적으로 추진하고 있는데, UN 사이버 범죄협약안, 〈국제정보안보행동수칙(International Code of Conduct for Information Security)〉 제출, 후속 GGE 또는 승계기관 설치 주장, GGE 합의 자발적 규범에 대한 총회결의 추진 등이 논의되고 있다. 국제연합 군축연구소(UN

Institute for Disarmament Research, UNIDIR) 등의 연구기관과 주요
국 싱크탱크를 중심으로 구체적인 규범 제정을 위한 아이디어를 도출
하기 위해 노력하고 있다. 러시아는 국가들이 사이버 위협으로부터 사
이버 공간을 보호할 수 있는 주권적 권리를 강조하면서, SCO 행동강
령의 요소로 구성된 결의안을 제안하였다(양정윤 2019, 15-18).

　　이러한 미국과 러시아의 이견으로 인해, 2018년 12월 UN 총회
는 사이버 공간에서의 국가 행위에 대한 규범과 원칙을 확정하기 위
해 러시아가 제안한 2019년 오픈엔드 워킹 그룹(open-ended working
group)의 설립을 승인하여 2020-2021년 제6차 GGE가 개최되었다.
러시아는 향후 국제법규를 만들어 사이버 위협에 대응하기 위해 UN과
SCO 내에서 군사 목적이나 범죄 또는 테러 목적으로 정보기술을 사용
하는 것을 방지하기 위한 노력을 기울이고 있다.

## 3) UN 결의안 제출

제2차 세계대전 이후 탄생한 UN은 '법의 국제적 지배(international
rule of law)'를 실현함에 있어 중심적 역할을 한다(김대순 2013, 1306).
UN의 정치기관들(총회, 안전보장이사회, 경제사회이사회, 신탁통치이
사회)은 결의(resolution) 채택을 통해 UN헌장에서 부여받은 권한
을 행사한다. 총회는 UN의 모든 회원국들로 구성되며 표결에 관하
여 각 회원국은 1개의 투표권을 지니게 되는데, UN 투표 시 지지 표
명은 국가의 규범적 선호가 반영됨과 동시에 정치적인 고려가 표출
된다(Johnston 2019). 전술한 바와 같이 러시아는 1998년 UN에 정
보통신에 관한 최초의 결의를 제안한 바 있으며 UN 정보안보 GGE
및 OEWG 활동, 다수의 UN 결의 통과, 국제정보안보행동수칙 제출
(2011, 2015)을 통해 지속적으로 UN을 통한 정보 질서에 관한 국제규

범 형성 활동을 진행한다. 여기에서는 러시아가 주도한 '범죄 목적의 정보통신기술 이용 대응에 관한 UN 결의안'[3]이 2019년 11월 18일 UN 총회를 통과되는 과정을 통해 러시아가 CIS와 SCO 회원국의 지지를 활용하여 UN에서 국제질서에 관한 국제규범 형성에 있어 영향력을 행사하는 것을 살펴본다.

결의안의 제안 배경으로는 ICT 기술이 국가의 발전에 큰 영향을 미침과 동시에 ICT 기술이 인신매매와 같은 다양한 범죄에 활용되는 등 범죄자들에게 악용되어 범죄의 심각성을 가중시킴을 강조한다. AI 와 같은 신기술은 정보통신기술의 범죄 목적 사용을 예방 및 차단하는 데 유용하게 사용될 수 있는 한편, 이것이 오용(misuse)될 경우 범죄의 위험성이 커진다. 디지털 공간에서 발생하는 다양한 범죄에 의해 국가 주요기반시설의 안정적인 운용 및 개인의 안전한 삶에 부정적인 영향을 받고 있음에 따라 동 결의안을 통해 범죄 목적의 ICT 기술 이용을 방지하기 위한 국제협약을 준비하고 국가들 간 협력을 향상시키기 위한 방안을 제시하고자 함을 명시한다.

결의안 발의를 위해 UN 총회 44차 회의(2019.11.7.)에서 러시아는 대표로 '범죄 목적의 정보통신기술 이용 대응'에 관한 결의(A/C.3/74/L.11)를 발의한다. 공동발의국은 총 8개국으로 벨라루스, 캄보디아, 중국, 북한, 미얀마, 니카라과, 러시아, 베네수엘라이다. 동일한 명칭의 결의안이 UN총회 43차 회의에서 통과되었으나 A/C.3/74/L.11 은 국제협약 준비를 위한 위원회 설립 등에 관한 구체적인 내용이 추가된 것이다. 이후 UN 총회 50차 회의(2019.11.18.)에서 동 결의안의 개정안 A/C.3/74/L.11/Rev.1이 발의되었는데, 개정안에는 6개 조문이

---

3    Countering the use of information and communications technologies for criminal purposes, A/C.3/74/L.11/Rev.1

추가되었으며 공동발의국이 27개국으로 확대되었다.[4]

결의안의 내용은 범죄 목적의 정보통신기술 이용 대응에 관한 포괄적 국제협약 준비를 위한 '개방형 임시 정부 간 전문가위원회(open-ended and hoc intergovernmental committee of experts)'를 설립하는 것과 정보통신기술의 범죄 목적 이용 퇴치를 위해 국가들 간 협력과 조율을 향상시키기 위한 협력 방안을 제시하고 범죄 목적의 정보통신기술 이용 대응에 관한 기본 원칙을 제시함에 있다.

정보통신기술의 범죄 목적 이용 퇴치를 위한 국가들 간 협력 강화를 위한 노력의 일환으로 개도국에 대한 기술적 지원을 제공하고, 국가들은 사이버 범죄를 예방, 탐지, 조사, 기소하기 위한 법률적 기반과 국가기관의 역량을 강화하기 위한 프레임워크를 향상시켜야 한다. 또한 사이버 범죄에 관한 UN의 역할이 강조되며, 특히 UN 범죄예방·형사사법위원회(UN CCPJC)[5]의 역할을 강조한다. 범죄 목적의 ICT 이용 대응에 관한 기본 원칙으로 정보통신기술 사용에 있어 인권과 인간의 기본적 자유가 존중되고 사이버 범죄와의 전쟁에 있어 국제 및 지역 기구의 중요성을 강조한다. 범죄 목적의 ICT 이용에 대응하기 위해 현존하는 국내법 및 국제법을 강화하는 한편 새로운 국내법 및 국제법을 모색하는 등의 다양한 노력이 필요하고, 국가들이 정보통신기술의 범

4　공동발의국: 알제리아, 앙골라, 아제르바이잔, 벨라루스, 볼리비아, 부룬디, 캄보디아, 중국, 쿠바, 북한, 이집트, 에리트레아, 이란, 카자흐스탄, 라우스, 리비아, 마다가스카르, 미얀마, 니카라과, 러시아, 수단, 수리남, 시리아, 타지키스탄, 우즈베키스탄, 베네수엘라, 짐바브웨(총 27개국)

5　UN 범죄예방·형사사법위원회(Commission on Crime Prevention and Criminal Justice, CCPJC): ECOSOC 결의 1992/1에 따라 설치된 기관으로 주요 기능 및 임무로 ①유엔 범죄예방 및 형사사법 분야에 관한 정책지침 제공, ②유엔 범죄예방 프로그램 이행 현황 검토, 감시 및 발전, ③범죄예방 및 범죄자 처우 관련 국제 또는 지역기구의 활동 지원 및 조정, ④유엔 범죄예방 및 형사사법 총회 개최가 있음.

죄적 사용을 기소(prosecute)하기 위해 최선의 협력을 다하여야 한다
는 관점을 제시한 UN 정보안보 GGE의 활동을 강조한다. 기타 사항으
로는 ICT에 관한 UN 결의[6]의 발전을 강조하고 국내입법, 모범사례, 기
술적 지원, 국제협력에 관한 정보를 교환하는 주요 플랫폼으로 포괄적
사이버 범죄연구전문가그룹[7]의 역할을 강조한다.

미국은 동 결의안이 사이버 범죄 대응을 위한 회원국 간의 결속
및 협력을 약화시킬 것이라고 주장하였으며 제3위원회에 동 결의안을
상정한 국가들에 대한 노골적인 실망을 표하였다. 또한 미국, 유럽, 인
권단체들은 동 결의안을 지속적으로 반대하였으며(The Washington
Post 2019a), 서방 언론은 동 결의안이 서방국가에 대립되는 것으로 평
가(The Wasington Post 2019b)하였고, 결의안의 발의 의도를 규탄하
였다. 결의안의 내용이 평이하게 구성되었음에도 불구하고 미국 등 서
방국가는 동 결의안에 러시아와 중국이 웹사이트들의 접근을 차단하
고 디지털기술을 이용하여 반체제인사를 감시하기 위한 정부의 활동
을 강화하기 위한 의도가 포함되어 있다고 주장하며 동 결의안을 통해
인터넷에 대한 국가통제를 강화시킬 것임을 주장한다(The Wasington
Post 2019b). 그럼에도 불구하고 동 결의안은 UN총회 50차 회의 표결
에서 찬성 88표, 반대 58표, 기권 34표로 통과된다. 구소련 국가, 비서

---

6    53/70(1998.12.4.), 54/49(1999.12.1.), 55/28(2000.11.20.), 56/19(2001.11.29.),
     57/53(2002.11.22.), 58/32(2003.12.8.), 59/61(2004.12.3.), 60/45(2005.12.8.),
     61/54(2006.12.6.), 62/17(2007.12.5.), 63/37(2008/12/2), 64/25(2009.12.2.),
     65/41(2010.12.8.), 66/24(2011.12.2.), 66/181(2011.12.19.), 67/27(2012.12.3.),
     68/193(2013.12.18.), 68/243(2013.12.27.), 68/28(2014.12.2.), 70/237(2015.12.23.),
     71/28(2016.12.5.), 72/196(2017/.11.19), 73/27(2018.12.5.), 73/187(2018.12.17.)

7    Exert Group to Conduct a Comprehensive Study on Cybercrime('Open-ended
     intergovernmental Expert Group to Conduct a Comprehensive Study on
     Cybercrime'과 동일)

방 국가, 개도국 중심의 제3세계 국가의 지지에 의한 것이었다. 인터넷 자원배분에 따른 인터넷 권력 측면에서 동 결의안에 찬성한 유라시아와 일부 아시아국가, 아프리카 국가들의 인터넷 사용자 수와 인터넷 사용량은 동 결의안에 반대한 북미, 유럽 국가들에 한참 못 미치나, 동 결의는 1국가 1투표제인 UN에서 정당한 절차 및 방식으로 통과하였음을 알 수 있다. 아프리카 지역의 평균인터넷 보급률은 47.1%, 유럽의 인터넷 보급률은 87.2%, 북미의 인터넷 보급률은 90.3%로 지역 간 인터넷 보급률의 차이가 존재하고, 개별국가 차원에서도 미국의 평균 인터넷 보급률이 89.8%에 달하고, 영국의 인터넷 보급률이 93.6%, 일본의 인터넷 보급률이 93.5%, 한국의 인터넷 보급률이 95.9%인 점을 감안하여 보았을 때도 동 결의안의 통과는 UN 플랫폼이 러시아에 우호적인 환경을 제공하였음을 반증한다.

동 결의안 통과 과정을 통해 정보공간을 둘러싼 서방과 비서방 국가의 규범경쟁이 지속되고 있음을 알 수 있으며 일각에서는 결의안의 통과로 러시아가 소정의 성취를 거두었다고 평가한다. 또한 결의는 서방이 주도한 사이버 범죄협약과 배치되어 서방과 비서방 간 사이버 범죄에 관한 국제규범 주도권 확보를 위한 경쟁에 대해 각축이 벌어지는 상황이 발생할 가능성이 존재한다. 한편 서방국가는 '국제안보 맥락에서 사이버 공간에서의 책임 있는 국가행동 발전에 관한 UN총회 결의'[8]를 통해 정보공간의 국제규범 논의에 대한 주도권을 탈환하고자 한다. 그러나 동 결의안은 사이버 범죄를 다루는 국제조약 체결을 위한 전문가위원회를 창설하고, 구체적인 활동 및 임무, 예산을 정함으로써 러시아가 지속적으로 주장하고 있는 사이버 범죄에 관한 새로운 국제법 창

---

8    Advancing responsible State behavior in cyberspace in the context of international security(A/RES/73/266, 2019.1.2.)

설에 관한 이정표가 될 수 있는 가능성을 내포함으로써 이후 러시아의
활동에 귀추가 주목된다. 또한 결의안 발의국 및 찬성국에 다수의 CIS
회원국 및 SCO 회원국이 포함되는 점, SCO 국가인 중국의 아프리카
에서의 영향력을 감안하여 보았을 때, CIS와 SCO의 협력을 기반으로
한 러시아의 정보 질서에 관한 국제규범의 주도적인 형성이 미래에도
가능할 것으로 예측된다.

## 2. 상하이협력기구(SCO)와 러시아 사이버 외교

### 1) 중-러 사이버 안보 협력과 상하이협력기구

앞서 언급한 것처럼, 상하이협력기구(SCO)는 중-러를 비롯하여 러시
아 근외지역 내 국가들과 활발한 안보 협력이 이루어지는 국제기구
이다. 상하이협력기구는 1996년 러시아, 중국, 카자흐스탄, 키르기스
스탄, 타지키스탄이 모여 국경 문제를 논의하기 시작한 상하이파이브
(Shanghai 5)에서 비롯되었으며, 2001년 지금의 상하이협력기구로 재
편되었다. 재편된 상하이협력기구는 테러리즘, 분리주의, 극단주의를 3
대 악으로 규정하고, 이에 대해 회원국 간에 공동 대응할 것을 천명하
며, 2004년 우즈베키스탄 수도 타슈켄트(Tashkent)에 반(反)테러기구
(Anti-Terrorist Structure)를 설치하고, 2007년부터 합동 군사 훈련을
진행하였다.

　　상기한 것처럼, 사이버 안보의 원칙에 관하여 상하이협력기구 회
원국 간의 협의가 이루어진 것은 2009년 예카테린부르크 정상회담
에서였다. 예카테린부르크 정상회담에서는 〈상하이협력기구 회원국
간 국제정보 분야의 협력에 관한 협정〉이 체결되었으며, 해당 협정은
2012년부터 발효되었다. 동 협정에 따라 상하이협력기구 간 정보 안보

에 대한 개념과 규범, 협력의 방향이 설정되었으며, 이러한 협력을 진
행할 수 있는 기반이 마련되었다(양정윤 2019, 9).

　예카테린부르크 협정을 선언한 이후 상하이협력기구 회원국들은
유라시아 내 사이버 도전에 대응하기 위하여 국제기구 간 협력을 추진
하기도 하였다. 2011년 6월 러시아 국가 두마(State Duma) 안보위원
회와 러시아 통신매스미디어부, 외교부 주최로 모스크바에서 개최된
제7차 InfoForum Eurasia에 상하이협력기구 대표단과 집단안보협력
기구 대표단이 함께 참여하여 정보 교환과 정보안보의 문제를 논의하
기도 하였다. 해당 포럼에는 안보, 정보기술, 사이버 안보, 정보통신기
업, 웹 포털, 러시아 정부 등 15개국 전문가 1,000여 명이 참가하였으
며, 상하이협력기구 창설 10주년을 기념하고, 향후 회원국이 사이버 범
죄, 사이버 테러, 군사, 정치 목적의 사이버 공격 등 사이버 위협에 대
응하기 위한 목표가 논의되었다.[9]

　제안된 행동강령은 예카테린부르크 협약에서 언급된 바와 같이,
일부 국가들이 러시아의 주권을 존중하지 않고 사이버 공간에서도 러
시아 내정에 영향을 미치려 하는 것을 우려하고 있다고 언급한다. 위
행동 강령은 온라인상 자유는 국가안보, 공공질서 또는 공중 보건과 도
덕을 보호하기 위해 필요할 경우 법률로 제한될 수 있다고 명시하고
있다.

　이 외에도 상하이협력기구 회원국들은 UN에 2011년과 2015년
두 차례 〈국제정보안보행동수칙(International Code of Conduct for
Information Security)〉을 제출하기도 하였다. 2015년에 제출한 것은
2011년에 제출한 내용을 개정한 것이며, 〈국제정보안보행동수칙〉 개

---

9　"SCO responds to cyber challenges," Shanghai Cooperation Organization, June 09,
　　2011. (url: http://infoshos.ru/en/?idn=8349)

정안에는 정보안보 위협에 대한 국가 행위와 이를 규정하는 규범, 신뢰구축 조치 등 위협 대응을 위한 방법이 상세히 밝혀져 있다. 해당 개정안에는 제3차 UNGGE의 평가 및 권고 사항을 적극 고려하고, 국가의 정보통신기술 활용에 대한 기존의 국제법 적용에 대한 이해를 도출하는 것이 필요하다는 것을 인정하였다.

〈국제정보안보행동수칙〉 개정안 행동 수칙의 주요 내용은 다음과 같다. 정보통신기술을 활용한 국내문제 불간섭 원칙을 강화하고(3항), 국가들은 정보통신기술을 이용해 테러활동, 분리주의, 극단주의, 인종주의, 종교적 갈등을 유발하지 말아야 하며, 테러활동, 분리주의, 극단주의, 인종주의, 종교적 갈등을 유발하는 정보 보급 억제를 위해 협력하여야 한다(4항). 정보통신기술에 있어 일국이 우월적 지위 취하는 것을 배격하며, ICT 제품 및 서비스의 안전을 강조하여 국가가 독자적으로 정보통신 제품 및 서비스의 공급망을 확보하는 것에 대한 근거를 강화한다(5항). 위협, 간섭, 공격, 사보타지 활동에 대한 국가의 권리 및 의무를 재확인함으로써 자국의 정보공간에 대한 국가 책임을 강화한다(6항). 온라인상 표현의 자유와 관련하여 오프라인과 동일하게 온라인상에서도 개인의 권리가 보호됨을 표명하고, 필요한 경우 법률에 의해 이러한 권리의 행사가 제한될 수 있음을 규정한다(7항). 다자적이고 투명하며 민주적인 방향으로 인터넷 거버넌스가 발달되어야 하고, 인터넷의 안전하고 안정된 기능을 보장하는 인터넷 거버넌스 메커니즘이 발달되어야 함을 표명한다(8항). 협력을 통해 정보안보를 실현하고 주요정보기반시설을 보호하기 위해 필요한 지원을 제공한다(9항). 신뢰구축 조치 발전 및 모범사례를 공유하고(10항), 개발도상국의 정보안보역량 강화와 정보격차 해소를 위해 노력한다(11항). 마지막으로 국제법 규범 개발, 국제분쟁의 평화적 해결, 정보안보 분야의 국제협력 강화를 위한 UN의 역할을 강조한다(12항)(양정윤 2019, 10).

최근에도 상하이협력기구는 사이버 안보를 확립하기 위하여 활발한 협력을 진행 중이다. 2017년에도 상하이협력기구 대표단은 중국 쑤저우(Suzhou)에서 열린 국제클라우드안보컨퍼런스(International Cloud Security Conference)에 참여하여 회원국들이 미디어를 통하여 전파되는 테러와 분리주의, 극단주의를 정당화하는 선전에 실질적인 협력을 강화할 것이라는 의사를 밝혔으며(SCO 2017), 중국은 상하이협력기구 내에서 사이버 안보 훈련을 지속할 것이라는 의지를 표명하기도 하였다. 2018년 차오 쉬지엔(Chao Shijian) 중국 공안부 정보부 부처장은 예브게니 시소예프(Yevgeniy Sysoyev) 상하이협력기구 지역대테러기구(Regional Anti-Terrorist Structure of Shanghai Cooperation Organization, RATS) 대표와 회담하였으며, 양측은 2015년 이후 성사된 2차 합동 사이버 안보 훈련에 만족함을 표했다. 해당 회담에서 차오 쉬지엔 정보부 부처장은 상하이협력기구 틀 내에서 사이버 안보 훈련이 지속적으로 진행될 필요가 있다는 점을 언급한 것으로 알려졌다(Sputnik 2018).

## 2) 상하이협력기구 내 러시아의 역할

앞서 언급한 것처럼 러시아와 중국은 사이버 공간에서 비롯된 위협으로 인하여 국내 정권이 붕괴되는 것을 우려하고 있으며, 이에 대응하기 위하여 사이버 공간 내에서의 주권 강화와 정보력 통제 확대를 강조하고 있다. 특히 러시아는 사이버 공간에서 국가주권 수호를 강력하게 주장하고 있으며, 상하이협력기구 내에서 합의된 주요 문건들에 이러한 러시아의 이해가 반영되어 있다는 점을 확인할 수 있다. 상하이협력기구 내에서도 중국과 러시아의 인식과 이해가 공유되고 있다는 것을 알 수 있지만, 한편으로 러시아는 중국이 상하이협력기구를 중앙아시아 국가들에 대한 영향력을 확대하려는 수단으로 이해하고 있다.

러시아 입장에서, 상하이협력기구는 서구의 영향력 확대를 견제하고 러시아의 남부 변경의 불안정성을 완화하는 하나의 도구이다. 앞서 언급한 것처럼 2000년대 초 색깔혁명 이후 러시아는 중앙아시아 내 서구의 영향력 확대와 중앙아시아 국가들의 불안정을 불안 요인으로 인식하였다. 따라서 러시아는 상하이협력기구를 통하여 중앙아시아 국가들에 러시아와 연대하는 것이 서로에게 유익할 것이라는 인상을 줌으로써 중앙아시아 국가들과의 견고한 고리를 재구성하기를 희망한다(Facon 2013, 464).

러시아는 지역 안보에서 상하이협력기구의 역할을 비전통 안보 분야인 테러로 제한하는 것을 고려하고 있는 것으로 보이며, 중국의 영향력이 필요 이상으로 확대될 경우 사이버 안보를 비롯한 주요 안보 사안에서 집단안보조약기구(Collective Security Treaty Organization, 이하 CSTO)의 역할을 높일 가능성이 있다. 실제로 러시아는 〈정보안보 분야의 집단안보조약기구 국가 간 협력 규정(The Regulation on Cooperation of Member States of the Organization of the Collective Security Treaty in the Field of Information Security)〉을 발표하여 회원국 간의 정보보안 협력을 강화해갈 것임을 재차 강조하였다.

또한 최근 중국과 긴장 관계에 있는 인도가 상하이협력기구에 가입한 것은 러시아가 중국을 견제하기 위한 전략의 일환으로 평가되기도 한다. 2017년 6월 인도와 파키스탄이 상하이협력기구에 가입하면서 상하이협력기구 내 동학이 변화할 수 있으며, 이러한 변화가 사이버 안보 의제에도 변화를 가져올 가능성도 배제할 수 없다.

특히 인도의 사이버 안보 정책은 시민, 기업, 정부에 안전한 사이버 공간을 구축하는 것을 원칙으로 삼고 있다. 인도는 사이버 안보 정책상 전략 사항으로, ① 안전한 사이버 생태계 창출, ② 사이버 안전 보증을 위한 프레임워크 창출, ③ 개방된 (기술) 표준 사용 장려, ④ 정책 프레임워크 강화, ⑤ 안전 위협에 대한 조기 경고, 취약성 관리 및 대응을 통해 안전 보증 메커니즘 창출, ⑥ 전자정부 보안성 강화, ⑦ 주요정보기반시설 보호 및 회복력 강화와 기타 연구개발, 공급망 안전, 인력개발, 사이버 안보 인식 제고, 민관협력 강화, 정보공유 협력 증진 등 ICT 기반시설 보호를 강조하여 정보주권을 강조하는 러시아와 중국의 사이버 안보 정책 기조와는 차이가 있는 것으로 보인다(양정윤 2019, 20).

## 3. 브릭스(BRICS)와 루넷(RuNet)

BRICS를 구성하는 러시아와 중국의 사이버 안보 전략과 목표, 수단은 위에서 살펴본 바 있으며, 따라서 여기에서는 BRICS 회원국 중 브라질, 인도, 남아프리카공화국의 사이버 안보에 대한 인식, 국익, 전략 목표, 수단을 먼저 확인해보고, 향후 BRICS 회원국 간 협력에 대해 검토해 보도록 한다.

브라질의 경우, 사이버 안보 제도화가 러시아, 중국에 비하여 다소 뒤늦게 진행되었다. 브라질은 사이버 안보상 대단히 취약한 국가로 알려져 있으나, 정부 수준의 정책 수립이 이루어지는 데는 다소 시간이 지체되었다. 2008년 룰라(Lula) 전 대통령의 두 번째 임기에 마련된 〈국방 전략(National Defense Strategy)〉에서 사이버 안보에 대하여 언급이 되었으나(Muggah and Thompson 2017), 브라질 내에서 사이버 안보에 대한 제도가 최초로 마련된 것은 스노든 사태로 미국의 검열에 대해 크게 알려진 2013년이었다. 이후 2016년에는 본격적으로 사이버 안보를 확보하기 위한 구체적인 방안이 마련되어 (1) 사이버방어센터 (Cyber Defense Center, CDCiber) 창설, (2) 연방 및 각 주 수준의 사이버 안보 역량 구축, (3) 정부와 민간 분야 간 협력 확대, (4) 사이버 안보와 관련된 독트린, 정책, 행정지시 수립 등에 대한 기초적인 원칙이 수립되었다(Hurel and Lobato 2018, 3). 2012~2016년간 브라질은 기술, 국방 분야의 협력과 조율을 통하여 사이버 위협에 효과적으로 대응하기 위하여, 연방공공행정처(Federal Public Administration, APF)는 주요 인프라 시설에 대한 사이버테러 등 사이버 위협을 국가안보, 국방, 위협의 우선과제로 선정하고 사이버 안보 분야의 정책과 전략을 적극 추진하였다(Hurel and Lobato 2018, 5).

2018년 보우소나루(Bolsonaro) 브라질 대통령은 당선인 시절부터 자신의 군인 경험을 강조하면서 사이버 안보를 우선과제로 삼겠다고 밝혔다. 그는 사이버 안보를 연방 수준(Federal level)에서 다루어 국가안보위원회(National Defense Council), 대통령안보내각(Cabinet of Institutional Security of the Presidency of the Republic), 브라질군 사이버방어센터(Cyber Defense Center of the Brazilian Army), 브라질정보국(the Brazilian Intelligence Agency), 브라질 법무부가 협력하여 사이버 안보 사안을 다룰 것을 약속하였다. 또한 외교정책상에서도 사이버 안보상 미국 및 이스라엘과 협력하겠다는 의사를 피력하였다. 극우 성향으로 알려진 그는 사회주의 국가인 중국이 브라질에 적대감을 품고 있다고 여기고 있으며, 미국과 이스라엘과의 협력을 통하여 사이버 안보를 확보하여야 한다는 입장을 밝혔다(Forbes 2018).

인도의 경우 2013년부터 명확한 사이버 안보 정책을 명시하였다. 2013년에 명시된 사이버 안보 정책에 따르면, 인도는 국민, 기업, 정부를 위한 안전한 사이버 공간 구축을 비전으로 삼고, 사이버 공간 내 정보와 정보 인프라 보호, 사이버 위협 방지 및 대응역량 강화, 국가 기구, 국민, 절차, 기술 및 협력을 통한 사이버 사건의 취약성을 줄이고 손상을 최소화하는 것을 미션으로 제시하였다. 인도가 명시한 사이버 안보 주요 목표는 다음과 같다. ① 국가 내 안전한 사이버 생태계 (Ecosystem)의 창출, 사이버 공간 내 IT 시스템과 거래 내 신뢰 구축, 국가경제 모든 분야에 IT 적용, ② 국제안보 표준에 부합하는 안보정책의 틀 수립 및 결과, 절차, 기술 및 인력에 대한 적합성 평가 방법 구축, ③ 사이버 공간 내 생태계 보장을 위한 규제 강화, ④ ICT 인프라를 향한 위협에 관한 전략 정보 획득, 효과적이고 예측 가능하며 예방적이며 회복을 위한 해결안, 위기관리 및 대응 시나리오 구축을 위한 국가 및 분야별 협력 메커니즘 강화 및 수립 등이다. 이러한 목표를 달성하기 위하여 인도는 △ 안전한 사이버 생태계를 구축하고, △ 정보 안보의 보장 틀을 구축하며, △ 공개 표준(Open Standards) 독려, △ 법제 강화, △ 조기 경보, 취약성 관리, 안보 위협에 대한 메커니즘 구축, △ E-거버넌스 서비스 안전 확보, △ 주요 정보 인프라 시설 보호, △ 사이버 안보 분야의 연구 및 개발 장려, △ 공급사슬(Supply Chain) 리스크 감소, △ 인재 개발, △ 국가 내 사이버 안보 의식 전파, △ 효과적인 민관 파트너십 구축, △ 정보공유 및 협력 등을 전략으로 제시하였다(Government of India 2013). 한편 인도는 사이버 안보 확보를 위한 효과적인 정부 간, 정부-민간 협력이 불가결해지고 있다는 점을 강조하면서 2020년 1월 새로운 사이버 안보 전략 정책을 공개하였다(Business Standard 2019).

남아프리카공화국은 2015년 9월 데이비드 마홀로보(David Mahlobo) 국가안보부(Minister of State Security) 장관이 서명한 〈국가사이버 안보정책틀(The National Cybersecurity Policy Framework, NCPF))을 발표하여 사이버 안보에 대한 기조를 밝혔다. 남아프리카공화국은 〈국가사이버 안보정책틀〉에서 사회의 기능이 정보통신기술에 크게 의존하고 있으므로, 사이버 안보의 위협은 실질적인 것이라고 본다. 또한 사이버 공간 내에서 자국 공공 및 민간 정보 시스템의 기능 저하를 목표로 다량의 사이버 공격이 이루어지고 있으며, 사이버 위협은 지구적, 국내 수준에서 해결되어야 한다고 여긴다. 남아프리카공화국은 정부 주도의 포괄적이고 통합적인 방식으로 사이버 위협에 접근하며, 국가안보국(State Security Agency)이 주최하는 사이버 안보대응위원회(Cybersecurity Response Committee)가 정책, 전략, 의사결정을 수립하여 사이버 위협에 대응하는 것을 원칙으로 삼고 있다. 남아프리카공화국은 국가, 공공, 민간부문, 시민사회, 특별 이익집단 등 모든 행위자가 사이버 안보를 위하여 협력하고, 사이버 범죄, 사이버 테러, 사이버전을 방지 및 해결하기 위하여 정보 수집, 조사, 법적 절차를 강화하는 것을 명시하고 있다(Government Gazette 2015).

각국의 사이버 안보 정책을 살펴보면, 모두 사이버 공간상에서의 위협을 안보 위협으로 인식하고 있으며, 이에 대응하기 위한 국가적 수준의 대응책을 마련하고 있음을 알 수 있다. 하지만 브라질, 인도, 남아프리카공화국이 지닌 사이버 공간에 대한 인식은 러시아, 중국과는 다소 다른 모습을 보인다. 앞서 언급한 것처럼 러시아와 중국은 사이버 공간을 국가의 영토와 같이 주권이 미치고, 국가가 통제할 수 있는 공간으로 인식하였으나, 인도의 경우 사이버 공간을 생태계(Ecosystem)로 규정하고 있다. 보우소나루 브라질 대통령의 경우, 강력한 극우적 정체성을 나타내며 러시아, 중국과 사이버 공간에 대한 공감대를 형성할 수 있을 것으로 보였으나, 그가 지닌 반사회주의 성향으로 인하여 중국을 적대감을 지닌 국가로 보았으며, 사이버 안보 확립을 위하여 미국, 이스라엘과 협력하여야 한다는 점을 강조하였다. 한편 남아프리카 공화국의 경우 부서, 안보국 차원에서 사이버 안보 정책이 마련되었으며, 국제 수준의 협력 의사를 열어놓고 있는 상황이다.

앞서 언급한 것처럼 BRICS 정상회담에서 발표된 선언서를 살펴보면 회원국들은 사이버 안보 공간에 위협이 존재한다는 점과 이러한 위협에 대한 국가 간 협력과 대응이 필요함을 공유하고 있다는 점을 확인할 수 있다. 2013년 〈더반 선언〉에서 BRICS 회원국들은 인터넷 공간의 중요성을 강조하고, 평화롭고 안전하며 개방된 사이버 공간에 기여한다는 원칙에 합의하였지만, 당시 선언에서는 이를 위하여 회원국들의 협력이 어떠한 방향으로 진행될 것인지에 대한 명확한 방향성을 제시하지는 못하였다. 2015년 러시아 우파에서 개최된 BRICS 정상회담에서도 각국 수뇌들은 글로벌 지식사회로의 전환 과정에서 인터넷 통신기술(ICT)의 도구적 역할을 인정하였으며, 다자주의적 인터넷 거버넌스를 지지하고, ICT를 활용한 안보와 관계된 정보를 공유하고, 사이버 범죄에 효과적으로 협력하여 대응한다는 점에 합의하였다는 것을 거론하였다.

오히려 사이버 안보상에서 BRICS가 주목할 만한 점은 러시아와 중국이 BRICS 내에서 자국의 사이버 안보의 규범과 논리를 확산하려 한다는 점이다. 2017년 3월 중국은 9월 중국 시아먼(Xiamen)에서 BRICS 정상회담 개최를 앞두고 사이버 공간 내 주권을 강조하고, 사이버 공간 거버넌스에 대해 논의할 것이라는 입장을 밝혔다(India Today 2017). 이에 러시아도 사이버 안보와 관련된 안건을 UN 총회와 BRICS 정상회담을 통하여 제시할 의도를 비쳤다. 2017년 UN총회와 BRICS 정상회담을 앞두고 안드레이 크루츠키흐(Andrei Krutskikh) 정보안보

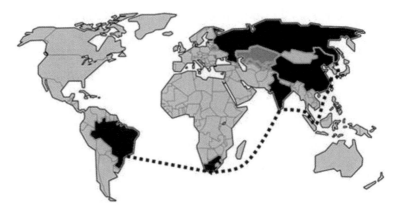

**그림 III-1** BRICS, CSTO, CIS 국가 연결을 상정한 시나리오
출처: Nikkarila and Ristolainen(2017).

국제협력 분야 러시아 대통령 특사(Special presidential representative for international cooperation in information security)는 사이버 안보 안건은 BRICS 정상회담과 UN 총회에서 논의되어야 한다는 점을 밝혔다(Sputnik 2017). 이에 따라 샤먼에서 개최된 BRICS 정상회담에서는 사이버 안보와 관련 현안이 논의되고 러시아와 중국이 강조해왔던 사이버 공간 내 원칙을 다른 BRICS 회원국들도 수용할지 여부가 관심을 모았다.

하지만 BRICS 정상회담에 참여한 다른 회원국들의 입장은 중국과 러시아가 원하는 바와는 다소 차이가 있었던 것으로 보인다. 샤먼 정상회담을 살펴보면, BRICS 정상들은 ICT 기반시설의 안보를 보장하는 국제적인 규칙의 설립을 지지한다는 점과 2017년 7월 BRCIS 안보 분야 고위정상회담에서 논의된 글로벌 거버넌스, 테러 대응, ICT 사용 안보, 에너지 안보 등에 대한 공동의 이해를 도출한 것을 환영한다는 수준의 내용만이 명시되어 있다(Ministry of Foreign Affairs of Brazil 2017). 2018년 BRICS 정상회담 이후 발표된 〈요하네스버그

(Johannesburg) 선언〉에서도 이전에 합의된 ICT를 활용한 안보 보장을 위하여 UN 내에서 책임감 있는 국가에 대한 규칙, 규범, 원칙이 논의되어야 한다는 점이 재확인되었다.

위에서 살펴본 것처럼 BRICS 내에서 사이버 공간에 대한 공통의 인식, 규범 등의 합의가 이루어지기 위해서는 지난한 과정을 거쳐야 할 것으로 보인다. 그럼에도 일각에서는 이러한 전망과 전혀 다르게 러시아의 인터넷인 루넷(RuNet)과 BRICS가 연결되는 것에 대한 강한 우려를 드러내고 있다. 니카릴라와 리스톨라이넨은 러시아를 비롯한 일부 강력한 국가들 혹은 일부 약소국들이 월드와이드웹으로부터 이탈하는 경우를 상정한 시나리오를 제기하였다. 여기서 일부 강력한 국가들은 러시아를 비롯한 중국, 인도, 남아프리카공화국, 브라질이 해당한다. 약소국들은 러시아 인근의 탈소비에트 국가들이며, 이들은 대부분 RuNet의 일부에 포함되어 있다. 해당 국가들은 서구와 비등한 수준의 인구, 인터넷 인프라를 구축하고 있으며, 자체적인 ICT 기술을 보유하고 있는 곳이다(Nikkarila and Ristolainen 2017, 6). 이들 간의 연결은 BRICS, CSTO, CIS가 합쳐지는 형태로 나타날 것이며, 이들 국가가 공유하는 사이버 공간은 매우 거대함을 유의할 필요가 있다.


## V. 러시아 사이버 안보 전략의 실행과 국제정치

### 1. 러시아와 사이버전/정보전쟁

러시아는 1990년대부터 정보전쟁(Information War)에 대하여 두 가지 측면으로 접근해 왔다. 정보-기술적(Information-technical) 측면과 정보-심리적(Information-psychological) 측면이 바로 그것이다(Thomas 2014, 101). 정보-기술적인 측면은 공격 혹은 방어를 목적으로 하는 바이러스를 개발하는 등의 접근 방식이며, 정보-정신적인 측면은 러시아의 전략 목표를 달성하기 위하여 청중의 심리를 움직이는 접근을 의미한다. 기술적인 측면에서 러시아가 정보전의 미래에 의미를 부여할수 있는 핵심 작용은 단순히 인터넷과 무선통신 인프라 구조를 물리적으로 통제할 뿐 아니라 본국으로의 케이블 접속을 선택적으로 불가능하도록 만들 수 있다는 데 있다. 정보전을 러시아에 적용할 때, 단순히 전시에만 국한되는 것이 아니다. 정보전은 갈등의 초기 국면에 한정되는 것이 아니라 적대감이 본격적으로 형성되기 전부터 시작되기 때문에 러시아는 실전을 위한 준비로써 정보의 가치를 매우 높게 평가하고 있다. 러시아는 적들과 대중 및 국제사회 모든 수준에서 그들의 인식과 행동에 영향을 미치는 임무를 수행하여 현재와 미래의 갈등에서 승리를 가능하게 하는 결정 요인으로 정보전의 중요성을 인정하면서 정보전에서 러시아가 적들보다 우위에 있다고 보고 있다.

러시아 내에서 정보전쟁의 중요성을 강조해온 인물은 안드레이 코코쉰(Andrey Kokoshin) 전 국방부 차관 겸 러시아 안보위원회 서기였다. 그는 정보전과 사이버 안보 관련 현안을 지속적으로 거론하였으며, 사이버 전쟁은 정보전쟁의 불가결한 요소라고 언급한 바 있다. 그는 2011년 5월에 진행된 인디펜던트 밀리터리 리뷰(*Independent Military Review*)와의 인터뷰에서 정보 갈등(Information conflict)은 과학기술적, 정치-심리적인 측면이 있다고 설명하였다. 이는 과거 러시아의 정보전쟁에 대한 정보-기술적 접근과 정보-심리적 접근의 범위를 확장한 것이라고 평가된다(Thomas 2014, 101).

러시아는 2009년 〈국가안보전략(National Security Strategy)〉,

2010년 〈동-서 컨퍼런스(East-West Conference)〉, 2010년 〈군사 독트린〉, 2011년 〈국제정보안보협약(Convention on International Information Security)〉, 2011년 〈행동 지침(Code of Conduct)〉, 2011년 〈정보공간 내 러시아연방군의 행동에 관한 개념관(Conceptual Views on the Activities of the Armed Forces of the Russian Federation in Information Space)〉 등을 통하여 정보전에 관한 개념을 사이버 안보, 사이버 심리전의 차원으로 수용하였다. 러시아는 위 법제를 통하여 갈등 억제와 방지, 해결을 위하여 사이버 공간을 활용한다는 법적 기반을 마련한 것이다(Thomas 2014, 110).

러시아가 우크라이나에서 관여한 정보전은 여러 유형이 있지만, 대표적인 것이 사이버전과 여론 조작이라고 할 수 있다. 우크라이나 내부의 친러시아 해커집단(Cyber Berkut)이 크림반도에 러시아군의 대대적인 병력증강이 이루어지기 전부터 우크라이나 정부 웹사이트에 DDoS 공격을 가하여 무력화시킴으로써 대상국 정부의 저항 의지를 상쇄하는 데 일조했다(Woo 2015, 388). 러시아가 사이버전과 관련하여 큰 두각을 드러낸 것은 2007년 4월 이루어진 에스토니아 DDoS 공격 사건에서였다. 당시 원격 네트워크와 IP를 은닉한 집단이 DDoS를 활용하여 에스토니아의 IDC와 상업용 사이트를 공격하여 마비시켰다. 원격 네트워크 사용으로 DDoS 공격이 이루어져 명확한 배후가 밝혀지지 않았으나, 러시아어 인터넷 포럼에서 에스토니아 DDoS 공격을 촉구하는 내용이 발견되어 러시아가 배후로 지목되었다. 당시 러시아는 유럽위원회(European Commission)와 NATO 관계자들이 러시아의 배후설을 증명할 수 있는 명확한 증거를 제시하지 못한다며 비난하는 한편 이러한 의혹을 전면 부정하였다. 당시 에스토니아는 정부, 경제 등을 인터넷에 크게 의존하고 있었으며, 당시 손해액은 대략 100만 달러(약 11억 7,200만 원)로 추정되고 있다(Herzog 2017, 68). 에스토니아 DDoS 공격 사태 이후 NATO 회원국들은 〈탈린 매뉴얼〉을 작성하여 사이버 안보에 대한 대응 원칙을 수립하였다.

러시아의 정보전은 2008년 조지아 전쟁을 거쳐 2014년 크림반도 합병을 거치면서 더욱 정교해졌다. 2008년 러시아는 조지아와의 전쟁을 수행하면서 정보전을 수행하는 모습을 보였다. 먼저, 러시아는 조지아 정부, 미디어, 금융기관을 비롯한 공공, 민간 목표를 대상으로 사이버 공격을 실시하였으며, 54개 웹사이트에 대한 조지아 국민들의 접근을 완전히 차단하였다. 또한 러시아는 정치 선전, 정보 통제, 정보전 등 정보-심리적인 작전을 통하여 조지아와 사카쉬빌리(Saakashivili) 당시 조지아 대통령이 공세적인 행보를 취했고, 러시아는 이에 대응하여 자국민을 보호하는 것이므로, 서구와 NATO가 러시아를 비판할 근거가 없다는 내용의 거짓 정보를 유통시켰다. 러시아의 텔레비전 자막, 군 대변인의 인터뷰 등이 러시아의 정보전에 적극 활용되었으며 그 결과 러시아를 비롯한 서구에서도 메드베데프(Medvedev) 당시 러시아 대통령이 사카쉬빌리 조지아 대통령보다 덜 공세적이라는 이미지가 만들어지기도 했다(Iasiello 2017, 52-53).

러시아의 사이버전은 중요한 정보를 탈취하는 것뿐만 아니라 탈취한 정보와 정보 탈취 행위의 선전적 가치를 활용하고 미래의 위기에 대응하는 것까지 포함한다. 사이버전에 대해 러시아가 중점적으로 관심을 갖고 실행하는 데에는 2014년 3월에 크림반도(Crimea)에서의 작전에서 정보를 거의 완벽하게 통제하면서 정보전에서 성공을 거두었던 경험이 크게 작용하고 있다. 정보전과 사이버전은 푸틴 대통령이 언급했듯이 다른 나라 국방력 발전의 계획과 지침을 고려하면서 러시아군의 전략을 수립하는 데 필수적이다. 그는 러시아로서는 정보의 우월

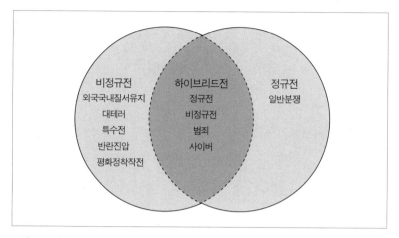

**그림 III-2** 하이브리드전 개념도
출처: Woo(2015, 385).

성에 입각하여 비대칭전을 수행하고, 상대적으로 비용이 덜 드는 정보
전에 주력해야 함을 역설했다. 우크라이나 사태 당시 러시아는 방송과
활자 매체에 대한 통제 뿐아니라, 명목상 독립적인 인터넷을 포함한 무
선통신망을 장악함으로써 크림이 외부세계에 뉴스를 독자적으로 내보
내지 못하도록 고립시키는 데 성공했다(Iasiello 2017, 55-57).

위를 통하여 알 수 있듯이, 러시아가 전개하는 정보전, 사이버 심
리전은 오프라인상에서 이루어지는 전투와 함께 이루어진다. 이러한
현상은 하이브리드전(Hybrid War)으로 개념화될 수 있다. 하이브리드
전이란 전통 군사력과 국가 및 비국가 행위자의 비정규 군사력(게릴라,
테러)의 조합으로 전투가 벌어지는 양상을 의미한다. 하이브리드전은
전술적인 차원에서부터 전략적인 차원까지 모든 수준의 전쟁에 포함
된다(Woo 2015, 384). 하이브리드전의 개념을 그림을 통하여 표현하
면, 〈그림 III-2〉와 같다.

러시아의 하이브리드전 전략이 가장 분명하게 나타난 것은 2014

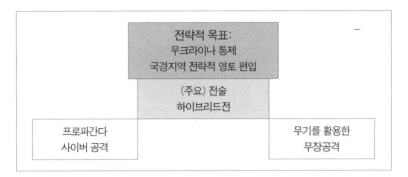

**그림 III-3** 러시아 하이브리드전의 실행
출처: Woo(2015, 386).

년 우크라이나 사태였다. 2013년 유로마이단 시위 과정에서 러시아는 우크라이나 내 자국의 영향력이 감소하는 것을 목도하였으며, 러시아는 서구와 우크라이나를 대상으로 하는 하이브리드전을 전개하였다. 러시아 정부 입장에서 크림반도는 정치적, 외교적, 정보적, 군사적 도구를 동원하여 가장 최소한의 강압적 압력으로 우크라이나를 분열시키는 지점이었다. 따라서 러시아는 사이버 공격을 통하여 러시아에 유리한 정치 선전을 실시하였으며, 동부 반군에 전투원과 무기를 지원하는 방식으로 하이브리드전을 전개하였다. 이를 정리하면, 〈그림 III-3〉과 같다(Woo 2015, 386-387).

프로파간다 차원에서, 당시 우크라이나는 국제적으로 자국의 목소리와 이미지를 구축하지 못한 상황이었다. 러시아는 이러한 정보의 공백을 공략하여 러시아 정부의 지정학적 요구에 부합하는 내러티브를 투사하였다. "우크라이나인들은 파시스트", "우크라이나는 나라가 아니며 침공당할 운명"이라는 식의 내러티브는 이러한 러시아 정부의 요구가 반영된 것이었다. 한편 분쟁지역화된 우크라이나 동부에서 러시아는 반정부 독립주의자들에게 군사적인 지원을 제공하였다. 이러

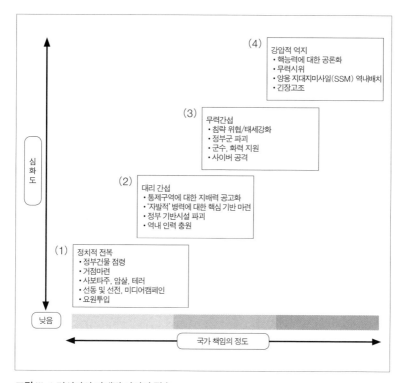

**그림 III-4** 러시아의 단계별 사이버 전술

출처: http://www.janes.com/article/49469/update-russia-s-hybrid-war-in-ukraine-is-working (검색일: 2014. 12. 15.)

한 지원에는 전투원, 러시아제 무기들이 포함되어 있었다(Woo 2015, 387-391). 또한 러시아는 상황에 따라 다양한 전술을 구사하였는데, 단계별로 구분된 러시아의 전술을 정리해보면 〈그림 III-4〉와 같다.

## 2. 러시아와 샤프파워

샤프파워는 2017년에 처음 소개된 개념으로 소프트 파워와 다르게 영향력의 발휘가 아닌 정보의 조작 등을 통해 원하는 결과를 얻을 수 있는 능력을 말한다. 샤프파워는 일반적으로 국가가 사용하는 권력으로, 정치적 영향력을 발휘하거나 강요하여 민감한 주제에 대한 논의를 통제하려는 시도로 나타난다. 일반적으로 국가의 소프트파워의 사용은 완전히 불법적인 것은 아니더라도 명확하지 않고 공개되지 않은 수단을 통해서 이루어진다. 샤프파워는 상대방의 혼란과 분열을 초래하고자 하는 의도로 구사된다는 점이 특기할 만하다(김태환 2018, 4). 소프트파워와 샤프파워를 비교해보면 〈표 III-1〉과 같다.

러시아가 이러한 샤프파워를 최초로 사용하거나 최초로 이러한 개념이 적용되는 국가는 아니더라도 정보기술 혁신과 더불어 미디어의 발전으로 인해 대중의 견해를 조작할 여지가 늘어난 현재 러시아가 취하는 사이버 안보 전략과 정책은 샤프파워와 수렴하는 방향으로 발전하고 있다. 기술의 발전은 러시아의 지정학적 야망 또한 러시아가 샤프파워를 추구하게 된 원인으로 작용한다. 특히 푸틴 3기 집권 체제에서 러시아의 지정학적 포부는 기술의 발전과 결합되어 외교 정책의 중요한 도구인 샤프파워를 형성한다.

민족주의 내지 포퓰리즘이 격앙되는 가운데, 국제정치 내에서 형성된 정체성의 맥락에서도 샤프파워가 차지하는 비중이 증가하고 있다. 정체성의 국제정치에서 러시아는 서방식 자유주의에 대한 대안을 제안하고 있으며, 이에 따라 국가들 간의 경쟁을 부추기고 가치와 아이디어의 충돌을 촉발시키고 있다. 민주주의 국가의 정치, 사회 특히 경제 제도 기능에 의문이 제기되면서 권위주의 국가의 정책결정자들은 민주주의에 대한 이데올로기적 대안을 개발하기 시작하였다. 이러한 맥락에서 러시아는 2차 세계대전 이후 서방 국가들에 의해 형성된 국제 규범과 그에 따른 가치에 도전하고 있다.

샤프파워를 형성하기 위한 러시아의 국가 메타 담론은 두 가지 요

**표 III-1** 우크라이나 사태에서 러시아의 전략, 전술, 수단

| | 소프트파워 | 샤프파워 |
|---|---|---|
| 주체 | • 국가<br>• 시민사회를 비롯한 비국가 행위자 | • 국가 주도 |
| 의도·목적 | • 상대방의 마음을 얻기 위해서 정보를 전파하고 영향력을 행사 | • 허위 정보나 정보의 조작을 통해 상대방을 호도하고 분열 조장 |
| 수단·자산 | • 문화, 가치, 지식 등 매력 자산 | • 문화, 가치, 지식 등 자산을 사용하지만 직간접적 압력과 보상을 수반 |
| 대상 | • 외국민 | • 외국민, 특히 정치인, 싱크 탱크, 학술기관, 언론인 등 현지의 여론 선도층 포섭<br>• 대상이자 수단으로 해외 교포 |

출처: 김태환(2018, 4).

소로 이루어져 있다. 첫째는 러시아의 지정학적 야욕과 결부된 유라시아주의이고, 둘째는 러시아의 전통적이고 보수적인 가치이다. 1920년대와 1930년대 유럽의 러시아 망명 지식인들로부터 유래된 유라시아주의는 1990년대 이후 소련의 해산에 대응하여 반등하였고, 극우적 정치성향의 알렉산드르 두긴의 이데올로기를 흡수하여 새로운 이념으로 발전하였다. 유라시아주의는 러시아를 포함한 중앙아시아와 극동 유럽 지역을 서구는 물론 아시아와 구별되는 독립 문명으로 인식한다. 이에 따라 유라시아주의는 유라시아 공간 내에 거주하는 여러 민족과 민족을 수용하는 범 유라시아 문명 정체성으로서 공동체적 정체성을 형성시킨다. 이러한 유라시아주의는 푸틴 3기 집권기의 유라시아 경제연합(EEU) 프로젝트에 반영되어 유라시아 지역을 통합하려는 시도에 이데올로기적 기초를 제공하고 있다.

푸틴은 2013년 발다이 토론 클럽 연설에서 EEU를 "새로운 세기와 새로운 세계에 유라시아 지역과 국민들의 정체성 보호를 위한 프로젝트"라고 규정하면서 "유라시아 통합은 구소련 공간 전체가 유럽이

나 아시아의 변방이 아닌 세계무대에서 발전의 독자적인 거점이 될 수 있는 기회"라고 주장하였다. 푸틴의 유라시아주의는 러시아의 정체성을 국가 문명이자 서구 이데올로기에 대한 대안이라고 강조하면서 러시아 문화의 우수성을 강조한다. 그가 강조한 러시아 문화는 가족, 국가, 기독교의 전통적이고 보수적인 가치에 기반을 두어 서구의 비도덕적 문화에 비해 우수하다는 것이다(Yablokov 2015).

샤프파워를 추구하기 위한 전략으로 러시아는 2000년대부터 미디어를 공세적으로 사용하고 있다. 각 러시아 해외 미디어 이니셔티브를 정리해보면, 〈표 III-2〉와 같다.

러시아는 2008년 조지아 전쟁 이후 해외에 대한 언론 공세에 나섰지만, 그 방향을 러시아를 알리는 것보다 서방을 비판하는 것으로 변경하였다. 예컨대, 러시아 국영 뉴스인 러시아 투데이는 "Question more"이라는 슬로건을 내걸고 서구 사회의 모순을 노출시킴으로써 서구 국가에 대한 불신을 증폭시키기 위해 노력했다. 러시아 투데이는 스스로를 대안 매체라고 선언하면서, 대안적 지도자로서의 러시아의 이미지를 구축하려고 노력하며 스푸트니크(Sputnik)와 같은 인터넷상의 국내 언론사와 협력하여 특히 미디어와 인터넷 네트워크가 느슨하여 정보의 사실확인이 어려운 동유럽 국가들을 상대로 선전성 뉴스를 제공하고 있다. 샤프파워의 수단으로 미디어가 활용되는 러시아만의 특징은 공세적인 '정보전쟁(Information Warfare)'에 미디어가 적극 동원된다는 점이다. 이는 2014년 우크라이나 사태와 2016년 미국 대통령 선거 개입을 통하여 대대적으로 드러나게 되었다. 다시 말해, 러시아 미디어의 활동은 정보공작(Covert Intelligence Operation)과의 경계가 모호하며, 비밀 사이버 활동을 통한 정보 유출, 정보의 공개, 공개적 선전, 트롤(troll)과 봇(bot)을 활용한 소셜 미디어 공세 등 사이버

**표 III-2** 러시아의 해외 미디어 이니셔티브

| 미디어 | 내용 |
|---|---|
| RT (구 Russia Today) | • 2005년 24시간 영어 국제 케이블 TV 방송으로 시작하여 영어, 아랍어, 독일어, 프랑스어, 스페인어로 100개국 이상에서 방송하고 있음. 2010년 RT America를 시작함<br>• 2005년 2,300만 달러였던 예산이 2001년 3억 8천만 달러로 증액되었고, 전세계 20개 지국에 2,000여 명의 직원 고용 |
| Rossiya Segodnya | • 2013년 국영 통신사 RIA Novosti와 Voice of Russia(Radio Moscow의 후신) 라디오 방송을 통합하여 발족함<br>• 2014년에는 멀티미디어 뉴스 에이전시 Sputnik를 발족하여 35개 언어로 웹을 기반으로 뉴스 및 웹 자료를 생성·전파함 |
| Russia beyond Headlines 프로젝트 | • 러시아 정부의 공식 신문인 Rossisskaya gazeta에 의해서 2007년 시작됨<br>• 워싱턴 포스트, 뉴욕 타임즈, 영국의 Daily Telegraph, 프랑스의 Le Figaro, 이탈리아의 Republica, 스페인의 El Pais, 독일의 Suddeutsche Zeitung과 같은 서구 유수 신문에 매월 8페이지의 부가지를 발행하였음<br>• 2017년 프린트 버전이 단종되고 Russia Beyond라는 온라인 버전으로 재브랜드화함 |
| 서구 주류미디어 매체 구입 | • Sergey Pugachev의 France-Soir, Alexandre Lebedev 영국의 The Independent 등을 인수함 |

출처: 김태환 2018, 18.

해킹과 신·구 미디어 공세를 결합하여 활용하는 양상을 보인다(김태환 2018, 18-20).

러시아의 샤프파워는 러시아의 영향력을 피력하는 것이 아닌 서구 국가의 신뢰도를 하락시키는 방향으로 이루어진다. 러시아는 서방 가치에 대한 이념적 대안을 제시하면서 서방 국가의 정치, 경제적 제도에 대한 신뢰를 훼손시키고 내부의 긴장과 불협화음을 증폭시키는 데 초점을 맞추고 있다. 예컨대, 2017년 페이스북이 공개한 바에 따르면 러시아 정보원이 동성애 문제, 인종 문제, 이민 문제, 총기 문제에 이르기까지 분열을 조장하는 사회 정치적 주제에 대한 광고에 수천 달러를 사용하였다.

**표 III-3 러시아와 '자연적 동맹' 관계에 있는 유럽 정당**

| 국가 | 정당 |
|---|---|
| 프랑스 | • Front National: 2014년 러시아 은행으로부터 9백만 유로 차관을 받음 |
| 독일 | • 극좌 Left Party, 극우 Alternative for Germany(AfD) |
| 영국 | • National Party |
| 이탈리아 | • 네오 파시스트 Forza Nuova; 우파 Northern League: 반이민 정책 주장; 포퓰리스트 Five Star Movement |
| 오스트리아 | • 극우 Freedom Party; FPO |
| 스페인 | • Carlist movement: 가톨릭-왕정제 지향 |
| 그리스 | • Golden Dawn |
| 스웨덴 | • 극우 Sweden Democrats(SD) |
| 헝가리 | • Fidesz: 전통적으로 반러시아 입장을 취했으나, 2010년 집권 이래 친러시아로 선회. 이는 주로 초보수적 이념과 가치에 의해서 추동된 것으로서, 폴란드 정부의 경우처럼 우파 기독교(주로 가톨릭) 전통주의의 표현임. <br> • Jobbik: 극우 전통주의 친러시아 정당으로서 두긴의 유라시아주의를 표방하면서 호모포비아, 반페미니즘을 내세우고 NGO 들을 외국 에이전트로 지목하고 있음 |
| 불가리아 | • Ataka |
| 슬로바키아 | • People's Party - Our Slovakia(L'SNS) |

출처: 김태환(2018, 31).

　　이른바 가짜 뉴스는 러시아가 사용하는 주요 여론 조작 전술로 이미 여러 차례 동유럽과 서유럽에서 사용된 바가 있다. 특히 러시아는 유럽의 난민 위기를 적극 활용하고 있는데, 친러시아 청중들을 자극해 러시아에 적대적인 서구 유럽 정권을 불안정하게 만들고 있다. 많은 유럽 국가들에서 러시아는 지역 반자유주의, 극우주의 혹은 극좌 세력뿐만 아니라 가톨릭 교회와 보수적 가치를 지지하는 NGO들과 결탁하여 지역 내 불안정을 촉발시킨다. 특히 발트 국가들과 중부 유럽 국가들에 대해 '신나치주의'에 대한 가짜 뉴스를 통해 정보를 조작하여 뿌리가 깊은 역사적 갈등을 이용하여 민족 간, 지역 간, 국가 간 분열을 조장하고 있다(김태환 2018, 21).


## VI. 맺음말

이상의 논의를 정리해 보면 다음과 같다.

첫째, 러시아의 대외 사이버 안보 전략은 1990년대 체첸 전쟁과 관련하여 반정부적인 기사를 통제하는 과정에서 나타난 러시아 정부의 정보에 대한 인식변화와 국내 정보 및 사이버 안보 전략과 궤를 함께한다.

푸틴 대통령은 〈정보안보 독트린〉에 서명하면서 러시아 국내에서는 보안국 산하의 정보보안 센터가 설립되었으며, 이들 기관이 국내외 정보를 통제, 관리하였다. 사이버 공간에서의 러시아의 국익은 러시아의 헌법질서의 불가침성, 주권, 독립, 정치적 안정, 국가 및 영통의 완전성을 포함하고 있으며, 이러한 맥락에서 해외에서 러시아 네트워크로의 침투는 곧 러시아의 주권을 훼손하고 내정에 간섭하는 행위로 규정된다. 이러한 러시아의 사이버 공간에 대한 인식과 국익은 러시아 외교정책에도 반영되어 있다. 2016년 발표된 〈외교정책 개념〉에서 러시아는 지구적 정보 공간 내 러시아 미디어의 입지를 강화하는 것, 사이버 공간에서 비롯된 위협에 대응하기 위한 조치가 필요하다는 점을 재차 강조한다. 또한 러시아는 사이버 안보 분야에서 유럽과 협력할 수 있다는 의사를 타진하였으며, 현재 러시아를 향해 진행 중인 미국과 서구의 정치, 경제, 정보 봉쇄는 지구적 안정성을 저해하는 행위라고 지적하였다.

둘째, 사이버 공간의 이중적인 특성인 은밀성과 책임소재의 불분

명성으로 인하여 사이버 공간상에서 미국과 러시아의 관계는 경쟁적
인 요소와 협력적인 요소를 모두 포함하고 있다.

사이버 공간상에서 미-러관계는 오프라인에서 나타나는 강대국
간의 세력 경쟁이나 지정학적 안보 경쟁과는 다른 양상을 보이며, 탈
지정학 또는 복합지정학의 모습을 띤다. 미국과 러시아는 2013년 양자
간 사이버 핫라인 설치, UNGGE 참여 등을 통하여 사이버 공간 내 표
준과 규범을 합의하기 위하여 협력하는 모습도 보이지만, 사이버 공간
을 둘러싼 양자 간 관계에서는 2013년 스노든 사태, 2016년 러시아의
DNC 해킹 및 대선 개입 등 긴장을 고조시키는 요인들도 존재한다. 이
러한 양국의 갈등 관계의 저변에는 2000년대 색깔혁명, 2008년 러시
아 조지아 전쟁, 2011년 NATO의 리비아 개입, 2014년 우크라이나 사
태에서 미국을 비롯한 서방의 정보 공세와 이를 위협으로 인식하는 러
시아의 위협인식이 깔려 있다. 양국 간 정치체제의 차이에서도 양국
이 보이는 견해 차이의 원인을 찾을 수 있다. 먼저, 미국은 개방된 자
유민주주의 체제를 지향하며, 사이버 공간상에서도 개인의 자유와 권
리, 정보 공유와 소통의 자유, 프라이버시 보호 등을 매우 강조하며, 사
이버 안보는 위의 자유와 권리 등이 부당하거나 불법적으로 침해되는
것을 의미한다. 한편 러시아는 사이버 공간상에서 주권을 강조하여 외
부 간섭으로부터 자유로운 인터넷 환경 구축 등의 노력을 기울이고 있
으며, 미국이 추진하는 민주주의와 개인주의의 확산 시도를 국가주권
에 대한 중대한 위협 내지 정권 전복 시도로 이해한다. 사이버 공간에
서 양국은 모두 사이버 전쟁이 이루어지고 있다고 여기고 있으며, 전
략 수단 강화를 위한 노력을 경주하고 있다. 미국은 사이버 공간의 패
권 장악을 글로벌 패권 유지의 일환으로 인식하고 있으며, 러시아는 사
이버 공간을 주권의 공간으로 인식하여 정보의 식민지화(information

colonialism) 등 자국 주권을 위협한다고 여기며, 정보의 격차가 러시아의 정치, 경제, 사회, 문화적 안정성을 저해하며, 이는 곧 전통적인 안보 위협으로 이어진다고 인식한다.

셋째, 사이버 안보와 관련하여 러시아와 중국은 국가주권을 강조한다는 점에서 인식과 목표가 유사해 보인다.

중-러 간 사이버 공간에서의 협력을 이해하기에 앞서 양국의 사이버 안보 인식과 목표가 미국·서방과 중-러 간 사이버 안보 경쟁 틀을 확인해볼 필요가 있다. 먼저 중국과 러시아는 미국의 사이버 공간 내 패권 확립에 도전하는 한편, 미국-서구와는 다른 사이버 안보 표준의 대안적인 틀을 제시하는 데 이익을 공유하고 있다. 이러한 이유로 사이버 공간에서 중-러 간 협력은 오프라인에서 이루어지는 미국-서구의 대안 세력으로서 중-러 관계와 같은 맥락에서 이루어진다고 할 수 있다. 양국 정상은 사이버 협정을 통하여 양국이 사이버 공간에 대한 인식과 이해를 공유하고 있다는 점을 확인하였으며, 향후 양국 간 사이버 안보 협력을 강화하기로 합의하였다. 중국과 러시아는 양자 측면뿐만 아니라, 다자 측면에서도 양국은 UNGGE, 상하이협력기구(SCO) 등을 통하여 사이버 안보 분야에서 긴밀한 협력을 진행 중이다. 이러한 양국의 협력에 미국 측은 중-러 간 사이버 협력에 대해 비판적인 입장을 보이고 있으며, 양국 간 체결한 협약 내용에 대해서도 협약의 내용이 중요한 것이 아니라 결국 미국의 힘을 축소시키고, 미국에 대해 내정에 간섭하기 위한 것이라는 반응을 보였다.

넷째, 러시아는 자국이 추구하는 사이버 안보의 원칙을 국제사회에 관철하기 위하여 UN과 국제사회에서 적극적 역할을 모색하고 있다.

2004년 수립된 UNGGE는 지역안보기구, 소다자를 넘어서 국제적인 차원에서 참여국가들의 의사가 반영될 수 있는 장이라는 측면에서 사이버 규범 및 안보 개념의 합의에서 중요성을 지닌다. 앞서 언급하였던 것처럼, UNGGE에서는 회의에 참가하는 미, 중, 러 등 국가 간 사이버 공간, 사이버 안보, 정보에 대한 인식이 대립되고 있으며, 이러한 대립은 미국을 중심으로 하는 서방진영, 중-러를 중심으로 하는 진영 간 견해의 차이로 확대되는 양상을 보인다. 미국을 중심으로 하는 서방 진영은 국제법적 대응과 〈탈린 매뉴얼〉을 근간으로 하는 사이버 공간상의 독자적인 규범을 구축하고 있다. 〈탈린 매뉴얼〉은 사이버 공간은 전쟁이 일어날 수 있는 공간이며, 동맹국들의 사이버 공격 및 침해에 공세적인 전력을 발동할 수 있는 근거가 된다. 러시아는 GGE 5차 회의 이후 UN 중심의 체제 확립을 위한 노력을 지속적으로 추진하고 있는데, UN 사이버 범죄협약안, 〈국제정보안보행동수칙〉 제출, 후속 GGE 또는 승계기관 설치 주장, GGE 합의 자발적 규범에 대한 총회결의 추진 등이 논의되고 있다. 러시아는 향후 국제법규를 만들어 사이버 위협에 대응하기 위해 UN과 SCO 내에서 군사 목적이나 범죄 또는 테러 목적으로 정보기술을 사용하는 것을 방지하기 위한 노력을 기울이고 있다. 러시아는 2020년 3월 이전에 사이버 공간에서 정보, 기술, 경제 정책의 주권적 권리를 강화하는 국제 규범의 초안을 작성할 계획이다.

다섯째, 러시아는 상하이협력기구(SCO)를 자국의 사이버 안보 전략을 대외적으로 구현하기 위한 중요한 수단으로 활용하고 있다.

상하이협력기구는 테러리즘, 분리주의, 극단주의를 3대 악으로 규정하고, 이에 대해 회원국 간에 공동 대응할 것을 천명하였으며, 2009년 예카테린부르크 정상회담에서 하이협력기구 회원국 간 〈국제정보 분야의 협력에 관한 협정〉이 체결되면서 사이버 안보 협력의 원칙이 합의되었다. 협정에 따라 상하이협력기구 간 정보 안보에 대한 개념과 규범, 협력의 방향이 설정되었으며, 이러한 협력을 진행할 수 있는 기반이 마련되었다. 이 외에도 상하이협력기구 회원국들은 2011년과 2015년 두 차례 UN에 〈국제정보안보행동수칙〉을 제출하였으며, 〈국제정보안보행동수칙〉 개정안에는 정보안보 위협에 대한 국가 행위와 이를 규정하는 규범, 신뢰구축조치 등 위협 대응을 위한 방법이 상세히 밝혀져 있다. 상하이협력기구에서 합의된 사이버 안보 관련 문건들을 살펴보면, 러시아가 주장하였던 사이버 공간에서 국가주권 수호가 반영되어 있다는 점을 확인할 수 있다. 상하이협력기구 내에서도 중국과 러시아의 인식과 이해가 공유되고 있다는 것을 알 수 있지만, 한편으로 러시아는 중국이 상하이협력기구를 중앙아시아 국가들에 대한 영향력을 확대하려는 수단으로 이해하고 있어 중-러 간 표출되지 않은 긴장이 존재한다. 최근 중국과 긴장 관계에 있는 인도가 상하이협력기구에 가입한 것은 러시아가 중국을 견제하기 위한 전략의 일환으로 평가되기도 하며, 인도의 사이버 안보에 대한 정책 지향이 상하이협력기구 회원국과는 다른 모습을 보여 향후 상하이협력기구의 사이버 안보 관련 기조가 어떠한 방향으로 나아갈지 귀추가 주목된다.

여섯째, 러시아에게 사이버전과 정보전쟁은 적극적 의미를 지닌다.

러시아의 사이버전은 중요한 정보를 탈취하는 것뿐만 아니라 탈취한 정보와 정보 탈취 행위의 선전적 가치를 활용하고 미래의 위기에 대응하는 것까지 포함한다. 사이버전에 대해 러시아가 중점적으로 관심을 갖고 실행하는 데에는 2014년 3월에 크림반도(Crimea)에서의 작전에서 정보를 거의 완벽하게 통제하면서 정보전에서 성공을 거두었던 경험이 크게 작용하고 있다.

일곱째, 러시아의 사이버 안보에 대한 적극적 대처는 러시아의 샤프파워를 강화시키고 있다.

특히 푸틴 3기 집권 체제에서 러시아의 지정학적 포부는 기술의 발전과 결합되어 외교 정책의 중요한 도구인 강력한 샤프파워를 형성하게 하였다. 민족주의 포퓰리즘이 격앙되는 가운데, 국제 정치 내에서 형성된 정체성의 맥락에서도 샤프파워가 차지하는 비중이 증가하고 있다. 정체성의 국제 정치에서 러시아는 서방식 자유주의에 대한 대안을 제안하고 있으며, 이에 따라 국가들 간의 경쟁을 부추기고 가치와 아이디어의 충돌을 촉발시키고 있다.

# 참고문헌

김대순. 2013. 『국제법론』. 삼영사.

김상배. 2018. 『버추얼 창과 그물망 방패: 사이버 안보의 세계정치와 한국』. 한울아카데미.

김상배. 2019. "미·일·중·러의 사이버 안보전략." 국제문제연구소 워킹페이퍼 No.118.

김소정·김규동. 2017. "UN 사이버 안보 정부전문가그룹 논의의 국가안보 정책상 함의." 『정치정보연구』 20(2).

김소정·김규동. 2018. "사이버 공간의 규범 형성을 위한 UN의 노력과 전망." 국제문제연구소 워킹페이퍼 No.96.

김소정·양정윤. 2017. "미국과 중국의 사이버 안보 전략과 한국의 안보정책에 대한 함의." 『국가안보와 전략』. 국가안보전략연구원.

김태환. 2018. 『중국과 러시아의 '샤프 파워'와 함의』. IFANS.

니콜라이 리톱킨, "러시아의 신 사이버 보안 독트린." Russia 포커스(2016.12.14.) (https://kr.rbth.com/politics/2016/12/14/reosiayi-sin-saibeo-boan-dogteurin_657803) (검색일: 2019.09.30.)

신경수·신진. 2018. "국제사회와 사이버 공간의 안보문제." 『국제·지역연구』 27(3).

신범식. 2017a. "러시아의 사이버 안보 전략과 외교." 김상배 편. 『사이버 안보의 국가전략: 국제정치학의 시각』. 사회평론아카데미.

신범식. 2017b. "러시아의 사이버 안보 전략." 『슬라브학보』 32(1).

양정윤. 2019. "상하이협력기구의 사이버 안보 논의: 러시아와 중국의 역할." 국제문제연구소 워킹페이퍼.

윤민우. 2019 "미러 사이버 안보경쟁과 중러협력." 국제문제연구소 워킹페이퍼.

Woo Pyung Kyun. 2015. "The Russian Hybrid War in the Ukraine Crisis: Some Characteristics and Implications." *Korean journal of defense analysis* 27(3).


Business Standard. 2019. "India to unveil cybersecurity strategy policy in Jan." August 28. ( https://www.business-standard.com/article/pti-stories/india-to-unveil-cybersecurity-strategy-policy-in-jan-119082801528_1.html) (검색일: 2019.10.19.)

Connell, Michael and Sarah Vogler. 2017. "Russia's Approach to Cyber Warfare." CNA Analysis and Solutions (March).

Ebert, Hannes and Tim Maurer. 2013. "Cyberspace and the Rise of the BRICS." *Journal of International Affairs*, October 12. (https://jia.sipa.columbia.edu/online-articles/cyberspace-and-rise-brics) (검색일: 2019.10.10.)

Facon, Isabelle. 2013. "Moscow's Global Foreign and Security Strategy: Does the Shanghai Cooperation Organization Meet Russian Interests?" *Asian Survey* 53(3).

Forbes. 2018. "Brazil's New President And The Changing Cyber Risk Landscape." November 27.

Government of India. "National Cyber Security Policy – 2013." (https://meity.gov.in/
    writereaddata/files/downloads/National_cyber_security_policy-2013%281%29.pdf)
    (검색일: 2019.10.19.)

Healey, John. 2017. "Cyber warfare in the 21st century: Threats, challenges, and
    opportunities." Testimony before the United States House of Representatives
    Committee on Armed Services (1 March).

Herzog, Stephen. 2017. "Ten Years after the Estonian Cyberattacks – Defense and
    Adaptation in the Age of Digital Insecurity." *Country in Focus* 3: 68.

Hurel, Louise Marie and Luisa Cruz Lobato. 2018. "A Strategy for Cybersecurity
    Governance in Brazil." INSTITUTO IGARAPÉ.

Iasiello, Emilio. 2017. "Russia's Improved Information Operations: From Georgia to
    Crimea." *Parameters* 47(2).

India Today. 2017. "China to Push 'Sovereign' Internet Vision at BRICS Summit." March
    2. (https://www.indiatoday.in/world/story/china-internet-vision-facebook-twitter-
    brics-summit-963464-2017-03-02) (검색일: 2019.10.20.)

Jackson School of International Studies. 2016. "China-Russia Cybersecurity Cooperation:
    Working Towards Cyber-Sovereignty." June 21. https://jsis.washington.edu/news/
    china-russia-cybersecurity-cooperation-working-towards-cyber-sovereignty/

Johnston, Alastair Iain. 2019. "China in a World of Orders: Rethinking Compliance and
    Challenge in Beijing's International Relations." *International Security* 44(2): 9-60.

Kshetri, Nir. 2014. "Cybersecurity and International Relations: The U.S. Engagement
    with China and Russia." FLACSO-ISA.

Libicki, Martin C. 2017. "It Takes More than Offensive Capability to Have an Effective
    Cyberdeterrence Posture." Testimony before the United States House of
    Representatives Committee on Armed Services (1 March).

McConnell, Bruce W., Pavel Sharikov, and Maria Smekalova, "Suggesting on Russia-U.
    S. Cooperation in Cyberspace." Russian International Affairs Council, East West
    Institute.

Medeiros, Evan S. and Michael S. Chase. 2017. "Chinese Perspectives on the Sino-
    Russian Relationship." NBR Special Report #66, The National Bureau of Asian
    Research.

Meyer, Paul. 2015. "Seizing the Diplomatic Initiative to Control Cyber Conflict." *The
    Washington Quarterly* 38(2).

Ministry of Foreign Affairs of Brazil. 2017. "9th BRICS Summit – BRICS Leaders Xiamen
    Declaration – Xiamen, China, September 4, 2017." September 04. (http://
    www.itamaraty.gov.br/en/press-releases/17427-9th-brics-summit-brics-leaders-
    xiamen-declaration-xiamen-china-september-4-2017) (검색일: 2019.10.20.)

Muggah, Robert and Nathan B. Thompson. 2017. "Brazil struggles with effective
    cyber-crime response." Jane's by IHS Markit. (https://www.janes.com/images/

assets/518/73518/Brazil_struggles_with_effective_cyber-crime_response.pdf)
(검색일: 2019.10.21.)

Nikkarila, Juha-Pekka and Mari Ristolainen. 2017. "'RuNet 2020' - Deploying traditional
elements of combat power in cyberspace?" in Juha Kukkola, Mari Ristolainen,
and Juha-Pekka. Nikkarila (eds.), *Game Changer Structural transformation of
cyberspace.* Puolustusvoimien tutkimuslaitoksen julkaisuja 10(Finnish Defence
Research Agency Publications 10), Finnish Defence Research Agency. pp. 30-31.

Office of the Press Secretary. 2017. "Statement by President Donald J. Trump on the
Elevation of Cyber Command."

Reuters. 2019 "Chinese, Russian cyber watchdogs meet in Moscow." July 17. (https://
www.reuters.com/article/russia-china-internet/chinese-russian-cyber-watchdogs-
meet-in-moscow-idUSL8N24I4RF) (검색일: 2019.10.10.)

SCO. 2017. "SCO attends international cybersecurity conference in China."
Shanghai Cooperation Organization, 2017.12.20. (http://eng.sectsco.org/
news/20171220/368561.html)

Security Council of the Russian Federation. Doctrine of Information Security of the
Russian Federation. (http://www.scrf.gov.ru/security/information/DIB_engl/
(검색일: 2019.09.30.).

Singer, Peter. 2017. "Hearing on cyber warfare in the 21st century: Threats, challenges,
and opportunities", H.A.S.C. No. 115-8 Committee on Armed Services House of
Representatives.

Sputnik. 2017. "Presidential Representative: Russia to Promote Cybersecurity at UNGA,
BRICS." August 28. (https://sputniknews.com/military/201708281056843131-
russia-promote-cybersecurity-unga/) (검색일:2019.10.20.)

Sputnik. 2018. "China to Continue Cybersecurity Drills Within SCO." March 13. (https://
sputniknews.com/asia/201803131062461140-china-sco-security-cyber-drills/)

Tass. 2019. "Russia, China can cooperate in cybersecurity, Internet of Things-Deputy
PM." June 16. (https://tass.com/economy/1064002) (검색일 : 2019.10.01.)

The Guardian. 2016. "Putin brings China's Great Firewall to Russia in cybersecurity
pact." November 29. (https://www.theguardian.com/world/2016/nov/29/putin-
china-internet-great-firewall-russia-cybersecurity-pact) (검색일: 2019.10.01.)

The National Cybersecurity Policy Framework(NCPF). 2015. Government Gazette,
December 4 . (https://www.gov.za/sites/default/files/gcis_document/201512/3947
5gon609.pdf) (검색일: 2019.10.19.)

The Washington Post. 2019a. "The U.S. is urging a no vote on a Russian-
led U.N.resolution callng for a global cybercrime treaty." Ellen
Nakashima(2019.11.17.)

The Wasington Post. 2019b. "U.N. Votes to advance Russian-led resolution a cybercrime
treaty." Ellen Nakashima(2019.11.20.)

Thomas, Timothy. 2014. "Russia's Information Warfare Strategy: Can the Nation Cope in Future Conflicts?" *Journal of Slavic Military Studies* 27: 101.

University of Torronto. "VII BRICS Summit: 2015 Ufa Declaration." (http://www.brics.utoronto.ca/docs/150709-ufa-declaration_en.html) (검색일: 2019.10.10.)

Wilson, J. R. 2014. "Cyber warfare ushers in 5th dimensional of human conflict." *Military & Aerospace Electronics* (19 December).

Yablokov, Ilya. 2015. "Conspiracy Theories as a Russian Public Diplomacy Tool: The Case of Russia Today (RT)." *Politics* 35(3-4)

Yuxi Wei. 2016. "China-Russia Cybersecurity Cooperation: Working Towards Cyber-Sovereignty." The Henry M. Jackson School of International Studies, June 21. (https://jsis.washington.edu/news/china-russia-cybersecurity-cooperation-working-towards-cyber-sovereignty/) (검색일: 2019.09.30.)

# 제4장   러시아의 사이버전

김규철 한국국방외교협회

# I. 머리말

21세기 들어 정보통신기술이 급속도로 발달하면서 군대 내의 평시 업무 환경이나 전쟁 수행에서 컴퓨터를 기반으로 한 임무수행체제가 확립되었다. 특히, 컴퓨터 기술의 발달로 과거 가상의 개념으로만 제시된 사이버 공간이 물리적 공간을 장악하고 일부 지역에서는 물리적 공간과 합쳐지기도 한다. 한 세대 전만 해도 군대에서 주로 수작업이나 서류를 기초로 이루어지던 작업, 예를 들면 기록 보관, 감시, 군사전략 및 작전계획 등이 컴퓨터 영역을 통해 이루어지고 있다. 동시에 사물 인터넷의 발전에 따라 다양한 무기와 장비, 지휘통제시스템이 인터넷에 연결되어 중앙의 서버나 네트워크에 연결된 다른 기기들과 통신하도록 프로그램화되어 있다. 이러한 네트워크가 존재하고 있는 컴퓨터 영역이 바로 사이버 공간이며, 그 공간에서 정보를 매개로 이루어지는 다양한 형태의 전쟁을 사이버전이라 한다. 전·평시 군사활동의 기본이라 할 수 있는 정보수집, 지휘통제, 사격통제 등 활동들은 정보통신 네트워크에 의해 각급 부대 간에 종적 또는 횡적으로 이루어진다. 이러한 활동은 사이버 공간에서 이루어지며, 전시에는 상대방보다 월등한 기술을 보유한 쪽이 열등한 쪽의 정보통신시스템을 파괴 또는 무력화함으로써 기본적인 군사활동을 방해하거나 불능 상태로 만들 수 있다. 따라서 사이버 공간은 취약하면서도 위험한 전장 공간이며, 평시에는 상대국의 목표를 공격 후 공격자가 관련 사실을 부인할 수도 있고, 전시에는 사이버 전사들에 의해 적국의 정보통신망에 침투하여 첩보 수집, 허위정보 살포, 심지어는 핵무기 오작동 유발 등으로 공격할 수도 있다.

사이버전은 재래식 전쟁과 다른 몇 가지 중요한 특징을 가지고 있다. 첫째, 사이버전에는 군인과 민간인, 개인과 국가라는 구분이 없다.

즉, 민간인이라도 컴퓨터를 사용할 능력이 있는 단 한 명의 해커가 적의 핵심 전산망을 해킹할 경우 해당 시스템 전체를 마비시켜 국가적 재앙을 초래할 수 있다. 이런 측면에서 사이버 전사의 파괴력은 과거 군대의 기동력을 초월한다. 둘째, 전장의 개념이 모호해지면서 동시에 전장이 크게 확대된다. 사이버전에서는 전쟁과 평화의 구분이 희미해지며, 사이버전을 통해 소위 '회색지대 작전'[1]이 이루어진다. 전쟁의 범위를 볼 때도, 기존의 재래식 전쟁에서는 적의 군대나 중요시설을 물리적으로 파괴하는 것이 주요 양상이었으나, 사이버전에서는 상대국의 군사지휘체계는 물론, 통신, 전력, 에너지, 금융, 수송, 의료체계 등 사회 전 분야의 기능을 파괴하게 되어 전후방의 구분이 없이 사회 전 분야와 전 지역이 전장이 되는 것이다. 셋째, 사이버전은 매우 저렴한 비용으로 전쟁 수행이 가능하다. 대량의 무기체계와 전쟁 비용 없이 컴퓨터, 소프트웨어, 해커에 의해 수행되는 사이버전은 소요되는 비용이 저렴하다(엄정호·김남욱·정태명 2020, 29-31). 넷째, 사이버전은 심리전 효과를 달성한다. 네트워크를 통해 허위정보나 조작된 자료를 전파하면 상대국의 국민이나 군의 사기 저하, 정세 오판 등을 야기할 수 있다.

　　러시아는 미국 및 서방 국가들과 달리 사이버전이라는 용어보다는 정보전이라는 용어를 사용한다. 사이버전과 정보전은 같은 내용을 지칭하는 두 개의 용어가 아니다. 사이버전은 정보전의 일부이다. 러시아는 안보사상 및 군사교리상 모든 수단의 통합을 통한 목적 달성을 추구한다. 따라서 부분을 일컫는 사이버전보다 더욱 포괄적인 의미

---

1　　회색지대 작전이란 정보전(사이버전), 전복전 등 기술을 이용하여 표면상으로는 평화로운 시위행위 또는 반정부 주장에 불과하지만, 사실은 특정 국가에 대해 전복 또는 해악을 끼칠 목적으로 수행하여, 무력을 이용한 공격 이상의 효과를 내는 작전형태를 말한다. 러시아는 미국이 2014년 우크라이나의 합법적인 정권을 교체할 때와 중동지역의 리비아, 이라크 등지에서 회색지대 작전을 사용했다고 주장한다.

의 정보전 차원에서 사고하고 행동한다. 그렇다면 정보전이란 무엇인가. 러시아의 사이버전 전문가인 아르타모노프에 의하면, 정보전은 적대적인 목적으로 정보를 이용하여 적에게 영향을 미치는 것으로서 특정 정보를 이용하여 상대 국가의 정치 사회적 불안정을 초래하는 행동을 말하며, 때에 따라서는 사이버전을 의미하기도 한다(Артамонов 2013). 러시아 국방부가 2011년에 발표한 '정보공간에서 러시아군의 활동에 관한 개념적 시각'에 의하면, 정보전이란 정보공간에서 국가 간 대결을 말하며, 그 목적은 ① 적의 정보시스템, 정보과정 및 자원, 중요 시설에 피해 야기, ② 정치, 경제, 사회체제 파괴, ③ 사회 및 국가의 불안정화를 위한 대규모 심리전 수행, ④ 공자(攻者)에 유리한 정책 결정 강요 등이다. 여기서 정보공간이란 개인 및 사회의 의식, 정보인프라 및 기존 정보에 영향을 주는 새로운 정보의 형성, 생산, 변형, 전달, 사용, 보존과 관련된 활동 분야를 말한다(러 국방부 2011, 5). 미국 해군대학 교수인 마틴 리비키는 정보전이 정보·감시·정찰, 사이버전, 전자전, 심리전 등으로 구성되며 개별적 활동보다는 통합적으로 운용되어야 한다고 주장했다(Libicki 2017, 49-50). 러시아의 술레이마노바와 나자로바는 정보전의 구성요소를 지휘통제전, 첩보전, 전자전, 심리전, 해커전, 사이버전으로 분류했다. 그들은 특히, 사이버전을 해커전과 구별하면서 컴퓨터의 자료를 탈취하여 적을 추적하거나 협박하는 것이 일반 해킹과 다르다고 하였다(Сулейманова и Назарова 2017, 4-5). 러시아의 정보전 전문가인 보로비요프는 특히 공격적 정보전을 강조했다. 그는 현대전에서 치명적 무기로 작용하는 정보 공격의 종류를 정보심리 공격, 향정신성 공격, 전자전, 컴퓨터 공격 등으로 분류하고 각 작전은 독립적 또는 상호 연계되어 각 군 작전과 합동으로 시행되어야 한다고 강조했다(Воробьев 2007, 15). 한국의 박상선은 인지적 영역을 전략적 수준으로, 물리적이고 정보적인 영역을 작전적 수준으로 분류하기도 했다. 그에 의하면, 전략적 정보전은 공공외교, 선전, 문화전, 심리전, 분란전 등이며, 작전적 정보전은 정보작전, 사이버전, 미디어전 등을 포함한다. 이와 같은 논의를 종합해볼 때, 정보전은 정보공간을 이용하여 전쟁 승리를 추구하는 것으로서 아군의 정보는 지키고, 적의 정보교류를 방해하여 의사결정 체계를 공격하는 것으로 정의할 수 있으며, 사이버전, 전자전, 심리전 등 다양한 형태의 하위 작전을 포함한다.

이 글의 주제인 사이버전은 정보전의 일부로서, 컴퓨터를 이용한 사이버 공간에서 적을 공격하여 적의 지휘 및 작전체계를 마비시키는 것이다. 러시아의 아르타모노프는 사이버전을, 컴퓨터 및 인터넷을 이용하여 적국의 국가 및 군사 기능과 생존 관련 중요시설인 발전소, 에너지망, 교통수단, 수원지, 가스관 등의 시설을 공격하는 컴퓨터 전쟁으로 정의했다(Артамонов 2013). 이처럼 전반적인 개념상 서방과 러시아의 용어 이해는 유사하다. 그러나 용어의 사용에 있어 러시아는 부분적인 사이버전보다 포괄적인 정보전 개념을 사용하고 있으며, 공식 문서에서는 사이버전이라는 용어를 사용하지 않고 있다.

이 글에서는 러시아가 군사 분야에서 사이버전을 수행하기 위해 어떠한 전략을 수행하고 있는지 밝혀보고자 한다. 사이버전은 정보전의 일부로서 적과 싸우는 방법의 하나이다. 서방 국가에서 논하는 사이버전에 대하여 러시아의 안보체계 또는 군사교리에서는 그것을 정보전의 일부, 또는 정보전으로 이해한다. 따라서 러시아의 사이버전을 논하는 이 글에서는 사이버전이라 쓰고 정보전 관점에서 논의를 전개할 것이다. 이 글의 시간적 연구범위는 인터넷이 발달하기 시작한 1990년대 후반부터 현재까지로 제한하기로 한다. 어느 국가의 군사전략을 파악하기 위해서는 병력과 무기, 이를 운용하는 전략, 과거 및 현재의 전투기록을 조사할 필요가 있다. 따라서 러시아의 사이버전 연구를 위해 러시아 군사독트린과 러시아군의 활동을 통해 드러난 사이버 전략, 사이버전 수행 역량, 과거부터 현재까지 러시아가 수행해온 사이버전의 실제를 고찰하고자 한다.

## II. 러시아의 사이버전 전략

러시아의 사이버전 전략을 파악하기 위해서는 먼저 전반적인 군사전략을 이해할 필요가 있다. 사이버전은 군사전략을 수행하기 위한 하부 전략 또는 군사전략의 이행 수단이기 때문이다. 러시아의 군사전략은 공식적으로 발표하는 '러시아 군사독트린'에서 찾아볼 수 있다. 현재 적용되고 있는 '군사독트린-2014'(이하 군사독트린)는 미국이나 기타 서방국가들이 사용하고 있는 군사독트린과 개념이 상이하다. 서방국가들의 군사독트린은 '군사교리'로 번역할 수 있으며, 일반적으로 전술 원칙과 군사력 사용의 규칙을 의미하고 있다. 그러나 러시아의 '군사독트린'은 법으로 강제되고 있는 정책문서로서 전쟁의 특징과 군사위협을 고려한 군사력의 건설 및 사용에 대한 공식적 방침이다. 이는 국가 안보에 관한 상위 문서인 국가안보전략 중에서 군사 분야의 세부적 실천방침이기도 하다.[2] 러시아의 군사독트린 또는 군사정책의 논리는 우선 정세판단을 통해 자국에 미치는 위협, 그리고 현대전의 특징을 평가한다. 그러한 기초 위에서 군사력 건설 또는 발전 과제를 선정해서 군사력을 준비하는 방향을 제시하는 것이다. 이러한 논리 속에서 사이버

---

2   "Военная доктрина Российской Федерации." 26. 12. 2014года, http://news.kremlin.ru/media/events/files/ 41d527556bec8deb3530.pdf. (검색일: 2020.10.10.)

전 관련 내용이 어떻게 표현되고 있는지 살펴보자.

첫째, 러시아는 정보공간에 대한 위협을 직시하고 있다. 러시아가 인식하는 세계정세는 전반적으로 영향력 경쟁과 긴장이 심화하고 있으며, 많은 지역분쟁에서 무력을 이용하여 해결하려는 경향으로 평등한 국제안보체제가 이루어지지 못하고 있다. 그러한 가운데, 군사위협이 러시아의 영토 내부 및 정보공간으로 이동하고 있다고 보았다. 정보공간으로 군사위협이 이동한다는 것은 적의 사이버 공격행위가 러시아의 정보공간을 위태롭게 한다는 의미일 것이다. 또한, 독트린에서 열거한 군사위협 총 22개 항목 중에서 사이버전 또는 정보전 관련 위협은 6개로서, ① 세계 및 지역 안정을 위협하는 정보 및 통신기술 사용, ② 러시아의 주변지역에서 합법적인 정권을 전복시키고 러시아 국익을 위협하는 정권을 수립, ③ 러시아에 적대적인 전복활동, ④ 국가시설 및 정보 인프라의 와해 기도, ⑤ 국민, 특히 젊은 층의 정신적, 애국적 전통을 침해하는 정보적 영향, ⑥ 국가 및 군사통제체제, 핵무기운용체제 방해 등이다.

이렇듯 러시아의 위협인식은 2014년 우크라이나 사태 이후 외국의 정보전 및 색깔혁명 기도에 대해서 국가적 정체성과 국민적 결속력을 수호하고자 하는 의지에서 도출된 것으로 보인다. 러시아는 2014년 3월 우크라이나 수도 키예프에서 발생한 유로마이단 사태와 돈바스 지역에서의 친러 자치공화국들과 우크라이나 정부군과의 무력분쟁 상황에서 미국을 비롯한 서방국가들이 강력하고 효과적인 정보전을 수행하는 것을 목격한 이후[3] 정보전 및 색깔혁명 대응에 중점을 두고 이

---

3    러시아는 군사적 수단과 비군사적 수단을 사용하여 적국에서 정보전을 수행하여 정권 교체를 일으키는 활동을 하이브리드전으로 간주하고 있으며, 친러 정권을 '불법적으로 교체'하여 친서방 정권으로 교체한 우크라이나 사태를 가장 성공적인 미국의 '하이

전의 '군사독트린-2010'을 급히 수정하여 새로운 '군사독트린-2014'를 12월에 발표하고 이어서 사이버 부대를 창설하고 국가적 차원에서 전반적인 정보안보를 기하기 위해 '정보안보 독트린-2016'을 제정하는 등 일련의 정보전 대비체제를 구축한 것으로 보인다.

둘째, 러시아의 군사전략은 현대전 양상에 대한 분석을 기초로 수립된다. 군사독트린은 현대전의 성격 열 가지를 열거했는데 모든 요소는 〈표 IV-1〉에서 보는 것처럼 사이버전이나 하이브리드전과 직간접적 관계를 맺고 있다. 그만큼 현대전에서 정보전 및 하이브리드전의 비중이 크다고 할 수 있다. 러시아 군사독트린이 제시한 현대전 특징을 평가해보면 다음과 같다.

① 군사 및 비군사적 수단의 통합적 운용은 러시아와 서방국가 전문가들이 '하이브리드전'에 대해 정의하는 내용이며, 러시아와 미국은 서로 상대방의 작전을 하이브리드 작전으로 부른다.

② 정밀무기와 정보통제 시스템 사용 조건에서 사이버전을 이용하여 상대방 무기와 사용 시스템 자체를 무용지물로 만들 수 있다.

③ 현대전의 전투공간은 우주 공간과 눈에 보이지 않는 사이버 공간을 망라하여 적을 공격한다. 특히, 핵전쟁 시 우주위성 및 사이버 공격으로 적의 핵무기 지휘체제를 교란할 경우 쌍방 모두 큰 피해를 볼 수 있다.

④ 선택적이고 신속 정확한 타격은 정밀무기로 선별된 표적에 대해 효과 위주 작전을 하는 것으로 사이버전의 영향을 받는다. 즉, 정밀무기를 통제하는 컴퓨터망을 해킹하여 엉뚱한 지역으로 무기를 발사

브리드전'으로 간주하고 있다. "Гибридная война: понятие, суть, особенности и методы противодействия." https://militaryarms.ru/geopolitika/gibridnaya-vojna/ (검색일: 2020.10.8.)

**표 IV-1** 러시아가 보는 현대전의 성격 10가지

| 순위 | 현대전 특징 | 사이버전과 관계 | 하이브리드전과 관계 |
|---|---|---|---|
| 1 | 군사 및 비군사수단의 통합적 운용 | ○ | ○ |
| 2 | 정밀무기, 신개발 무기, 정보통제체제 등 사용 | ○ | |
| 3 | 전투공간 확대: 지해공, 우주, 정보공간에서 적 공격 | ○ | |
| 4 | 선택적이고 신속 정확한 타격 | ○ | |
| 5 | 군사행동 준비 및 수행시간 축소 | ○ | |
| 6 | 지휘통제 자동화 | ○ | |
| 7 | 상대방 영토에 군사전투지역을 지속적으로 형성 | | ○ |
| 8 | 비정규전부대 및 사설 무장부대의 전투 참가 | ○ | ○ |
| 9 | 간접적이고 비대칭적 방법의 사용 | ○ | ○ |
| 10 | 외부의 재정지원/조종을 받는 정치/사회조직의 사용 | | ○ |

출처: 러시아 군사독트린-2014 참조하여 필자 구성.

하도록 만들 수 있다.

⑤ 군사행동 준비 및 수행시간 축소는 과거의 대규모 군대 운용개념에서 탈피하여 상비부대 체제에서 지정학 상황에 즉각 대처하는 것을 의미하며 지휘통제 체계의 견고성을 필요로 한다.

⑥ 러시아는 지휘통제 자동화를 구소련 때부터 발전시켜왔으며, 핵전쟁 시 신속대응을 통한 피해 최소화와 상호확증파괴를 위해 긴요한 체제이지만, 사이버 공격을 받을 경우 의도하지 않은 상황을 일으킬 수도 있다.

⑦ 상대방 영토에 전투지역을 형성하는 것은 적의 국력을 소진시키고 유사시 전투력 소요를 비정상적으로 증가시킨다. 이는 하이브리드전 영역으로서 상대국 주변지역 또는 상대국 우방국가 내에 내전상황을 지속적으로 유지하려고 노력한다.

⑧ 비정규전부대 및 사설 무장부대의 운용은 하이브리드전의 필

수적 요소이며 미국이 목표 국가의 정권교체를 기도할 때 또는 러시아가 이를 방어할 때 사용한다. 2020년 리비아 내전에서 미국은 반정부 세력을 지원하고 러시아는 사설 무장부대(민간군사기업)를 보내어 정부군을 지원하였다.

⑨ 간접적이고 비대칭적인 방법의 사용은 전통적인 군사력 운용 개념을 떠나 자국에 유리한 수단과 방법으로 싸우는 것으로서 단독 또는 정규전과 병행하여 사용될 수 있다.

⑩ 외부의 재정지원과 조종을 받는 사회조직의 사용은 러시아 관점에서 볼 때 NATO가 주로 사용하는 방법으로 러시아의 정체성을 위협하는 간접적 내정간섭 또는 색깔혁명 수단을 의미한다.

셋째, 러시아군은 사이버전 위협과 현대전의 특징을 기초로 하여 사이버전의 구성요소인 방어, 첩보수집, 공격을 효과적으로 수행할 수 있도록 정책적으로 규정하고 있다. 군사독트린은 전쟁 억제 및 예방을 위해 현대적 기술 수단과 정보기술을 이용하여 군사정치 상황을 평가 및 예측을 하고, 도출된 위협에 대해 정치, 외교, 기타 비군사적 수단을 먼저 사용하여 무력화하고 군사력 사용은 최후의 경우에 사용한다고 규정하고 있다. 또한 잠재적국이 정보 및 통신기술을 군사정치 목적으로 사용함으로써 국제법을 위반하고, 주권 및 정치적 독립과 영토 완전성을 침해하거나 국제평화와 안전을 위협할 경우에 대비하는 것을 군의 과제로 삼고 있다(군사독트린 2014). 사이버 전력 건설의 최우선은 적국 및 적대적 세력의 사이버 공격에 대한 방어 활동에 중점을 두고 있다. 사이버 방어 활동의 기본방향은 ① 전략적 억제, 그리고 정보기술 사용에 따라 발생할 수 있는 군사분쟁 예방, ② 군대의 정보보안 시스템 향상, ③ 군에 대한 정보위협의 예측, 탐색, 평가, ④ 정보 분야에서 동맹국의 이익 수호 보장, ⑤ 국가 수호 관련 애국적 전통을 침해할

목적으로 수행되는 외국의 정보심리적 영향 무력화 등이다(정보안보 독트린 2016).[4]

군사독트린에서 선정한 군사력 건설 및 발전 과제 중에서 정보전에 관련된 내용은 ① 군의 정보안보 체제 보장 및 향상, ② 정보전 수단 발전, ③ 단일화된 정보공간에서 질적인 정보교환체제 향상, ④ 전술부대에서 전략부대에 이르기까지 전 제대의 무기 및 자동화 지휘를 위한 정보통제 체제 확립 등이다. 러시아는 외국과의 군사협력에서도 정보통신기술 관련 위협에 대응하기 위한 상호협력을 포함, 추진하고 있다.

정보전을 구성하는 작전은 대체로 사이버전, 심리전, 전자전 등으로 볼 수 있으며, 그러한 작전들은 네트워크중심전(NCW)의 성격을 띠고 있다. 네트워크 중심전은 모든 부대와 무기체계를 네트워크를 통하여 연결하여 신속 정확한 정보유통과 상황인식을 보장하고, 임무에 가장 적합한 전투력을 필요한 시간과 장소에 집중적으로 운용하여 군사력의 효율성을 극대화한다는 개념이다. 네트워크중심전은 탐지부대, 결정권자, 타격체를 모두 네트워크를 통해 연결해 전장인식 공유, 지휘 속도 향상, 작전템포 증가 등 작전 통합성 향상을 도모하는 것이다. 즉, 군사작전을 구성하는 탐지체계(정찰기, 무인 탐지장치 등), 지휘체계, 그리고 타격체계(각종 무기) 등을 IT와 네트워크 체계를 이용해 연결함으로써 효율적인 작전을 수행할 수 있도록 하는 방식인 것이다(이홍섭 2014, 110-111). 네트워크중심전과 유사한 개념은 소련의 브레즈네프 통치 시기인 1980년대 초 당시 총참모장 오가르코프(Огарков) 대장이 강조하기 시작했다. 그는 1977년부터 1984년까지 총참모장 직책

---

4  "Указ Президента Российской Федерации от 05.12.2016 г. № 646 Об утверждении Доктрины информационной безопасности Российской Федерации." http://kremlin.ru/acts/bank/41460 (검색일: 2020.8.20.)

을 수행하면서 군사혁신을 강조하였으며, 그 주요 내용은 지휘체제 자동화, 정보화, 정밀무기 개발, 레이저무기와 같은 새로운 물리원칙 적용 무기의 개발 등이었다. 일부 러시아 군사전문가들은 미국이 추진하고 있는 네트워크중심전은 오가르코프 대장의 전략을 훔친 것이라고 주장하기도 한다. 현대에 들어 러시아는 미국에 뒤처지기는 했어도 지휘체제의 향상을 지속 추진했다.

2010년 대규모 군개혁 당시 마카로프(Макаров) 총참모장은 지휘통제를 '네트워크 중심 원칙'으로 전환하여 모든 군관구가 디지털 장비를 갖출 수 있도록 추진하였다(우평균 2017; 2020). 러시아 군사전문가 콘드라체프도 러시아군이 새로운 컴퓨터네트워크 개발, 정보기술지원, 지휘통제 자동화 수단을 강화할 필요가 있다고 주장하였다(Кондратьев 2012). 이처럼 러시아가 10년 이상 지속해서 추진하고 있는 무기 현대화, 기본전투단위를 여단급으로 하는 경량화 시스템, 신기술 개발, 비접촉전투(non-contact warfare) 강조 등은 모두 네트워크중심전을 위한 것이다(이홍섭 2013, 110-112). 네트워크중심전의 핵심은 아군의 정보 네트워크를 보장하고 적의 네트워크를 파괴하여 전쟁 및 기타 작전에서 승리하는 것이며, 이는 최종적으로 정보전에서 승리를 가능하게 한다.

## III. 러시아의 사이버 공격역량 및 태세

러시아와 미국은 1990년대 중반 이후부터 컴퓨터 기술과 인터넷이 폭발적으로 발전함에 따라 사이버 공간이 군사 분야에 지대한 영향을 미칠 것을 예측하고 이에 경쟁적으로 대비했다. 양국은 각각 정보안보

(사이버 안보) 관련 전략문서의 제정과 함께 다양한 차원에서 논의를 진행했다. 러시아는 2000년에 핵무기 및 지휘시설 등 중요한 국가 및 군사시설에 대한 사이버 공격에 주목하여 정보안보 독트린을 제정했으며 이후 정보안보 환경 및 위협 변화를 고려하여 2016년에 개정했다. 개정된 정보안보 독트린에서는 정보기술의 발전과 함께 경제 및 사회조직의 기능이 향상되면서 새로운 정보 위협이 발생한다고 보았으며, 특히, 국경을 넘는 정보 교환이 빈번히 발생하는 것에 주목했다. 독트린은 정보기술이 지정학적 목적, 국제법에 어긋난 군사정치적 목적, 테러, 극단주의, 범죄 및 기타 비합법적 목적을 위해 사용되어 국제안보와 전략적 안정을 해칠 수 있다고 지적했다. 정보 분야의 위협 유형은 ① 외국 국가들이 군사적 목적으로 정보기술을 이용하여 러시아의 정보 인프라에 기술적 영향을 가하는 행위, ② 정보·심리적 영향을 미쳐 내부 및 사회상황을 불안정하게 하고 주권 침해, 영토적 완전성 침해, ③ 외국 매스컴이 러시아 정책에 대해 편파적인 평가, 러시아 매스컴에 대한 차별로 러시아의 미디어 활동에 지장을 주는 행위, ④ 러시아 국민, 특히 젊은 층에 대해 정보적 영향을 가하여 전통적인 러시아의 정신적 가치 희석, ⑤ 테러 및 극단주의 조직들이 정보 기제를 사용하여 사회분열 조장, ⑥ 외국 국가들이 정보기술을 이용하여 군사정치적 목적으로 국제법을 어기면서 러시아의 주권, 정치 및 사회 안정성, 영토적 완전성을 파괴할 목적으로 하는 활동 등이다(정보안보 독트린-2016).

정보안보 위협에 대응하기 위한 러시아의 노력은 2011년 이후 본격적으로 시행된 국가무장계획과 연계하여 이루어졌는데, 사이버 안보 관련 러시아의 주요 추진 사항은 다음과 같다. 첫째, 군사조직 구성 및 배치 합리화, 특히 항공우주방어체제 발전이다. 이는 전략억제력의 기본이며 이를 위해서는 적 미사일 발사 탐지 및 보복공격태세 유지가 중요하며 이를 위해 전략 미사일 기지의 시설과 무기, 통신시스템을 최상의 상태로 유지했다. 둘째, 군사정치과제 수행을 위해 정보공격이 이루어지고 있음을 고려하여 정보공간에서 위협 무력화, 특히 전략시설 정보체제에 대한 보호 수준의 향상을 추진했다. 대표적으로, 핵무기 운용 관련 시설의 지휘통제 및 발사를 보장하기 위해 적 사이버 공격을 차단하기 위한 대책을 마련했다. 셋째, 각종 무기 및 장비의 기술수준 향상을 도모했다. 사이버 관련 장비는 주로 통신 및 암호장비이며, 러시아는 국가무장계획을 통해 러시아군 보유 장비의 현대화를 추진하였다. 넷째, 군사과학단지를 조성하여 첨단기술 연구시스템을 갖추고 젊은 전문가 영입 및 업무 강화를 추진하였다.[5] 러시아군은 2013년 푸틴 대통령이 관련 사항을 지시한 이후 이를 실천하기 위해 노력했으며, 결국 2018년 6월에 크라스노다르주의 아나파시에 17헥타르(약 5만 평) 공간의 광대한 연구단지 '에라(Эра)'를 조성하여 국가적으로 유능한 수재와 과학자들을 영입하여 첨단 군사기술을 연구하게 하고 있다. '에라'에서 연구하는 군사기술은 지휘 자동화, 보안, 로봇, 관측, 생존성, 디지털, 생물학, 나노 기술 등이며 이 중에서 사이버 관련 기술은 지휘자동화 및 보안 기술에 해당한다.

　러시아는 사이버 안보 또는 공격 임무를 과거에는 연방보안국(FSB), 해외정보국(SVR), 연방경호국(FSO) 등 정보기관에서 수행하였으며, 2012년부터 사이버부대의 필요성을 공식적으로 논의하기 시작했다. 당시 부총리 로고진이 러시아군에도 사이버부대가 필요하다고 언급한 이후 2014년 1월 국방부 장관 쇼이구가 사이버부대 창설 명령

5　"Заседание Совета Безопасности." http://news.kremlin.ru/transcripts/18529 (검색일: 2020.9.24.)

에 서명했다.[6] 사이버부대는 총참모부 예하에 편성되어 적의 전자공격
으로부터 러시아의 지휘체제망을 보호하는 것을 주요 임무로 선정하
였다. 이후 사이버 위협이 증가함에 따라 2020년까지 각 군관구에서도
사이버 임무를 수행할 특수부대를 운용할 것이라는 보도가 나왔다. 군
관구 소속 사이버부대의 임무는 지역 내 정부기관 및 주요 군사시설에
서 사용하는 통신망과 네트워크 보호를 위해 바이러스 공격 등 사이버
공격 위협의 조기 포착, 국내 지역 네트워크를 이용하여 바이러스 및
외부접속 차단 등 주로 방어 임무를 수행한다고 알려졌다.[7]

러시아는 2012년 12월에 정보안보를 담당하는 정보안보위원회
를 안보회의 내에 설치하였다. 위원장은 안보회의 부서기가 맡고 위
원은 행정부, 의회, 중앙은행, 문화부, 교육과학부, 통신부, 비상사태
부, FSO(연방경호국), FSB(연방보안국), SVR(해외정보국), 대통령 행정
실, 총참모부 작전총국, 에너지 회사 등 약 40명으로 편성되어 정보전
의 공격과 방어를 통합된 개념으로 시행할 수 있도록 했다(대통령 명령
1711호, 2012). 전반적인 업무의 주무부서는 FSB이다. FSB는 과거부터
정보기술 및 정보안보 분야의 업무를 담당해왔으나, 2012년부터는 통
합된 기구 내에서 외교부, 내무부, 국방부 등 기타 기관들과 협력하여
종합적 대응을 하게 되어 업무의 효율성이 향상되었다고 할 수 있다.[8]

6   "В России появятся кибернетические войска."https://mirnov.ru/
    obshchestvo/v-rossii-pojavjatsja-kiberneticheskie-voiska.html (검색일: 2020.9.15.)
7   "Минобороны заявило о развертывании в 2020 году кибервойск в
    каждом из округов России."https://yandex.ru/turbo/overclockers.ru/s/blog/
    RoadToKnowledge/show/32490/ minoborony-zayavilo-o-razvertyvanii-v-2020-
    godu-kibervojsk-v-kazhdom-iz-okrugov-rossii (검색일: 2020.9.20.)
8   "Кибербезопасность РФ: Щит и меч для защиты информации." http://
    newsdiscover.net/news/read/Kiberbezopasnost_RF_Cshit_i_mech_dlja_zacshity_
    informacii.html?utm_source=warfiles.ru (검색일: 2020.11.4.)

　러시아의 사이버부대 창설은 주로 미국에 대한 위협인식에서 비롯되었다. 러시아가 파악하고 있는 미국의 사이버부대는 2006년에 창설된 688 전자정보단 예하 8개 여단 규모로 편성되어 임무를 수행 중이다. 미국은 이스라엘과 협동으로 컴퓨터 바이러스 스턱스넷(Stuxnet)을 만들어 2010년 이란의 부세르 원전 등 핵시설을 공격했다. 이에 따라 이란은 이후 1년 반 이상 원자력 프로그램을 중단시켜야 했다. 또한, 러시아는 미국이 아랍의 봄 이후 정치정세가 혼란해진 리비아에서도 '야간소음'이라는 비밀 사이버 공격을 시행한 적이 있다고 믿고 있다. 미국은 해킹 작전을 위해 러시아에서 '제우스(Zeus)'라는 명칭의 바이러스를 만든 유명한 해커를 매수하여 작전을 실시한 것으로 알려졌다. 러시아의 전문가들은 미국이 과거에 전문가들의 반대를 무릅쓰고 원자폭탄을 일본에 투하하면서 핵 시대를 연 것처럼 지금은 사이버 공격이라는 판도라의 상자를 열었다고 비판했다. 이제는 미국뿐 아니라 러시아, 중국, 인도, 브라질, 일본 등도 사이버 무기를 개발하여 사이버 군비경쟁 시대가 도래했다는 것이다.[9]

　푸틴 대통령은 「러시아연방 정보자원에 대한 사이버 공격의 탐지·예방·차단을 위한 국가체계 구상」을 2014년 12월 12일에 승인하였고, 이 규정에 따라 연방보안부(FSB) 산하에 '사이버 범죄 조정본부'를 설치, 국가기관 인터넷 홈페이지의 보안을 강화하는 조치를 시행했다. 이에 발맞춰 국방부에서도 2015년 2월 「2020년까지 러시아군 정보통신기술 발전 구상」을 발표하였다. 구상에 의하면, 러시아의 사이버 부대에는 수학, 프로그래밍, 암호학, 통신 및 무선전자전 분야의 최고 전문가들이 참여하게 되었고, 러시아의 사이버 전력은 사이버 전문

---

9　"В России появятся кибернетические войска." https://mirnov.ru/obshchestvo/v-rossii-pojavjatsja-kiberneticheskie-voiska.html (검색일: 2020.9.25.)

그룹과 각 군 부대들이 참여하는 다면적 구성을 갖추게 되었다. 2015년 3월 10일 로고진 부총리는 모스크바대학에서 개최된 사이버 안보 관련 회의에서 러시아의 사이버 안보 체제가 향후 스마트무기 시스템에 기초하여 구축될 것이며, 고도의 기술이 집약된 과정을 통해서 스마트무기가 생산될 것이라고 밝혔다. 결국, 러시아 사이버 부대의 창설은 국내외 사이버 위협에 대하여 이전의 수동적 태도를 벗어나 적극적 공세 정책으로 전환하게 되었음을 보여준다(신범식 2017, 155-156).

러시아의 군사문제 전문가인 샨체프(А. Шанцев)는 사이버전이 어떤 의미에서는 핵전쟁보다 더욱 파괴적이라고 한다. 왜냐하면, 사이버 공격에 방어할 수단이 없기 때문이다. 즉, 공격을 받을 수 있는 사이버 공간은 사회의 일상생활 전부를 포함하는데, 항공, 에너지, 통신, 은행 업무, 수송, 급수, 전력 등 컴퓨터를 이용하지 않는 분야가 없으며, 이는 모두 사이버 공격에 노출되어 있기 때문이다. 게다가 전 세계 모든 컴퓨터는 동일한 시스템과 운영체제, 동일한 광통신망을 이용하기에 외부 공격에 취약하다. 전략핵무기 운용에서도 공통적인 인터넷망을 사용하지 않고 자체 네트워크를 운용할 수 있는 국가는 2~3개국에 불과하며, 그런 선진강국들도 일반인의 인터넷은 공동 네트워크를 사용하기 때문에 해킹 및 바이러스에 취약하다. 역설적인 것은 컴퓨터 시스템이 모두 같으므로 가장 사이버 공격에 취약한 국가는 가장 컴퓨터가 발달한 선진국이다. 현재 가장 프로그래밍 기술이 뛰어난 국가는 러시아이며, 러시아는 이를 이용하여 다수의 러시아인이 미국의 저명한 회사에 취업하게 함으로써 다양한 첩보를 입수할 수 있다. 따라서 러시아는 미국 회사들을 파괴하지 않고 대신 자신들의 프로그래머들을 다양한 회사에서 일하게 하며 기술 첩보들을 수집할 수 있다. 중국의 우칭찬은 러시아의 위성항법시스템 글로나스(GLONASS)의 개발도 미국의 기술첩보를 수집한 결과라고 설명한다. 또 하나의 예로, 2014년에 미국은 비밀리에 해커들을 소집하여 미국 전략핵부대를 포함한 다수 기관에 대한 해킹 공격을 모의한 결과 대다수의 기관들이 무방비 상태였다고 한다. 당시 해커들의 절반 이상은 러시아 출신이었다.[10] 2015년 5월 뉴스위크(*Newsweek*)는 '러시아의 가장 훌륭한 무기는 해커'라는 기사에서 본격화되고 있는 사이버 전쟁의 가장 강력한 도전자로 러시아와 중국을 꼽고 있으며, 러시아의 해커들을 이 분야에서 가장 창의적이고 뛰어난 사이버 전사로 언급하였다(중앙일보 2015). 이처럼 사이버전 관련 러시아의 인적 자산이 미국에 잠재적 위협이 되고 있기에 미국은 러시아의 사이버전 능력을 위협적인 것으로 평가하고 있다. 최근 미국과 영국은 전 세계를 대상으로 한 러시아의 사이버 공격을 공동 비난하기도 했다.[11] 미국 상원 정보위원회 소속의 마크 워너(Mark Warner) 의원은 미국이 러시아보다 더 많은 국방비를 지출하면서 사이버 능력에서 러시아에 뒤지고 있다고 비판하기도 했다.[12]

러시아군은 2014년 12월 국방부 내에 국가방위지휘센터를 설치했다. 이 기구는 과거 총참모부의 중앙지휘소를 개선하여 24시간 운용하며 전략핵전력통제센터, 전투통제센터, 평시작전통제센터로 구성되며, 전·평시 각급 군부대 및 방산업체와 안보 관련 기관의 활동상황 유

---

10 "В России появятся кибернетические войска." https://mirnov.ru/obshchestvo/v-rossii-pojavjatsja-kiberneticheskie-voiska.html (검색일: 2020.9.25.)

11 중앙일보, 2018.4.17. "美英, 급증하는 러시아 사이버 공격 이례적 공동 비난." http://news.joins.com/article/22541753 (검색일: 2020.5.1.)

12 "Американский сенатор заявил о превосходстве России в киберпространстве." https://www.gazeta.ru/tech/news/2018/04/29/n_11473327.shtml (검색일: 2020.5.1.)

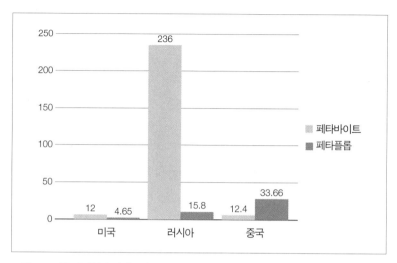

**그림 IV-1** 각국 국방부 슈퍼컴 용량 비교
출처: Сергей Черкасов(2015).

지 및 통제를 담당한다. 국가방위지휘센터는 대량의 정보를 체계적으로 수집, 분석한 후에 최단 시간에 정책 결정을 하는 것을 목표로 하고 있다. 센터의 주 업무는 슈퍼컴퓨터(supercomputer)에 의해서 이루어지고 있으며, 슈퍼컴은 러시아 전역에 산재한 데이터 센터 내의 슈퍼컴들과 네트워크로 연결되어 언론 및 각종 사회적 네트워크로부터 수집된 대량의 데이터를 분석하고 있으며, 전쟁과 전투 작전을 모의하는 데도 사용된다. 러시아의 슈퍼컴 시스템은 저장 용량이 236페타바이트(petabytes, PB)이며, 컴퓨터의 성능은 16페타플롭(petaflops)으로 정보처리속도는 1초에 국립도서관 50개의 정보량을 처리할 수 있다고 한다. 미 국방성의 경우 12페타바이트의 하드 디스크에 5페타플롭 정도의 처리능력을 갖추고 있다(우평균 2017, 223-225). 이러한 러시아군의 대량 데이터 처리능력은 사이버전 능력의 단면을 시사한다.

현시점에서 러시아의 사이버 공격역량을 객관적으로 측정할 수는 없지만, 군사과학 수준으로 미루어 볼 때 미국과 유사한 수준을 보유하고 있는 것으로 유추할 수 있으며 다음과 같은 능력을 보유하고 있거나 보유하려고 노력하고 있을 것이다. 첫째, 적국의 C4I(지휘, 통제, 통신, 컴퓨터, 정보) 시스템을 공격하여 장애, 마비, 파괴, 정보유출, 변경 및 삭제 등을 일으킬 수 있다. 둘째, 민간 사이버체계를 공격하여 군사작전 지원 차단, 유사시 군 사이버체계 대체 차단, 정보공유 방해, 충격 및 공포 유발을 일으킬 수 있다. 셋째, 군 전략무기체계를 공격하여 무기체계 통제 불능, 오작동, 오발사, 표적 상실, 명중률 저하 등을 일으킬 수 있다. 넷째, 안보지도부 및 고위급 지휘관에 대한 사이버 공격으로 의사소통 두절, 전투의지 상실, 투항 및 내분 유도, 군사기밀 누설 등을 일으킬 수 있다(엄정호·김남욱·정태명 2020, 21).

러시아의 사이버 공격능력을 기능 면에서도 설명할 수 있다. 사이버 공격의 대상은 주로 세 가지를 들 수 있는데, 이는 기밀성(Confidentiality), 가용성(Availability), 무결성(Integrity)이다. 기밀성 공격은 경제적, 외교적 스파이 행위와 관계되며 데이터 관련 정보를 빼 오거나 행동을 감시하는 노력이다. 가용성 공격은 대상국의 제도 및 시설의 기능을 방해하는 것으로서 디도스 공격과 같은 집중 방문이나 물리적 혹은 이에 의존하는 가상 프로세스를 이용하여 서버의 전원을 끄거나 무력화시키는 등 네트워크의 기능을 방해하는 행위이다. 무결성 공격은 대상국 정보를 변경시켜 상황인식을 바꾸거나 물리적인 장치나 프로세서를 파괴하는 행위로서 스턱스넷 공격이 대표적이다. 이러한 세 가지 요소와 관련, 러시아는 사이버 스파이 활동, 디도스 및 악성 바이러스 살포, 보안 취약요소 공격 등을 통하여 대상국의 기밀성, 가용성, 무결성을 공격할 수 있는 충분한 능력을 보유하고 있다(TEABEAMET 2016, 45-46).

러시아군은 정보전 수행능력을 강화하기 위해 실제 훈련에서 정
보전 요소를 참가시켜 훈련하고 있다. 2016년 9월 5일부터 10일까지
남부군관구에서 실시한 전략지휘참모훈련 캅카스-2016에서는 최초
로 정보전 훈련을 시행했다. 이때 국방부에서 예하 부대에 이르기까지
정보 및 전자전 부대들이 다양한 정보전 상황에서의 대응요령을 연습
하였다. 훈련 간 총참모부 작전총국이 주관하고 각 군관구에 설치된 정
보전 센터 관련 요원들이 상황을 처리하였다. 훈련 강평 시 총참모장
게라시모프 대장은 정보전부대는 포병, 미사일 등 화력수단과 동일한
위력을 갖고 있으며, 때로는 더욱 중요하다고 강조하였다.[13]


## IV. 러시아 사이버전의 실제

### 1. 모든 작전에서 통합성 추구

러시아의 정보전을 더욱 잘 이해하기 위해서 그들의 안보전략에 내
재해 있는 통합성 추구 성향을 살펴볼 필요가 있다. 러시아의 작전이
나 전략사상은 항상 통합을 추구하며 이는 일종의 총력안보 사상으로
볼 수 있다. 우선, 러시아의 전반적인 안보전략이 규정되어 있는 국가
안보전략-2015의 36조에 의하면, 전략적 억제와 군사분쟁 예방을 목
적으로 러시아에 대한 군사력 사용 방지, 주권 및 영토적 완전성을 수
호하기 위하여 정치적, 군사적, 군사기술적, 외교적, 경제적, 정보적 및
기타 수단을 종합적으로 계획 및 실천한다고 규정하고 있다(국가안보

---

13  "Военные РФ впервые отработали информационное противоборство на
   учениях Кавказ." https://tass.ru/armiya-i-opk/3619816 (검색일: 2020.11.5.)

전략 2015).

러시아의 정책결정체계에서도 안보전략이 통합되는 모습을 관측할 수 있다. 러시아의 안보전략 수립 과정에서 핵심적인 방향 제시를 하는 국가정책문서는 '국가안보전략,' '군사독트린,' '대외정책개념'의 3가지이다. 러시아의 안보정책 구조에서 '국가안보전략'이 상위문서이고 이에 따라 '군사독트린'과 '대외정책개념'이 정해진다. 러시아의 대외정책과 군사정책은 맥을 같이한다. 두 가지 모두 러시아의 '국가안보전략'이라는 대전략에 종속되고 있기 때문이다. '국가안보전략'은 "전략계획의 기본문서이며, 국가안보와 국가의 견고한 장기적 발전을 위해 국가이익, 국가전략의 우선순위, 대내외 정책의 목적, 과제, 수단 등을 규정한다"라고 되어 있다.[14] '군사독트린'에서는 "'국가안보전략,' '대외정책개념,' '해양독트린' 등을 고려했다"라고 되어 있다.[15] 즉, '군사독트린'은 군사 분야에서 '국가안보전략'을 실천하기 위한 전략이며 '대외정책개념'을 고려하여 작성하는 것이다. '대외정책개념'에도 "법적 기반은 헌법 등 법률과 국제조약, '국가안보전략,' '군사독트린' 등"이라고 명시되어 있다.[16] 이처럼 안보 관련 문서들은 '국가안보전략'을 정점으로 상호 긴밀하게 통합되어 있다.

대통령과 국방부 장관 및 외교부 장관은 공적, 사적으로 수시 접촉하면서 국익을 위한 대내외 활동에서 하나의 목표를 위해 분진합격 (分進合擊)하는 행태를 자주 보인다. 특히, 국방부 장관은 대통령과 휴

---

14  "Стратегия национальной безопасности Российской Федерации." 2015.12.31, http://www.kremlin.ru/acts/bank/40391 (검색: 2016.1.1.)

15  "Военная доктрина Российской Федерации." 2014.12.26, http://news.kremlin. ru/media/events/files/ 41d527556bec8deb3530.pdf (검색: 2014.12.27.)

16  "Концепция внешней политики Российской Федерации." 2016.11.30, http://www.kremlin.ru/acts/news/53384 (검색: 2019.3.8.)

가를 같이 보내기도 한다. 이들은 수시로 국가안보회의, 군사력발전 회의, 안보 컨퍼런스, 방위산업위원회 등에서 군사력 발전과 사용을 위해 협의하는 체제를 유지하고 있다. 특히, 대통령이 주관하는 국가안보회의를 매주 하면서 대내외 정책 방향을 조율한다. 이러한 통합성 추구는 국익이 충돌하는 국제관계에서 전술에 승리하고 전략에 실패하는 경우를 방지하며, 통합된 정보전을 보장한다. 요컨대, 러시아의 사이버전은 정보전의 일부이며, 국익 확보를 위해 정치, 외교, 군사, 경제적 능력을 통합 운용하되, 군사작전에서는 심리전, 사이버전, 전자전을 포함한 정보전, 군사력 시위 및 사용 등 모든 수단을 동원하여 전략적 목적을 달성하기 위해 노력한다. 러시아는 2008년 조지아전이나 2014년 크림 합병 당시 사이버전을 운용했지만, 전체 작전의 일부로 사이버전을 운용하였다. 사이버전은 유용한 수단이지만 단독으로는 이용하지 않는다. 따라서 러시아의 사이버전을 분리하여 단독으로 분석하는 것은 현명하지 않다.

## 2. 에스토니아를 대상으로 해킹 공격

2007년 4월 27일 에스토니아 정부가 제2차 세계대전 당시 독일로부터 에스토니아를 해방한 것을 기념한 소련군 병사의 동상을 이전함으로써 사이버 공격이 촉발되었다. 발트 3국의 하나인 에스토니아는 소련의 예하 공화국 시절부터 독립운동을 추진한 반러 국가로서, 소련군 병사의 동상이 그들에게는 소련 억압의 상징물이어서 교외로 이전을 추진했다. 그러나 러시아는 제2차 세계대전 당시 독일에 승리하여 에스토니아를 해방한 러시아인의 희생을 무시한 것으로 받아들였다. 에스토니아의 수도 탈린에서 러시아인으로 구성된 대규모 시위가 발생

하여 1,000명 이상 체포, 150명 부상, 1명이 사망했다.[17] 러시아 정부
는 에스토니아 당국의 인권 침해를 주장하면서 총리의 사임을 요구했
으며 모스크바 시민들은 모스크바 주재 에스토니아 대사관 앞에서 대
규모 항의를 하였다. 이때 사이버 공격이 병행되었다. 에스토니아 정부
및 관계 기관, 정당, 대중매체, 공공기관, 은행 등 웹사이트에 약 3주간
봇넷(Botnets)[18]을 이용한 대규모 디도스(DDos) 공격이 가해졌으며,
에스토니아 은행 피해만 100만 달러가 넘었다(쉬만스카 2019, 213). 당
시 에스토니아 외무장관 우르마스 파에트(Urmas Paet)는 즉시 러시아
를 지목하며 비난했다. 그는 디도스 공격을 통해 나라의 경제와 정부를
마비시키려 한 크렘린에 분노했다. 이에 대해 러시아 의회 두마 의원
세르게이 마르코프(Сергей Марков)는 에스토니아를 목표로 한 디도
스 공격이 러시아의 애국단체인 '나시(Наши)'가 자신의 지원을 받아
수행한 행동이라고 공개했다. 나시는 17~25세의 젊은이 약 12만 명으
로 이루어진 우파 단체로서 국가의 적이라 생각되는 상대에 대해 소위
'애국 해킹'을 한 것이었다(싱어 2014, 147-148).

당시 에스토니아 정보기관의 장은 이를 제3차 대전의 시작으로 불
렀다. 미국 전문가들은 사이버 공격에 러시아 해커 그룹 Z3X가 가담했
다고 판단했다. 해커들의 바이러스는 에스토니아 컴퓨터망들에 대해
단순히 오염시킬 뿐만 아니라 모든 프로그램을 복사하여 다른 수신자
들에게 전송하여 혼란을 일으켰다.[19] 이렇듯 러시아의 해킹 능력은 일

---

17　"Russia accused of unleashing cyberwar to disable Estonia." The Guardian
　　2007.5.17.https://www.theguardian.com/world/2007/may/17/topstories3.russia
　　(검색일: 2020.10.11.)
18　봇넷(Botnets)은 사용자 몰래 악성 소프트웨어의 통제를 받는 '좀비' 컴퓨터를 말한다.
19　"В России появятся кибернетические войска." https://mirnov.ru/
　　obshchestvo/v-rossii-pojavjatsja-kiberneticheskie-voiska.html (검색일: 2020.9.25.)

반적인 상상을 초월했다. 미국은 러시아 해커들의 능력을 인정하고 유능한 해커들을 포섭하기 위해 노력하고 있다. 중국군 사이버사령관 우칭찬은 한 인터뷰에서 러시아 해커들의 능력을 높이 평가했으며, 미국이 러시아 해커들을 포섭하는 것에 대해 그러한 행동이 미국의 치명적 약점이 될 수 있다고 평가한 바 있다.[20] 그 약점이란, 미국이 고용하는 러시아인이 이중간첩 역할을 통하여 미국의 사이버 시스템 관련 첩보를 획득할 가능성을 의미하는 것이다.

## 3. 조지아전에서 사이버 작전

러·조지아 전쟁은 북경 올림픽 개막일인 2008년 8월 8일 조지아가 남오세티야 자치공화국의 수도 '츠힌발(Цхинвал)'을 공격하자 러시아가 '평화강요작전'이란 이름으로 즉각 군사개입을 하여 남오세티야를 공격한 조지아군을 축출하고 5일 만에 러시아의 승리로 끝난 전쟁이다. 러시아는 지해공 작전과 함께 사이버전을 실시하여 조지아의 정부·언론·금융기관 웹사이트를 마비시켰다. 조지아는 당시 국제여론의 조성을 위해 해외에서 인터넷을 운용했으나 러시아의 사이버전으로 무력화됐다(한국전략문제연구소 2008, 242-243).

러시아는 디도스 공격으로 조지아의 대통령 웹사이트를 다운시켰으며 8월 8일에는 군사적 공격과 동시에 디도스 공격을 감행하였다. 조지아는 전반적으로 정보 인프라가 발달하지 않았기 때문에 여기서 러시아의 사이버전은 에스토니아에서처럼 정교하지 않아도 되었다. 조지아 전역에 있는 은행, 언론기관, 정부의 주요 행정부서 웹사이트에

---

20 "В России появятся кибернетические войска." https://mirnov.ru/obshchestvo/v-rossii-pojavjatsja-kiberneticheskie-voiska.html (검색일: 2020.9.25.)

**그림 IV-2 조지아전 당시 조지아 외교부 홈페이지**
출처: Cluley(2008).

대규모 접속시도가 발생하여 기능이 마비되었다.

특히, 조지아 외교부와 국립은행의 홈페이지는 샤카시빌리 대통령과 아돌프 히틀러의 사진으로 채워져 기능 발휘를 못하게 만들었다. 조지아에 대한 사이버 공격은 에스토니아에서 봇넷(Botnet)을 사용한 것과는 달리 적은 수의 컴퓨터를 사용하여 공격 사실을 숨기기 쉬운 SQL 인젝션 공격을 수행했다.[21] 조지아에 대한 러시아의 사이버 공격은 적의

---

21  Ashmore(2009, 10). 여기서 SQL인젝션 공격이란 보안상의 취약점을 이용하여 임의의 SQL 문을 주입하고 실행하게 해서 데이터베이스가 비정상적인 동작을 하도록 조작하는 행위를 말한다.

지휘 및 정보체계를 와해하기 위한 정보전의 일환이었다. 2007년 에스토니아 공격이 타 국가를 대상으로 민간인이 사이버 공격을 벌인 최초의 사례라고 한다면, 2008년 조지아에 대한 러시아의 사이버 공격은 정규군 무기를 이용한 군사적 공격과 사이버 공격을 결합한 사례이다.

## 4. 크림반도 합병 특수작전

2013년 11월 21일 친러 성향의 우크라이나 대통령 야누코비치가 이전에 약속했던 EU와의 협력협정 체결을 보류하고 러시아와 협력할 것임을 선언하자 친서방 야당과 대중들이 수도 키예프의 마이단 광장을 중심으로 대규모 반정부시위를 시작했다. 이후 약 3개월 동안 극우민족주의자 및 의회는 격렬한 시위를 벌였고 행정부와 내무군은 이를 진압하면서 유혈 충돌이 발생했다. 결국, 시위대가 승리하고 야누코비치가 러시아로 피신하면서 우크라이나에 친서방 과도정부가 들어섰다. 과도정부가 친서방 행보를 가속하자 크림 자치공화국은 위기감을 느끼고 주민투표를 추진하였다.

　러시아의 크림 지원을 위한 특수작전은 우크라이나의 정권이 교체된 2월 22일부터 시작되었다. 푸틴 대통령은 소치 동계올림픽(2.7-23)을 마무리하면서 쇼이구 국방부 장관 및 게라시모프 총참모장과 작전계획을 수립했다. 작전목표는 크림공화국의 주민투표를 보장하기 위하여 이를 방해하고자 하는 우크라이나군을 봉쇄하고, 서방을 비롯한 외국 정보기관에 러시아의 의도를 노출하지 않고 은밀하게 작전을 수행하는 것이었다. 러시아군이 공개적으로 크림반도에 병력을 투입할 경우 미국 및 NATO의 대응 행동으로 무력충돌도 가능했기 때문이었다. 러시아는 2월 말부터 3월 초 사이에 크림반도에 특수부대를 비롯하여 지상군과 해군병력을 비밀리에 증강했다. 당시 크림반도에 주둔한 러시아군은 12,000명이었다. 우크라이나와 협정으로 25,000명 이내로 제한했기 때문에 추가로 13,000명을 공개적으로 배치할 수도 있었으나, 만일의 사태에 대비하여 은밀하게 병력을 투입했다. 이때 서방의 주의를 분산시키기 위해 2월 26일부터 3월 7일 사이에 서부군관구와 중부군관구의 불시점검훈련과 북극해에서 공수부대의 대규모 낙하훈련을 시행했다. 불시점검훈련은 2013년부터 시행하기 시작한 훈련 방식으로서, 대통령이 직접 부대를 선택하여 비상을 걸고 임의 지형에서 임무수행능력을 점검하는 형태로 진행하였으며, 주변국 및 서방 국가들의 큰 관심을 끌었다(Широкорад 2014, 311-324).

이렇게 크림반도 병력 증강은 야간 위주로 은밀하게 이루어졌으며, 크림반도 내에 있는 우크라이나의 모든 부대와 우크라이나 해군 함정이 기동할 수 있는 주요 3개 항구, 외부에서 병력이 지원될 수 있는 공군기지들을 봉쇄했다. 이와 동시에 사전에 배치된 특수부대와 해군 보병이 주요목표를 장악하고, 지역 내에서 크림 주민들이 자발적으로 조직한 자경단과 함께 주민의 안전과 주민투표소를 지키면서 친러 분위기를 조성하였다(Баранец 2019, 197-205). 이렇게 러시아는 기민하게 크림 일대의 주요 작전지역을 장악함으로써 전격적인 합병을 성공시켰다(Norberg 2014, 41-55). 우크라이나와 서방 국가들은 크림반도에 대한 러시아의 의도를 파악하지 못한 상태에서 크림 주민은 3월 16일 주민투표를 안정된 상황에서 실시할 수 있었으며, 96.8%로 결과가 확정된 3월 17일에 러시아는 크림공화국이 독립 주권국가임을 인정하고, 3월 18일에 독립국 간의 조약에 의해 편입을 결정, 3월 21일 크림공화국을 러시아연방 행정주체로 편입하는 내용의 헌법을 개정하였다 (KIDA 2015, 86-90).

러시아는 군사력을 사용하여 ① 우크라이나를 압박, ② 양동(陽動)[22] 효과, ③ 지역 주민에 대한 지원, ④ 크림반도 내 주요 지역을 조기에 장악했다. 군사력 사용과 더불어 러시아는 고도의 선전 활동을 하여 군사작전에 유리한 환경을 조성하였다. 크림 주민과 크림 내 우크라이나군을 대상으로 정보 내용을 독점하여 전달하고 친 우크라이나 활동 내용을 억제함으로써 절대적으로 우세한 친러 분위기를 조성하였다. 우크라이나 측에서는 "러시아가 신문, TV, 라디오 등 대중매체에서 수많은 허위사실과 왜곡된 정보를 전달하는 고도의 정보전을 수행했으며, 우크라이나는 정보전에서 패했다"라고 인정했다(쉐겔 2014, 15-19). 러시아는 군사적 수단과 정치적 선전·외교 활동을 통합하고 작전지역 내 군관민 요소를 통합하여 군사적 저항 없이 단시간에 합병을 마무리하였다.

러시아의 특수부대원들은 '친절한 사람들(Вежливые люди)'이라는 별명을 주민들 간에 전파하고 극도로 절제되고 예의 바른 행동으로 크림 주민들의 환영과 사랑을 받았으며, 그들을 우크라이나의 압제로부터 해방해줄 사람들로 각인시키는 데 성공했다. 크림 주민들은 '친절한 사람들'과 사진도 찍고 주민들로 편성된 자경대는 그들과 함께 투표소와 주요 시설 경계근무를 같이 서기도 하면서 일체감을 가지게 되었다. 크림 합병 이후에는 '친절한 사람들'이라는 제목의 노래도 만들어져 현재까지 즐겨 불리고 있다.[23] 서방 국가들이 볼 때 이러한 활동은 러시아의 '하이브리드전'이었으나, 러시아 입장에서는 '조직적인 특

---

22 양동(陽動)이란 적을 속이기 위하여 주된 공격 방향과는 다른 쪽에서 공격하는 것을 말한다.

23 "Ансамбль Александрова исполнил гимн ≪Вежливые люди≫ в ≪Лужниках≫." https://www.youtube.com/watch?v=bpp8bHn0Yu8 (검색일: 2020.11.2.)

수작전'이었다.

크림반도의 친러 정서는 주민들의 민족구성을 보면 설명이 쉽게 된다. 크림반도 인구는 약 200만 명으로서 주민들의 민족 구성은 러시아인 58%, 우크라이나인 23%, 크림 타타르족 15%로 러시아인이 다수를 차지하고 있다.[24] 여기에다 러시아군의 성공적인 홍보작전으로 친러 여론을 굳힘으로써 독립을 묻는 주민투표에서 96.8%의 찬성을 얻을 수 있었다. 또한, 일반 주민뿐만 아니라 지역 내에서 근무했던 우크라이나 군인들의 합병 후 태도에서도 크림반도의 정서가 명확히 드러난다.

2014년 당시 크림반도에서 근무하는 우크라이나군은 정규군과 내무군, 정보기관을 망라하여 약 2만 명이 있었다. 러시아군은 우크라이나 '실로비키'[25]를 대상으로 일일이 면담하면서 주민투표의 당위성을 설득하여 우크라이나군의 무장 항거를 미연에 방지했다. 당시 크림반도 내 우크라이나 각급 부대에는 현 위치를 고수하고 무기를 사용해도 좋다는 명령을 받은 터였다. 그럼에도 불구하고 러시아군의 조직적인 심리전 활동으로 우크라이나군의 반항은 일어나지 않았으며, 도리어 많은 우크라이나군 병력을 러시아군으로 편입시키는 데 성공했다. 우크라이나에서 러시아로 소속을 변경한 군인은 9,268명이며 여기에는 우크라이나 흑해함대 사령관도 포함되었다. 특히 안보부(러시아의 FSB 해당)는 1,600명 중 1,400명이 러시아로 소속을 전환했으며, 경찰 12,000명도 러시아로 자진 편입하였다(Баранец 2019, 329-331). 이러한 상황은 정권을 교체한 우크라이나 신정부의 국민적 자존심과 사기

---

24  "Этнический состав населения. Народы Крыма." https://www.bigyalta. net/blog/etnicheskiy-sostav-naseleniya-kryma-natsionalnosti-kryma/ (검색일: 2020.10.15.)

25  무력을 의미하는 '실라(Сила)'에서 파생된 말로서 군을 비롯하여 경찰, 정보기관 등 무력을 소유한 기관에서 근무하는 인원을 '실로비키(Силовики)'라 칭한다.

를 치명적으로 손상함과 동시에 러시아가 시행한 특수작전의 성공을
단적으로 증명해주었다.

러시아군의 성공 요소는 크게 세 가지로 볼 수 있다. 첫째, 통합적
인 정보전력 운용이다. 러시아는 기밀을 유지한 가운데 전략적·전술적
기습을 하였으며, 장소, 시간, 방법을 자신에 유리하게 선택하였다. 불
안정한 환경에서 은밀하게 군사력을 증강한 후 우크라이나군에 대한
설득 및 강압, 주민을 대상으로 '친절한 사람들'에 의한 심리전과 매스
컴 활용을 통한 여론 장악 등 통합적 정보전을 운용하여 상황을 유리
하게 이끌었다. 푸틴 대통령은 과거 KGB 근무 경험을 기초로 정보전
에 있어서 기밀 유지와 지휘통일의 중요성을 인식하고 크림합병작전
을 직접 지휘했다. 둘째, 작전지역 내에 주된 군사기지를 사전부터 흑
해함대가 장악하고 있어 우크라이나군을 봉쇄할 수 있었다. 물론 지역
내 배치된 2만여 명의 우크라이나군에 대한 설득작업과 심리적 압박도
중요한 요소였다. 셋째, 크림반도의 크기가 비교적 작아($27,000km^2$)
제한된 병력으로 장악이 용이했고, 러시아와 인접하여 접근성이 양호
했던 점, 우크라이나군 및 정부의 취약성 등이다. 이러한 요소로 러시
아군은 크림반도를 장악할 수 있었으며, 크림 우크라이나군은 크림 합
병을 기정사실로 인정하고 대항하지 않았으며, 대부분 러시아군으로
자진 편입하였다.[26] 러시아군은 미국 장성이 청문회에서 고백한 것처럼
대담하고, 은밀하고, 신속하게 기동했으며, 늘 미군의 의도를 뛰어넘어
행동했다(Баранец 2019, 201).

러시아는 우크라이나 사태 과정에서 광범위하고 명백한 사이버
공격을 추구하지는 않았다. 러시아는 에스토니아, 조지아 때와는 달리

---

26  이바셴초프 전 주한 러시아 대사에 의하면, 러시아군 편입을 반대하는 10~15%의 군인
들은 본국 오데사로 이동했다(2015.11.27, 한국국제안보교류협회 정세토론회).

국제적 비난을 피하고자 했으며, 따라서 전략적 목적을 달성할 수단으로 소규모의 제한적인 사이버 작전을 적절히 활용하였으며, '친절한 사람들'과 같은 심리전 활동을 병행하여 목표를 달성할 수 있었다. 결국, 러시아는 수차례의 정보전 또는 사이버전 수행을 통하여 효과적인 통합전력을 창출하는 능력을 배양하였다(신범식 2017, 158).

러시아는 크림 합병 과정에서 작전지역의 상황과 여건에 따라 심리전과 사이버전을 배합하여 전략적 목적을 달성하는 통합된 정보전 능력을 보여주었다. 러시아 관점에서 크림반도는 과거 988년 블라디미르 대공이 세례를 받고 전 국민이 기독교를 수용한 성지(聖地)이며, 크림전쟁 당시 러시아의 대문호인 톨스토이 대위가 참혹한 전투 끝에 지켜낸 영토였다. 그리고 무엇보다 주민의 대부분이 러시아인이었기 때문에 적절한 홍보활동으로 주민여론을 '우크라이나로부터 독립 실행'으로 유도하고, 가장 우려했던 우크라이나 및 미국의 군사력을 이용한 선거방해 활동만 막으면 되었기 때문에 무리한 작전을 수행할 필요가 없었던 것으로 보인다. 러시아는 러시아에 유리하게 상황을 관리하고 서방이 군사행동을 하기 전에 기습적으로 주민투표를 치르고 이어 법적 절차를 밟고자 했으며, 이는 계획대로 이루어졌다. 여기서 강조할 것은, 러시아는 서방 국가들처럼 사이버전을 별도의 특정한 작전으로 고려하지 않고 하나의 광범위한 정보전을 위한 일부분으로 간주한다는 점이다. 따라서 서방의 사이버전과 러시아의 정보전을 동일시하는 것이나, 모든 러시아의 전략적 행동을 사이버전 측면에서만 바라보는 것은 옳지 않다.

## 5. 시리아 대IS(이슬람국가) 격멸작전 시 정보전 수행

2010년대 초에 발생한 소위 '아랍의 봄' 사태 이후 역내 국가들의 불안정 상황을 틈타 수니파 무장테러단체인 IS(이슬람국가)가 탄생했다. 반정부세력과 이슬람 수니파 세력들로 구성된 IS는 시리아와 이라크의 주요 도시를 거점으로 세력을 확장하여 2015년 가을에는 시리아와 이라크 영토의 약 80%를 장악하고 있었다. IS를 타도하기 위해 미국은 NATO 국가들과 함께 시리아와 이라크에서 강도 높은 군사작전을 1년 넘게 시행했으나 IS 세력은 여전히 위세를 떨치고 있었다. 시리아에서는 계속되는 내전과 대(對)IS 군사작전으로 약 1,200만 명의 국내외 난민이 발생하여 국제문제가 되고 있었다(김규철 2015). 미국은 2011년 리비아의 독재자 카다피를 축출하기 위해 군사적 강제조치로서 비행금지구역(no-fly zone)을 설치한 바 있으며,[27] 2015년에는 아사드 대통령을 제거하기 위하여 시리아에 대해 같은 조치를 시행할 준비를 하고 있었다.

　이러한 국제적 상황에서 창설 70주년을 맞는 UN 총회가 개최되었다. 푸틴 대통령은 2015년 9월 28일 UN 총회 연설을 통해 아랍의 봄 사태 이후 중동 및 북아프리카 일대의 혼란이 UN의 무력화로 인한 것이며, 그 책임을 냉전적 사고에 따라 UN을 의도적으로 우회하여 무력을 사용하는 미국 및 NATO에 돌리면서 비판했다. 특히, 당시 시리아와 이라크 일대에서 세력을 키우던 IS(이슬람국가) 위협을 지적하며

---

27　비행금지구역을 설치하면 해당 국가는 전투기와 헬기 등 공중무기와 장비를 전혀 이륙할 수 없지만, 강제력을 시행하는 국가들은 자유롭게 무력을 사용할 수 있다. 이에 따라 2011년 3월 비행금지구역 설치 이후인 10월 리비아 정부군은 패배하고 카다피 대통령은 사살되었다.

국제적 반테러 동맹을 결성하여 테러세력에 대항할 것을 촉구했다. 푸틴의 연설은 미국을 비판하고 중동의 혼란을 해결하자는 러시아의 기본 노선을 주장한 것 외에도 정보전과 관련된 또 다른 의미를 내포하고 있었다. 그것은 러시아가 이틀 후에 있을 전격적인 시리아 군사개입을 앞두고 사전에 개입의 정당성을 확보함과 동시에, 미국의 비행금지구역 설치 이전에 러시아군을 투입함에 있어 개입 의도를 숨기는 일종의 연막작전이었다. 마침내 9월 30일에는 러시아 공군에 의한 대IS 대규모 공습이 시작되면서 NATO에 의한 비행금지구역 설치는 이루어지지 못했으며, 아사드 대통령의 시리아는 IS에 대해 공세로 전환하여 대부분의 IS를 격멸하면서 정권을 유지할 수 있게 되었고, 러시아는 중동지역에서 영향력을 확보하게 되었다.

러시아군은 2015년 9월부터 약 27개월 동안 시리아에서 IS 격멸작전을 성공적으로 수행하고 2017년 12월에 전격적으로 주력부대를 철수했다. 작전에는 항공우주군, 전략폭격기, 카스피해 함대, 지상군 공병, 헌병부대, 특수부대 등 약 48,000명이 참가했으며, 폭격기의 공습과 '칼리브르,' '이스칸데르,' 전자전 무기 등을 사용했다. 시리아 작전의 특징적 측면을 보면, 일반 군사작전과 달리 공군이 주 작전을 수행하고 지상군과 해군이 지원하는 양상을 보였다. 지상군은 공수부대가 적지에 침투하여 표적 탐지 및 유도를 하고 전투기가 표적을 타격하는 정보-타격체제를 구사했다. 또한, 무인기 60~70대를 매일 활용하여 첩보수집과 표적 유도를 했으며, 무인기의 지원으로 지휘부에서는 실시간에 영상을 보면서 격멸작전을 수행하는 진화된 정보전 양상을 구현하였다(김규철 2018, 132-133). 작전 결과 IS 장비 8,000대, 무기 및 탄약 공장 718개소를 파괴하고 IS 요원 60,318명을 사살했다. 또한, IS의 수입원인 원유시설 396개소와 주유소 4,100개소를 파괴했다. 이

로써 1,024개 마을을 장악하여 130만 명의 난민을 본 거주지로 복귀시
켰다. 러시아군의 지원을 받은 시리아군은 2015년에 영토의 불과 10%
만 통제하고 있었으나 2017년 말에 시리아의 88% 지역을 회복했다.[28]
주력부대 철수 이후 러시아군은 흐메이밈 공군기지와 타르투스 해군
기지를 상시 운용하면서 시리아군 각급 부대에 군사 고문관을 파견하
여 작전을 지도하면서 정부군과 반군 간의 분쟁 조정, 시리아 난민 복
귀 및 인도적 지원을 주도하면서 중동지역에서 영향력을 확대하고 있
다(김규철 2020, 121-122).

러시아는 인도적 지원을 위해 UN 난민위원회와 국제적십자와 협
력하여 구호물자를 지원받고 자국 부담의 물자와 함께 난민들에게 제
공하고, 유럽지역으로 이주하거나 탈출했던 난민들을 원래 거주지로
복귀시키는 과정에서 러시아는 '평화 창조자(Peacemaker)'의 이미지
를 획득하고 있다. 그림에서 보는 것처럼 시리아 주민들이 받은 구호품
에는 "러시아는 여러분과 함께합니다"라고 적혀 있으며, 시리아 국민
은 러시아를 고마운 나라, 구세주와 같은 나라로 인식하고 있다. 이러
한 활동은 광의의 의미에서 정보심리전으로 볼 수 있으며, 지역 여론
형성에도 절대적 영향력을 미치고 있는 것으로 보인다.

러시아가 시리아에서 미국 및 서방보다 더욱 효과적 작전과 중동
지역 영향력 확대 등 전반적인 성과를 가능하게 한 이유는 무엇일까?
첫째, 복잡한 분쟁 구도 속에서 러시아 연합세력의 전투력이 더 강했기
때문이다. 시리아 정부군의 적은 IS와 반군이고, 반군의 적은 IS와 정부
군이다. 여기에 개입하고 있는 미국은 IS와 싸우면서 반군을 지원하고,
러시아는 IS와 싸우면서 정부군을 지원했다. 여기서 러시아가 지원하

---

28  국방부 확대회의. http://www.kremlin.ru/events/president/news/56472 (검색일:
    2017.12.22.)

는 정부군은 조직적이고 결속이 잘 되었지만 미국이 지원하는 반군은 그 반대였다. 반군은 온건 반군으로 알려진 자유시리아군 외에도 무슬림형제단, 이슬람전선, 시리아국민회의, 혁명반군민족동맹 등 대소규모의 다양한 그룹으로 구성되어 상호 알력 속에서 적대 관계를 유지하기도 하며, IS와 연계된 반군 단체도 있었다.

둘째, 정보능력의 차이다. 러시아는 바그다드에 있는 연합정보센터(러시아·이란·이라크·시리아로 구성)에서 IS 표적 위치와 동향을 종합하여 표적의 중요성에 따라 우선순위를 부여하여 타격했다. 게다가 러시아는 19세기 영토 확장 시기부터 소련 시기를 거쳐 CIS 평화유지 활동을 통해 지역 내의 민족, 종교분파, 지역 단체 간 분쟁 등 복잡한 내부 상황에 대한 정보자료를 축적했지만, 미국은 그렇지 못했다. 온건 반군 훈련프로그램의 무산, 민간인 시설 오폭, 비효과적 공습작전 등이 그 증거이다.

셋째, 러시아의 통합정보전이다. 러시아는 시리아에 개입하기 전에 실시한 전략지휘참모훈련 '중부-2015'에서 시리아 공습에 대비하여 다양한 시나리오로 사전 훈련을 완성했다. 또한, 사전에 서방 국가 몰래 라타키아에 비행장 건설, 상황별 예행연습, 푸틴 대통령의 UN 총회 연설에서 미국의 중동 정책 비판, 대테러작전을 위한 국제협력 주장, 기습적 공중타격, 카스피해에서 미사일 발사 등 러시아의 일련의 정치·군사적 활동은 군사개입이 정교한 시나리오에 의해 진행되었음을 보여준다. 결국, 시리아에서 러시아의 성공 요인은 주도면밀한 정보전 수행으로 귀결된다.

러시아는 사이버 공간에서의 여론조작과 선전, 선동의 가능성에 대해 주목하고 이를 전쟁의 범주에 포함시켜 보다 통합적인 전략을 발전시키고자 노력하고 있다(윤민우 2018, 102). 특히, 시리아에서 러시

**그림 IV-3** 서방 뉴스 보도 내용에 대한 러시아의 반박
출처: 러시아 국방부(2015.12.23.).

아군의 활약에 대해 서방 측 언론은 러시아에 이미지 손상을 가하기 위해 거짓 뉴스를 통해 러시아를 비난했고 러시아는 이에 대해 적극적 인 반박을 하기도 했다. 예를 들면, 2015년 10월 30일 미국이 운용하 는 자유유럽방송(Radio Free Europe)은 러시아의 알레포 공습으로 민 간병원시설이 파괴되고 최소 12명의 무고한 시민이 사망했다고 보도 하면서 러시아가 의도적으로 IS도 없는 지역의 민간시설을 공격하고 있다고 비난했다.[29] 그러자 러시아는 즉시 해당 지역의 항공사진을 촬 영하고 국방부로 내외신 기자들을 초청하여 자유유럽방송에서 제시한 파괴된 병원 사진은 러시아가 시리아에 개입하기 이전인 2014년 당시 의 사진임을 밝히며, 따라서 보도 내용이 거짓이라면서 서방 언론을 비 난하는 등 러시아와 서방의 정보전이 치열하게 전개되었다.[30] 이와 유

---

29 "Russian Raids Said To Deliberately Target Rebel Field Hospitals In Syria." https:// www.rferl.org/a/russian-raids-deliberately-target-syria-rebel-hospitals/27336044. html (검색일: 2020.10.15.)

30 "В Минобороны России прокомментировали доклад Amnesty International и подвели итоги деятельности ВКС РФ в Сирии с 18 по 23 декабря." https://

사한 사례는 이후에도 계속 발생했다. 이같이 강대국 간에 자국의 입지를 강화하고 상대방의 활동에 대한 의미 축소 또는 정보 왜곡을 통해 상대국의 이미지에 손상을 가하고자 하는 심리전 활동이 치열하게 전개되고 있다. 러시아는 군사작전 외에도 서방과의 선전전 및 여론전을 중요시하고 적극적으로 대응하고 있다.

## 6. 하이브리드전을 둘러싼 오해들

2014년 3월, 우크라이나 영토로 되어 있던 흑해 연안의 크림반도를 러시아가 기습적으로 합병하자, 서방세계는 러시아가 하이브리드전략을 이용하여 크림반도를 무력으로 강탈했다고 평가하면서 하이브리드전이란 용어를 광범위하게 사용하기 시작했다. 서방 학자들과 전문가들은 종전의 학설이나 이론으로 설명하기 어려운 현상에 직면하여, 선전포고 없이 벌어지는 전쟁에 하이브리드전, 전 영역(full-spectrum)전, 비선형전, 차세대전 등과 같은 수식어를 붙이며 심리적, 경제적, 군사적 활동뿐 아니라 언론, 법률, 사이버 등이 혼합된 모습의 실체를 적절히 묘사하기 위해 부심하고 있다(송승종 2017, 64). 그런 와중에 크림 합병 이후 지금까지 약 5년 이상 하이브리드전은 러시아군 총참모장의 이름을 따서 일명 '게라시모프 독트린'으로도 불리면서 러시아를 대표하는 '교활한(?)' 전술로서 많은 안보전문가들에게 각인되어 있다. 그러나 객관적으로 사실을 확인해보면 이는 사실이 아니다. 먼저 게라시모프 독트린부터 규명해보자. 결론적으로 말해서 게라시모프 독트린은 서방 전문가들이 실수 또는 부주의로 인하여 붙인 명칭이며, 러시아

function.mil.ru/news_page/country/more.htm?id=12072315@egNews (검색일: 2020.10.15.)

는 그러한 독트린을 만든 적이 없다. 그렇다면 어디서 어떻게 그러한 명칭이 나왔는가?

러시아군에서 전략전술의 연구 및 개발은 총참모부가 책임을 지며, 군사과학원은 총참모부의 지시를 받아 연구를 수행하는 학술기관이다. 군사과학원은 매년 초에 회의를 통해 군사교리의 연구 방향을 논의하며, 이때 총참모장이 참석하여 실무부대의 요구사항과 함께 교리의 발전 방향을 제시하고 있다. 2013년에도 총참모장 게라시모프 대장은 군사과학원 회의에 출석하여 연설했다. 연설의 주요 내용은 당시 아랍의 봄 상황에서 미국 또는 NATO가 정치적 목적을 위해 비군사적 수단을 이용하여 수많은 국가에서 소위 '색깔혁명'을 일으켜 합법적인 정권을 교체시키는 등 새로운 전략을 구사하고 있으므로 러시아는 이에 대비하여 군사과학을 발전시켜야 한다는 것이었다. 게라시모프 대장은 서방 국가들이 수행하고 있는 전쟁의 성격 변화와 비군사적 수단의 중요성을 강조하면서 이에 대한 준비가 필요하다고 역설했다. 그에 의하면, 21세기 들어 전쟁과 평화의 구분이 희미해지고 있으며, 전쟁이 선포되지 않았지만 이미 시작되었다고 주장했다. 특히, 북아프리카 및 중동에서는 정치적으로 안정된 국가들에서 색깔혁명으로 인하여 분쟁 및 혼란, 인도적 재앙, 내전이 발생하고 있다고 언급했다.

이렇듯 전쟁의 규칙이 본질적으로 변화하는 상황에서 게라시모프는 '아랍의 봄' 교훈을 통하여 21세기의 전쟁 모습과 특징을 정리했다. 게라시모프는 ① 현대전에서 군사력이 비표준적으로 사용되고 있으며, 그러한 비정규전이 정규전과 동일한 피해와 재앙을 가져온다고 단정했다. ② 또한, 현대전은 정치적, 경제적, 정보적, 인도적, 기타 비군사적 수단을 활용하되, 군사적 수단에 의해 보충되고 있으며, 은밀한 가운데 정보전 및 특수전이 수행된다고 주장했다. ③ 그밖에 현대전의

**표 IV-2** 서방 국가들이 수행하는 전쟁의 성격 변화(러시아 관점)

| 구분 | 전통적 형태 | 새로운 형태 |
|---|---|---|
| 정치목표<br>달성 수단 | 군사력 사용 | 군사력과 연계하여 정치, 외교, 경제,<br>기타 비군사수단 결합 |
| 군사행동시기 | 전략배치 이후 군사행동 개시 | 평시 배치부대의 군사행동 개시 |
| 전투 형태 | 지상군 위주 부대들이 전선에서 충돌 | 고속기동 비접촉전투 |
| 전투 형태 | 영토 탈취를 위해 적 병력/무기 파괴,<br>점진적 지형 확보 | 중요시설 타격으로 경제잠재력 약화 |
| 전투 형태 | 적 격멸, 경제력 파괴, 영토 탈취 | 정밀무기, 특수부대, 로봇 무기 등 사용,<br>민군 요소의 전투 참여 |
| 전투 공간 | 지상, 해상, 공중에서 전투 | 전 지역 및 정보공간에서 동시전투,<br>비대칭수단 사용, 간접행동 |
| 지휘 형태 | 엄격한 계층구조 하 지휘 | 단일 정보공간에서 지휘 |

출처: Герасимов(2013) 도표 내용을 필자 편집.

특징으로 단일 정보공간에서 행동하는 통합기동작전부대 역할 증대,
대규모부대 충돌 대신 비접촉전 위주 전쟁 수행, 전략·작전·전술의 구
분과 공격·방어 구분 부재(不在), 신무기와 대량살상무기 운용, 비대칭
행동 확산, 적 지역에서 상시 운용하는 특수부대 활동 등이 최근의 군
사분쟁에서 목격되고 있다고 주장했다(Герасимов 2013).[31]

　게라시모프는 서방 국가들이 수행하는 전쟁을 분석해보니 전쟁의
성격이 전통적 형태에서 새로운 형태로 변화하고 있으며, 특히 군사적
수단과 비군사수단을 결합하여 전쟁과 평화의 구분이 희미한 회색지
대로 만들어 상대국이 적절한 대응을 하지 못하도록 하고 있다고 지적
했다. 이에 따라 러시아는 서방이 시도하고 있는 새로운 형태의 전쟁에

---

31　게라시모프가 지적한 현대전의 특징은 주로 미국 및 서방 국가들의 행동을 지적하는 내
　　용이며, 러시아가 그러한 전술을 사용한다는 논조가 아니다. 그러나 국내 전문가들 사이
　　에서 이를 혼동하는 사례가 종종 보이고 있다.

대비해야 한다고 강조했다. 그는 미래전의 특징을 예측하고 이에 준비하는 것이 군사과학의 과제이며 2차대전, 아프가니스탄, 북캅카스에서의 비정규전 경험 활용, 아프가니스탄에서 기습 및 고속기동, 전술공수부대 운용 등 경험을 전술로 정립하고, 최근 발전하고 있는 로봇 및 인공지능, 무인기 등을 사용한 전투행동 준비를 포함하여 어떻게 싸울지 연구해야 한다고 강조했다(Герасимов 2013).

이처럼 게라시모프는 미국 및 서방의 전쟁방식을 비판하고 이에 따른 대비를 강조하기 위해 상기 내용의 연설을 했으나, 서방 전문가들은 그의 연설 내용을 도리어 '게라시모프 독트린'으로 칭하면서 러시아의 크림 합병을 소위 '하이브리드전'으로 언급하기 시작했다. 많은 러시아 연구자, 학자, 전문가들의 논문은 물론 심지어 서방 국가들의 공식문서에까지 게라시모프 독트린이 언급되기도 했다. 국내외를 막론하고 게라시모프의 발표 내용에서 주어를 뒤바꾸어 해석하고, 오해에 기초한 논문을 발표 및 인용하면서 현재까지도 부정확한 내용이 명확히 시정되지 않고 있다. 객관적인 사실을 다르게 알고 있거나 오도할 경우, 진정한 러시아의 의도나 전략을 파악할 수 없다. 다행히 또 다른 서방의 전문가들이 소위 '게라시모프 독트린'이라는 용어의 허구성을 밝히는 논문을 지속해서 발표하고 있다. 로저 맥더모트는 "하이브리드전은 러시아 군사이론에 없는 것이며, 게라시모프의 발표 내용은 미래전 양상과 군사과학의 함의를 언급한 것"이라고 단정했다. 그는 서방 국가에 대해 "자신의 문화, 심리, 제도적 프리즘으로 러시아를 평가하고, 거울 이미지에 의해 러시아 행동에 반응하는 것은 위험한 현상"이라고 지적했다. 또한, 러시아가 치명적인 새로운 하이브리드 전략을 고안했다는 것은 허구적 해석이며, 바로잡아야 할 실수라고 주장했다(McDermott 2016, 97-105). 미국의 찰스 바틀스는 서방의 독자들이 게라시모프의 발표 내용을 놓치거나 오해했다고 지적하면서 게라시모프는 미래전의 작전환경과 성격을 설명했을 뿐, 서방 국가에서 언급하고 있는 것처럼 새로운 전쟁방식이나 하이브리드전을 제시하지 않았다고 밝혔다(Bartles 2016). 토마스 티머시도 분석가들이 원본을 읽지 않고 제목으로만 내용을 판단하여 부정확한 설명을 했다고 지적했다(Timothy 2017). '게라시모프 독트린'을 최초로 언급한 영국의 저술가 마크 갈레오티는 "자신이 부주의하고 의도치 않게 '게라시모프 독트린'이라는 용어를 처음 사용했다"고 시인하며 초기 발표 내용을 수정하는 내용의 논문을 두 차례 발표했다(Galeotti 2018; 2020).

러시아의 안보지도부는 하이브리드전 관련 '러시아 위협론'을 생산하는 서방의 정치, 언론 및 학계 동향에 대해 다양한 경로로 반박을 해왔다. 푸틴 대통령은 2017년 프랑스 방문 당시 르피가로(*Le Figaro*) 신문과의 인터뷰에서 이와 유사한 발언을 했다.

> 하이브리드전 등과 같은 황당무계한 러시아 위협을 고안해낼 필요가 없습니다. 서방 국가들은 스스로 그런 것을 만들어내고 그다음엔 스스로 놀라서 그러한 위험을 근거로 또 정책을 만들고 있어요. 중요한 위협은 테러리즘입니다. 유럽, 파리, 러시아, 벨기에 등에서 테러가 발생하고 있고 중동에서는 전쟁을 하고 있습니다. 이런 것을 생각해야지, 여러분들은 러시아가 어떤 위협을 만들고 있는지 그것만 생각하고 있습니다(푸틴, 르피가로 인터뷰, 2017).

총참모장 게라시모프도 2019년 4월 모스크바 국제안보컨퍼런스 연설에서 하이브리드전 관련하여 서방을 비난했다.

하이브리드전은 러시아가 하는 게 아니라 서방의 특수부대가 오래전부터 시행해온 전술입니다. 미국은 마음에 들지 않는 국가들에 대해 작전지역에서 무장 반군과 불법 무장조직, 국민의 반대여론, 특수작전 등 하이브리드전 기술을 적극적으로 사용하고 있으며, 서방이 자신들의 행동을 은폐하기 위해 러시아를 근거 없이 비난하고 있습니다 (게라시모프 2019).

러시아는 우크라이나 사태가 미국 및 서방의 지원과 조종을 받고 있다고 믿고 있다. 미국 국무차관보 눌랜드는 1991년부터 2013년까지 우크라이나의 민주화를 위해 50억 달러를 투입했다고 밝힌 바가 있다. 또한 우크라이나의 극우민족주의 단체를 지원하는 미국 국가민주화 기금(National Endowment for Democracy)은 미국 정부의 자금지원을 받아 우크라이나의 시민사회 활동을 활성화하였다(Nuland 2013). 2014년 2월 야누코비치 대통령에 대한 우파들의 반정부시위 당시 눌랜드 국무차관보와 미국 대사도 시위에 참여한 바 있다. 미국은 친러 성향인 야누코비치 정권의 교체를 추구했으며 결국 목표를 달성했다 (Mearsheimer 2014, 78-81). 러시아는 우크라이나의 우파들이 미국과 서방의 적극적 지원을 받고 있으며, 우크라이나 사태는 러시아로부터 우크라이나를 분리하기 위한 공작, 즉 미국의 하이브리드전 수행의 결과로 믿고 있다(김규철 2017, 300).

하이브리드전은 새로운 것도 아니고 러시아가 고안한 것도 아니며, 전쟁이 존재할 때부터 이미 존재했다고 할 만큼 역사가 깊다. 하이브리드전은 대규모 정규전 대신에 대상 국가의 전복을 위한 정보작전, 사보타지, 해킹, 반정부 조직을 지원하는 행위, 정보왜곡, 경제제재, 에너지 공급 단절 위협 등 적대적 행동을 망라하는 개념이다(Popescu

2015). 세계적으로 하이브리드전에 대한 명확한 개념이 정립되지는 않았으나 이에 대해 많은 논문과 저서를 낸 프랭크 호프만에 의하면, "하이브리드전은 정치적 목적을 달성하기 위하여 재래식무기, 비정규전, 테러리즘, 범죄 행위 등을 동일한 전투공간에서 동시에 사용하는 전쟁"을 말한다(Hoffman 2009, 15).

러시아의 군사전문가 파나린도 하이브리드전 관련 논문을 통하여 그 연원과 정의를 밝혔다. 그는, 하이브리드전의 창시자는 영국이며, 18세기 제국주의 시대에 세계를 지배하면서 하이브리드 전략을 사용했다고 주장한다. 그에 의하면, 영국은 1816년부터 지금까지 반(反) 러시아 목적으로 하이브리드전을 사용했으며, 19세기의 유명한 영국 지도자인 파머스톤(John Palmerston, 외무장관 및 총리 역임)과 세실 로즈(Cecil Rhodes, 기업인)에 의해 양국의 지정학 대결인 그레이트 게임이 이루어졌다고 말한다. 특히, 당시 파머스톤은 폴란드에서 "러시아를 억제하지 않으면 세계가 어려워진다"고 선전하며 루소포비아(Russophobia, 러시아공포증)를 선동했으며, 이는 지금도 유효한 전략으로 간주하고 있다. 파나린은 서방이 하이브리드전을 시도하여 '혁명'이라는 이름으로 러시아를 약화시켰으며, 냉전 시기에는 이념과 경제적 행동으로 소련을 압박하여 결국 군비경쟁과 아프간 개입 유도 등으로 소련을 약화해 결국 붕괴시켰다고 주장하였다. 그에 의하면 소련은 서방의 하이브리드전의 희생자이며 현대 러시아에서도 동일한 압력을 받고 있다. 하이브리드전에 대한 파나린의 정의를 알아보면 러시아의 사고방식에 더욱 근접할 수 있을 것이다. 그는 하이브리드전을 색깔혁명 기술, 테러리즘, 극단주의, 특수작전 및 공공외교기구 등 모든 수단을 동원하여 국가 및 군사정치 블록 또는 다국적기업의 통일된 계획에 따라 상대 국가에 대해 군사력, 정치외교, 재정경제, 정보심리 및 정보기술 압력을 가하는 행위 또는 작전으로 정의한다. 하이브리드전의 목적은 국가 붕괴, 국가의 대내외 정책의 질적인 변화 유도, 대상국의 국가 지도부를 하이브리드전 시행 국가에 충성스러운 체제로 교체하며, 대외 이념 및 재정 경제에 대한 통제체제 구축, 국가 혼란 조성 또는 다른 국가 및 다국적기업에의 종속화 등이다. 최근 국제관계의 특징으로서, 서방이 러시아에 대해 강력한 정치, 정보, 경제적 압력을 가하는 것은 하이브리드전의 일부로서 유라시아 공간의 해체, 유라시아에 혼란 및 불안정 조성을 목적으로 하고 있다고 보고 있다(Панарин 2019).

하이브리드전은 세계 각국이 자국의 이익과 목적을 위해 보유하고 있는 수단과 방법을 총동원하여 구사하는 간접전략으로 볼 수 있으며, 이는 일반적인 현상이지 러시아의 고유 전략이라 할 수 없다. 그런데도 유독 러시아에 대해 '하이브리드전'을 강조하게 된 것은 2014년 우크라이나 상황이 게라시모프의 2013년 연설 내용과 유사한데다가 러시아의 크림 합병을 사전에 예측하거나 방지하지 못한 서방 국가들이 러시아 위협을 강조하면서 나타난 현상으로 판단된다. 여기서 주목할 것은 하이브리드전이 러시아 특유의 전술이 아니라고 해서 러시아의 전략이 치명적이지 않다는 것이 아니라는 점이다. 러시아는 군사전략에서 각종 분야의 통합성을 강조하고 있으며, 군사력과 비군사적 수단이 통합적으로 사용되는 현대전의 특징을 강조하는 것은 물론, 군사력 발전을 위해 각급 부대의 지휘통제 통합, 무기시스템 통합, 각종 지원체제 통합, CSTO(집단안보기구) 회원국의 노력 통합 등 군사작전에서 군사외교에 이르기까지 통합성을 강조하고 있다. 통합성이란 한 가지 목표를 위해 모든 병력 및 수단이 협동하여 전투행동에 참가하는 것을 말한다. 따라서 통합성은 하이브리드전(군사/비군사 수단 통합)과 유사한 면도 있으나 최근 사이버전과 연계된 러시아의 전략에 대해서는 통합성에 입각한 정보전 또는 특수작전으로 이해하는 것이 더욱 합당할 것이다.

전쟁이나 군사력 건설은 상대적 또는 경쟁적인 모습을 띠게 마련이며, 상대방을 극복하기 위해 그들의 공격양상을 고려하여 자국의 전략 및 군사력을 준비하게 된다. 따라서 러시아는 자국이 하이브리드전을 사용하지 않는다고 강변하면서도 서방 국가의 하이브리드전, 즉 게라시모프가 서방 국가들의 행동에서 관찰한 새로운 전쟁형태를 고려하여 자국의 군사력을 준비하고 있다. 특히, 비군사적 수단의 중요성을 인식하고 2013년 이후 비군사 관련 군사력을 증강하고 있다. 러시아의 전설적인 전쟁영웅이며 군사과학원장을 역임한 가례예프 대장(2019년 96세로 서거)은 다음과 같이 정보전 및 사이버전력 건설, 그리고 모든 수단의 통합을 강조했다.

전쟁은 원칙적으로 정치의 연장이며, 소위 '소프트파워'와 같은 비군사적인 수단과 결합하여야 합니다. 이와 함께 정치·외교적, 경제적, 정보 및 사이버 수단을 이용하여 우리나라에 대항하는 모든 행동에 맞서기 위해 국가 및 사회조직의 활동을 통합 조정해야 합니다. 현대적인 전쟁수단뿐만 아니라 정보전, 사이버전, 심리전 및 기타 비군사적 전쟁수단과 기술을 창조할 새로운 임무가 과학 및 방위산업에 놓여 있습니다. 비군사적 형태의 전쟁을 고려하여 군사력을 조직하고 전투적으로 사용해야 합니다. 모든 군사적, 비군사적 전쟁형태는 군사과학 연구의 대상이 되어야 하고, 또한 이에 관한 연구를 군사과학뿐만 아니라 기초과학, 사회과학, 공학 및 기타 분야와 협력해서 해야 합니다(Гареев 2013).

러시아의 안보전문가인 포드베료스킨은 현대 국제정치에서 군사

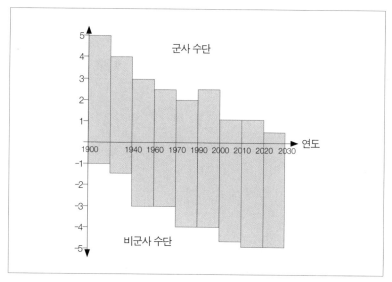

**그림 IV-4** 대외관계에서 군사 수단 및 비군사 수단 사용 추이
출처: Подберезкин(2014).

정치적 목적을 달성하기 위해 사용하는 수단을 군사적 또는 비군사적 수단으로 분리하여 그 추세를 그래프로 표시하였는데 〈그림 IV-4〉에서 보는 것처럼 현대사회로 갈수록 비군사 수단을 사용하는 비율이 월등히 높아지고 있다(Подберезкин 2014). 물론 비군사 수단은 정치·외교적 압력이나 경제제재 등 공개적 수단 외에도 정보전, 사이버전, 심리전과 같은 감추어진 수단도 포함한다.

러시아는 시간이 갈수록 자국에 대한 서방의 사이버 압력이 강화되고 있다고 판단하고 이에 대응하고 있다. 특히, 인력 및 수단을 증강하기 위해 관련 예산을 증액하여 투입하고 있다. 국가안보회의의 하부 조직인 정보안보위원회를 이끌고 있는 세르게이 코로트코프(Сергей Коротков)는 최근 들어 과거에 비해 해킹 공격이 급증하고 있다고 발표했다. 예를 들면 2014년부터 2015년까지 러시아의 주요 정보인프라에 대한 해킹 시도는 1,500회였으나 2018년에는 17,000회로 증가했다. 이에 따른 정보전 관련 예산으로 2019년에 1.3억 루블을 투입했으며, 2020년에는 3.2억 루블로 대폭 증액했다(이즈베스티야, 2019.3.11.).

## V. 맺음말

### 1. 러시아의 정보전 능력 발전 과정

앞서 논의한 러시아 사이버전 전략과 능력, 실제 운용 등을 종합적으로 분석해보면 러시아의 의도와 전반적인 흐름을 다음과 같이 정리해볼 수 있다. 러시아는 소련 붕괴 후 신생 민주국가로 출범하여 옐친 대통령 시기의 혼란을 거친 다음 푸틴이 정권을 잡은 2000년 초부터 세계적인 인터넷·컴퓨터 기술의 발달과 이를 이용한 정보전의 중요성을 감지하고 대응책을 수립하기 시작했다. 그러던 중 과거 동일 국가 소련의 구성원이었고 당시까지 러시아의 영향권으로 자부하며 재통합을 추진하고 있던 CIS 지역에서 색깔혁명이 연이어 일어났다. 러시아가 볼 때, 2003년에 조지아, 2004년에 우크라이나, 2005년에 키르기스스탄에서 발생한 색깔혁명은 미국의 부시 대통령이 추진하는 '자유와 민주주의 증진' 전략의 일환이었으며 NATO 확장과 더불어 러시아의 강대국 정체성과 국익에 심대한 손상을 미침과 동시에 푸틴이 추구하는 '강한 러시아'를 가로막는 중대한 위협이었다. 게다가 러시아의 완충지역이면서 CIS의 일원인 우크라이나와 조지아가 NATO 가입을 추진하고, 2008년에는 조지아가 NATO를 배경으로 남오세티야를 공격하자 러시아는 사이버전을 포함한 과감한 군사작전으로 조지아를 5일 만에

굴복시킨 다음 NATO 위협에 중점적으로 대비할 수 있도록 군사독트 린을 개정했다(2010년). 2011년부터는 중동 및 북아프리카 지역에서 민주화를 부르짖는 소위 '아랍의 봄' 사태가 발생하여 15개 이상 국가 에서 시위 및 혁명이 발생하여 정권이 교체되거나 내전이 발생했다. 많 은 국가의 시위대는 SNS 등 인터넷을 이용하여 시위 활동을 성공적으 로 수행하여 사이버전의 역할에 대한 세계적 인식이 더욱 강화되었다. 이때 반미 친러 국가인 리비아에서는 NATO가 반정부군을 지원하면서 카다피 대통령 제거에 성공했다.

러시아는 CIS 국가의 색깔혁명과 아랍의 봄 현상을 목격한 뒤에 서방, 특히 미국이 시행하는 '새로운 형태의 전쟁'의 위험성을 인식하 고 비상대책을 수립, 시행하기 시작했다. 우선, 총참모장 게라시모프 대장은 2013년 군사과학원 회의에서 서방 국가의 새로운 전쟁수단을 보고하면서 대응책을 마련할 것을 지시했다.[32] 2014년 우크라이나에서 유로마이단 사태가 발생하고 야누코비치 대통령이 물러나자, 러시아 는 이를 미국의 색깔혁명으로 간주하고 크림공화국의 독립을 위해 흑 해함대와 특수부대, 지역 자경단의 협조된 작전으로 우크라이나군의 방해를 막고 주민투표를 보장하는 데 성공했다. 러시아 관점에서 그들 이 정교 신앙의 성지인 크림반도 보존에는 성공했지만, 우크라이나를 상실한 것이었다. 이후 서방의 색깔혁명을 기본으로 하는 정보전 위협 에 대응하기 위해 각종 안보문서 정비와 군사력 건설을 서둘렀다. 러 시아는 크림 합병 후 색깔혁명을 주요 위협으로 간주하고 이에 대응하

---

32   서방 전문가들은 러시아의 이러한 대응 행동을 도리어 '게라시모프 독트린'으로 부르면 서 마치 다음해에 사용할 하이브리드전을 창시한 것처럼 묘사하고, 2014년 크림 합병 후 에는 크림 주민의 주민투표 보장을 위한 러시아군의 특수작전을 자신들의 '하이브리드 전'에 끼워 맞추어 분석하기도 했다.

는 군사독트린-2014를 제정했으며 2015년에는 뒤이어 국가안보전략을 수정하였다. 특히 2015년에는 시리아와 이라크 지역에서 IS(이슬람 국가)가 발생하여 맹위를 떨치고 시리아에서는 내전이 발생한 가운데 NATO를 중심으로 서방 국가들이 시리아에 비행금지구역 설정과 정권 교체를 준비하자 러시아는 전격적으로 시리아에 군사개입을 단행하여 IS 격멸과 함께 아사드 정권을 유지하는 데 성공했다. 시리아에서는 재래식 군사작전과 함께 심리전 및 전자전을 병행했다. 2016년에는 정보전 역량을 강화하기 위하여 정보안보 독트린을 발전된 정보화 현실에 맞게 수정하여 정보공간에서의 위협을 적시하면서 대응책을 강화했다.

## 2. 러시아의 정보전 수행 평가

러시아의 안보 전문가들은 정보를 지배하는 자가 세계를 지배한다고 믿고 있다. 정보전의 핵심은 특정한 이익을 얻기 위해 정보공간에서 명시적 또는 비밀스러운 정보적 영향을 서로에게 가하는 행위이다(Добреньков 2010, 74). 러시아는 국익과 관련된 지역에서 목표를 달성하기 위해 적극적인 정보전을 수행했다. 정보전 수행은 일부 경우를 제외하고는 대부분 국가 및 군 차원에서 단일 전략적 개념하에 가용수단을 통합하여 수행했다. 이 글에서는 에스토니아 해킹, 조지아에서 평화강요작전, 크림합병 특수작전, 시리아 IS 격멸작전에서의 정보전 활동을 통해 러시아의 정보전 역량과 수행방법을 살펴보았다.

〈표 IV-3〉에서 보는 것처럼 러시아는 모든 상황의 정보전에서 작전 목표를 달성했다. 여기서 러시아 정보전 수행의 특징을 보면, 첫째, 모든 작전은 종합적인 단일개념하에 하위 작전 구성요소들이 통합적으로 이루어졌다. 작전 형태를 볼 때, 평시에는 컴퓨터 해킹 등 순수 사

**표 IV-3** 러시아의 정보전 수행 사례

| 구 분 | 에스토니아 해킹작전 | 조지아 평화강요작전 | 크림합병 특수작전 | 시리아 IS 격멸 |
|---|---|---|---|---|
| 일시 | 2007.4. | 2008.8. | 2014.3. | 2015.9. 이후 |
| 작전 목표 | 반러정책에 대한 보복 | 조지아 외교 및 군사능력 무력화 | 우크라이나군 봉쇄, 주민투표 지원 및 여론 유도 | 작전기도 은폐, 군사작전 지원 |
| 작전 내용 | 디도스 공격, 해킹으로 컴퓨터망 마비 | 디도스 공격, SQL인젝션, 사이버전과 정규전 (전자전) 혼합 | 비밀리 병력투입 (주변국 주의 분산), 심리전(설득/강압), 여론 장악 및 선전 (친절한 사람들) | 심리전(기도은닉), 평화 이미지 조성, 허위정보 대응, 전자전 수행 |
| 성과 | 보복 성공 | 조지아 항복 (하루 만에 휴전제의) | 완전무혈 주민투표, 합병 성공 | IS 주력 격멸 아사드 정권 유지 |

출처: 필자 작성.

이버전 위주, 전시 군사작전 시에는 전자전 및 심리전 위주로 작전을
진행하였다.

둘째, 모든 작전의 형태는 당시 상황과 지역 및 시기 등 작전 환경
에 따라 각각 달리 운용했다. 게라시모프 총참모장은 "모든 전쟁은 각
각 독립된 사례로서 각자 특유의 논리와 독특성을 지니기 때문에 전쟁
의 성격을 예측하기가 매우 어렵다"고 하면서 미래 예측의 중요성을
강조했다(Герасимов 2013). 그의 논리는 "한 번 승리한 방법은 두 번
다시 반복되지 않는다"는 손자병법의 허실(虛實)편에 나오는 전승불복
(戰勝不復)과 일치하며, 따라서 소위 '게라시모프 모델'과 같은 일정한
'모델(Model)'을 적용하는 것과는 거리가 멀다는 것을 알 수 있다. 마
지막 셋째는, 전반적 추세를 볼 때 대외정책이나 무력분쟁 상황에서 비
군사적 수단의 활용 빈도가 높아지고 있다는 점이다. 단, 비군사적 수

단과 군사적 수단의 비율을 4:1로 규정하는 등 일률적인 정형화는 바람직하지 않다.[33] 왜냐하면, 작전 환경과 가용 수단에 따라 작전 투입 역량이 달라지기 때문이다.

　러시아는 서방의 경제제재와 코로나19 여파로 인한 마이너스 성장 등으로 국방비를 감축하는 상황에서 미국이나 서방에 비해 상대적으로 우세한 정보력과 사이버전력을 비대칭 수단으로 활용할 개연성이 높다. 러시아는 사이버전 부대를 창설한 후 지속해서 부대 규모 및 활동 지역을 확대하고 있으며, 이와 같은 정보전 역량을 강화하여 유사시 주권 및 국가이익 달성에 사용하기 위해 준비하고 있는 것으로 보인다.

## 3. 세계적 사이버전 위험성 증대와 한국의 대비 방향

오늘날 컴퓨터와 인터넷의 발달로 모든 사물은 인터넷에 연결되고 중앙의 서버나 네트워크에 연결된 다른 기기들과 통신을 하도록 프로그램화되어 있다. 사이버 공격을 가한 혐의자는 관련 사실을 부인할 수 있고 공격자를 징벌할 국제적 합의도 없는 상황에서 각국은 사이버 전력을 지속해서 강화하고 있다. 러시아는 사이버전력을 핵무기에 버금가는 위협으로 인식하고 과거 핵균형을 이루기 위해 노력한 것처럼 사이버전력을 강화하고 있으며, 사이버전력을 정보전의 구성요소로 보면서 공격 및 방어역량을 강화하고 있다. 정보기술적 요소인 바이러스나 해킹기술은 단순히 상대국 정보 인프라의 작동을 방해하는 것은 물

---

33　일부 전문가는 게라시모프의 연설(기고)에서 서방의 전쟁행동 특징을 도표로 설명하면서 4:1로 표기된 것을 근거로 러시아는 군사적 수단과 비군사적 수단의 비율을 4:1로 한다고 속단하였다. 그러나 이것은 러시아가 아닌 서방 국가들의 행동을 지적한 내용이며, 게다가 4:1의 비율이 정보전에서의 비율인지 전체 작전에서의 비율인지도 명확하지 않다.

론, 유사시에는 핵전력 및 기타 중요한 전략무기의 통제체제를 파괴하여 전혀 의도하지 않은 시간과 장소에 발사하게 할 수도 있다. 정보심리전 요소 또한 전시 또는 혼란 시기에 정보왜곡 및 허위뉴스 대량 살포로 정책결정자의 건전한 결심을 방해하거나 국민 여론을 오도하는 등 매우 위험한 결과를 동반할 수 있다. 한 가지 명심할 것은 정보화 기술이 발전한 국가일수록 정보전 또는 사이버 공격에 더욱 취약하다는 사실이다. 미국의 사이버전력 지도부는 "다음 전쟁은 사이버 공간에서 시작될 것"이라고 예측하며 사이버 전력을 강화하고 있으며(키신저 2014, 386), 러시아는 미국과 경쟁하며 미래 사이버전에 대응하기 위해 병력 및 수단을 증강하고 있다.

현대사회는 주도권 장악, 자원, 금융, 상품 등 자국의 국익 실현을 위해 하이브리드전을 동원하는 현실 속에 놓여 있다. 사이버 경쟁국들은 상대방을 약화하기 위해 상대국 기술 발전 방해, 경제제재, 정보독점, 사이버 공격, 상대방 국가 내에 불안정 조성 등을 시도하고 있어 이에 대한 대비책이 절실히 필요하다. 러시아의 경우, 정보전과 사이버전 등을 통해 실전 응용의 측면에서 미군보다도 더 적극적인 작전을 구사했다. 이제 네트워크 개념을 도입하여 확산 과정에 있는 한국군의 경우 네트워크를 타 작전을 지원하는 보조 개념으로 인식하고 있는 상황에서 러시아의 선례를 참고할 필요가 있다(우평균 2017, 234-235).

한국은 러시아 및 미국 등 사이버 강국들의 전략과 추진 동향, 북한의 사이버 전략 등을 종합적으로 분석하여 자체 사이버 전력을 효과적으로 증강해야 한다. 이때 두 가지 사항을 염두에 두고 추진할 필요가 있다. 첫째, 급속도로 발전하는 정보통신기술을 고려한 전략 발전 및 대비책을 마련해야 한다. 특히, 4차 산업혁명 시대를 맞아 점차 발전하고 있는 사이버 물리시스템의 특성에 주목할 필요가 있다. 이 시스템은 로봇, 각종 무기와 장비, 항공기, 미사일 등을 소프트웨어 또는 네트워크로 운용할 수 있는 시스템으로서, 해킹 및 기타 프로그램 기능에 대한 방해공격을 받으면 아군이 치명적인 피해를 보게 된다는 사실을 명심해야 한다. 인공지능 기술의 발전도 사이버 능력을 대폭 강화하는 기폭제가 될 수 있으며, 로봇 및 자동화 체제는 물론 사이버 무기나 사이버 간첩 용도로 활용될 수 있다. 현대사회는 디지털 기술이 광범위하게 확대되고 있어 사이버 공격으로 인한 피해 규모도 정비례하여 확대되고 있다. 적(敵)은 사이버 작전을 시도하면서 인공지능을 이용하여 우군의 국방부와 외교부, 대통령 홈페이지 또는 중앙은행 사이트에 침투하여 거짓 뉴스를 대량 전파하여 사회 혼란을 조성할 수 있다. 또한, 온라인에서 가상현실을 실제상황인 것처럼 묘사하고, 방송 콘텐츠를 왜곡 또는 변경하여 국민의 여론을 바꾸거나 정책결정자가 적에게 유리한 결정을 내리도록 강요받을 수 있다(Ильницкий 2019). 따라서 사이버 방어대책은 심리적, 기술적 양대 측면에서의 공격에 대한 방어책을 모두 강구해야 하며, 공격능력도 갖추어야 할 것이다.

둘째, 사이버 전략만 단편적으로 고려할 것이 아니라, 정보전, 심리전, 네트워크중심전 등 유사한 작전들을 종합적으로 고려하여 통합된 작전능력을 발휘할 수 있도록 전반적인 교리, 관련 조직, 병력 및 수단 발전, 전문가 양성 계획 등을 정비할 필요가 있다. 관련 작업 진행 시에는 합동성 구현에 관심을 집중해야 할 것이다. 또한, 전시에는 군관민의 활동이 통합될 수 있도록 군, 정보통신부, 기획재정부, 국정원 등 관련 부서가 참여하는 단일 지휘센터를 마련하고, 여기서 국가 전체의 안보 및 정보통신 운용을 통제하는 통합적인 시스템을 마련해야 할 것이다.

# 참고문헌

김규철. 2015. "러시아의 시리아 군사개입: 함의와 전망." *Russia-Eurasia FOCUS* 344.
김규철. 2017. "러시아 군사전략 연구-정체성, 지정학코드, 미래전 요소를 중심으로." 서울: 한국외국어대학교 박사학위논문.
김규철. 2018. "재조형 완료 수 위력 발휘하는 러시아군." 『2017 Russia Report』. 서울: 도서출판 이환.
김규철. 2020. "군사 브랜드 이용한 강대국 위상 확보." 『2019 Russia Report』. 서울: 다해.
송승종. 2017. "러시아 하이브리드 전쟁의 이론과 실제." 『한국군사학논집』 73(1).
쉐겔 올레나. June. 2014. "총알이 없는 전쟁: 이번 우크라이나 사태에 관한 러시아의 정보전." *Russia & Russian Federation* 5(2).
쉬만스카 알리나. 2019. "에스토니아의 사이버 안보전략." 김상배 엮음. 『사이버 안보의 국가전략 3.0』. 서울: 사회평론아카데미.
신범식. 2017. "러시아의 사이버 안보 전략." 『슬라브학보』 32(1).
싱어, P.W., 알란 프리드만. 2014. 『사이버 보안과 사이버전쟁』. 박인철·정우석 공역. 서울: 프리렉.
엄정호·김남욱·정태명. 2020. 『사이버전 개론』. 서울: 도서출판 홍릉.
우평균. 2017. "러시아의 미래전 대비 전략: 네트워크 중심전과 시사점." 『중소연구』 41(3).
윤민우. 2018. "사이버 공간에서의 심리적 침해행위와 러시아 사이버 전략의 동향." 『한국범죄심리연구』 14(2).
이홍섭. 2013. "21C 러시아 군개혁의 배경과 방향: 네트워크 중심전(NCW) 대비." 『슬라브연구』 29(1).
중앙일보. 2015.6.26. "세계는 사이버전쟁 중 … 러, 스마트 무기 기반 준비태세 강화."
중앙일보. 2018.4.17. "美英, 급증하는 러시아 사이버 공격 이례적 공동 비난." http://news.joins.com/article/22541753 (검색일: 2020.5.1.).
한국국방연구원. 2015. 『2014-2015 동북아 군사력과 전략동향』. 서울: KIDA.
한국전략문제연구소(KRIS). 2008. 『동북아 전략균형』. 서울: 한국전략문제연구소.
헨리 키신저. 2014. 『헨리 키신저의 세계질서』. 이현주 옮김. 서울: 민음사.

Ashmore, William C. 2009. "Impact of Alleged Russian Cyber Attacks." U.S. Army Command and General Staff College.
Bartles, Charles. January-February 2016. "Getting Gerasimov Right." *Military Review*.
Cluley, Graham. 2008. "Conflict between Russia and Georgia turns to cyber warfare." https://nakedsecurity.sophos.com/2008/08/12/conflict-between- russia-and-georgia-turns-to-cyber-warfare/ (검색일: 2020.9.30.).
Galeotti, Mark. 2018. "I'm Sorry for Creating the 'Gerasimov Doctrine'." https://

foreignpolicy.com/2018/03/05/im-sorry-for-creating-the-gerasimov-doctrine/ (검색일: 2020.10.20.)

Galeotti, Mark. 2020. "The Gerasimov Doctrine." https://berlinpolicyjournal.com/THE-GERASIMOV-DOCTRINE/ (검색일: 2020.10.20.)

Hoffman, Frank. 2009. "Hybrid vs. compound war. The Janus choice: Defining today's multifaceted conflict." *Armed Forces Journal*. October.

Libicki, Martin. 2017. "The Convergence of Information Warfare." *Strategic Studies Quarterly* 11(1).

McDermott, Roger. 2016. "Does Russia Have a Gerasimov Doctrine?" *Parameters* 46(1).

Mearsheimer, John J. 2014. "Why the Ukraine Crisis Is the West's Fault." *Foreign Affairs* 93(5).

Norberg, Johan (ed.), Ulrik Franke and Fredrik Westerlund. 2014. "The Crimea Operation: Implications for Future Russian Military Interventions." in Niklas Granholm, Johannes Malminen and Gudrun Persson (eds). *A Rude Awakening-Ramifications of Russian Agression Toward Ukraine*. Stockholm: FOI.

Nuland, Victoria. 2013. "Remarks at the US-Ukraine Foundation Conference." https://2009-2017.state.gov/p/eur/rls/rm/2013/dec/ 218804.htm (검색일: 2020.11.4.).

Popescu, Nicu. 2015. "Hybrid tactics: neither new nor only Russian." *Issue Alert*. Europe Union Institute for Security Studies.

TEABEAMET. 2016. *International Security and Estonia*. Talin: Estonian Information Board.

Timothy, Thomas. July-August 2017. "U.S. Army, The Evolving Nature of Russia's Way of War." *MILITARY REVIEW.*


"Американский сенатор заявил о превосходстве России в киберпространстве." https://www.gazeta.ru/tech/news/2018/04/29/n_11473327.shtml (검색일: 2020.5.1.)

"Ансамбль Александрова исполнил гимн ≪Вежливые люди≫ в Лужниках." https://www.youtube.com/watch?v=bpp8bHn0Yu8 (검색일: 2020.11.2.)

Артамонов. 2013. "Кибернетические войны Основные вызовы и игроки." http://itzashita.ru/kibervoyna/kiberneticheskie-voynyi-osnovnyie-vyizovyi-i-igroki.html (검색일: 2020.10.15.)

Баранец Виктор. 2019. *Спецоперация Крым 2014*. Москва: Комсомольская Правда.

"Военная доктрина Российской Федерации." (러시아 군사독트린, 2010.2.5.). https://rg.ru/2010/02/10/doktrina-dok.html (검색일: 2020.10.10.)

"Военная доктрина Российской Федерации." 러시아 군사독트린-2014(2014.12.26): http://news.kremlin.ru/media/events/files/ 41d527556bec8deb3530.pdf (검색일:

2020.10.10.)

"Военные РФ впервые отработали информационное противоборство на учениях Кавказ." https://tass.ru/armiya-i-opk/3619816 (검색일: 2020.11.5.)

Воробьев И.Н. 2007. "Информационно-ударная операция." *Военная мысль* №6.

"Выступление первого заместителя Министра обороны РФ — начальника Генерального штаба Вооруженных Сил Российской Федерации генерала армии Валерия Герасимова на конференции MCIS-2019,"http://mil.ru/mcis/ news/more.htm?id=12227590@cmsArticle (검색일: 2020.10.15.)

Гареев Махмут. 2013. "Война и военная наука на современном этапе. Соотношение не военных и военных средств в международном противоборстве и их влияние на развитие вооружения и техники." http://conjuncture.ru/os_vpk_27-03-2013_3/ (검색일: 2020.10.10.)

Герасимов Валерий. 2013.02.26. "Ценность науки в предвидении." https://www. vpk-news.ru/articles/14632 (검색일: 2020.11.2.)

Герасимов Валерий. 2019.04.23. "Выступление первого заместителя Министра обороны РФ — начальника Генерального штаба Вооруженных Сил РФ генерала армии Валерия Герасимова на конференции MCIS-2019." http:// mil.ru/mcis/news/more.htm?id=12227590@cmsArticle (검색일: 2020.11.2.)

"Гибридная война: понятие, суть, особенности и методы противодействия." https://militaryarms.ru/geopolitika/gibridnaya-vojna/ (검색일: 2020.10.8.)

Добреньков В. И., Агапов П. В. 2010. *Война и безопасность*. Москва: Альма Матер.

Известия(이즈베스티야) 2019.03.11. "Минобороны РФ потратит более 445 млн рублей на защиту информации." https://iz.ru/855058/2019-03-11/ minoborony-rf-potratit-bolee-445-mln-rublei-na-zashchitu-informatcii (검색일: 2020.11.4.)

Ильницкий Андерей. 2019. "Безграничные кибервозможности." https://iz. ru/888988/andrei-ilnitckii/bezgranichnye-kibervozmozhnosti (검색일: 2020.10.1.)

"Интервью Владимира Путина французской газете *Le Figaro*." 31 мая 2017 года. (푸틴 대통령 르피가로 신문 인터뷰). http://www.kremlin.ru/events/president/ transcripts/54638 (검색일: 2020.10.30.)

"Кибербезопасность РФ: Щит и меч для защиты информации." http:// newsdiscover.net/news/read/Kiberbezopasnost_RF_Cshit_i_mech_dlja_zacshity_inf ormacii.html?utm_source=warfiles.ru (검색일: 2020.11.4.)

Кондратьев Александр. 2012. "Будущее сетецентрических войн." https://nvo. ng.ru/concepts/2012-09-07/1_web_war.html (검색일: 2020.11.2.)

Минобороны РФ(러시아 국방부). 2011. "Концептуальные взгляды на деятельность вооруженных сил Российской Федерации в информационном пространстве."

Минобороны РФ(러시아 국방부). 2015. "В Минобороны России прокомментировали доклад Amnesty International и подвели итоги деятельности ВКС РФ в Сирии с 18 по 23 декабря." https://function.mil. ru/news_page/country/more.htm?id=12072315@egNews (검색일: 2021.2.3.)

"Минобороны РФ потратит более 445 млн рублей на защиту информации." https://iz.ru/855058/2019-03-11/minoborony-rf-potratit-bolee-445-mln-rublei-na-zashchitu-informatcii (검색일: 2020.10.11.)

Панарин Игорь. 2019. "Доктрина генерала Герасимова и Гибридная война." https://matveychev-oleg.livejournal.com/8695818.html (검색일: 2020.10.14.)

Подберезкин Алексей. 2014. "Эволюция военных способов и средств достижения военно-политических целей." http://birthday.viperson.ru/articles/professor-mgimo-aleksey-podberezkin-evolyutsiya-voennyh-sposobov-i-sredstv-dostizheniya-voenno-politicheskih-tseley (검색일: 2020.10.10.)

"Расширенное заседание коллегии Министерства обороны." (국방부 확대회의 2017.12.22.) http://www.kremlin.ru/events/president/news/56472 (검색일: 2017.12.22.)

Сулейманова Ш.С., Назарова Е.А. 2017. *ИНФОРМАЦИОННЫЕ ВОЙНЫ: история и современность*. Москва: Этносоциум.

Указ Президента РФ No. 1711(러시아 대통령 명령: 정보안보위원회 구성) 2012. "О составе межведомственной комиссии Совета Безопасности Российской Федерации по информационной безопасности по должностям." http://www.kremlin.ru/acts/bank/36612 (검색일:2020.10.15.)

"Указ Президента Российской Федерации от 31.12.2015 г. № 683(러시아 대통령 명령: 국가안보전략) 2015. О Стратегии национальной безопасности Российской Федерации." http://www.kremlin.ru/acts/bank/40391 (검색일: 2020.10.15.)

"Указ Президента Российской Федерации № 646(러시아 대통령 명령: 정보안보 독트린) 2016. Об утверждении Доктрины информационной безопасности Российской Федерации." http://kremlin.ru/acts/bank/41460 (검색일: 2020.8.20.)

Черкасов Сергей. 2015. "В системе обороны России появилось новое мощное сердце." https://cont.ws/@sergeycherkasov/80074 (검색일: 2020.11.2.)

Широкорад Александр. 2014. *Битва за Крым*. Москва: Вече.

# 제5장 한국과 러시아의 사이버 안보 체계·운영 비교

서동주 한림국제대학원대학교

# I. 머리말

미국 법무부와 연방수사국(FBI)은 2020년 10월 19일 러시아 군 정보 기관(GRU) 산하의 74455부대 소속 장교 6명을 2018년 평창 동계올림 픽 당시 사이버 공격을 주도한 혐의로 기소하였다고 밝혔다.[1] 러시아는 이에 대해 부인하는 발표를 하였지만 사이버 안보 문제를 둘러싸고 한 국과 러시아, 미국이 서로 연계되어 있음을 보여준 사례이다.

지금 국제사회에서는 국가 사이버 주권 확보 경쟁 심화, 사이버 정 보패권 경쟁, 사이버 기술패권 선점 경쟁 등 보이지 않는 사이버 안보 전쟁과 경쟁이 이뤄지고 있다(국가안보전략연구원 2018, 172-173). 이 중 사이버 안보 위협은 공격 기술의 발전과 사이버 용병, 국가지원 공 격자 등 공격인자의 다양화로 의도적, 파괴적, 목표 지향적 공격으로 심 화되면서 국가안보의 핵심이 되고 있다(국가안보전략연구원 2018, 163). 또한 지금 우리는 디지털 사회 내지 소위 초연결성, 초융합성, 초지능성 으로 대표되는 4차 산업혁명 시대에 살고 있다. 향후 미래사회는 첨단 과학기술 지배력과 데이터 지배권(data sovereignty)이 더욱 중요한 국 가안보 사안으로 취급될 것이 자명해 보인다. 특히 현재 진행 중인 4차 산업혁명 시대에 있어 인공지능(AI) 무기, 드론(drone), 자율 공격 무 기, EMP탄, 전쟁 로봇(war-robot) 등 비인간 사이버전 무기를 둘러싼 경쟁이 심화될 것이라고 예상되고 있기 때문에 그 중요성이 더해가고 있는 것이다. 2019년 9월 16일 예멘 후티(Yemen Houthi) 반군 세력이

---

1   Department of Justice. "Six Russian GRU Officers Charged in Connection with Worldwide Deployment of Destructive Malware and Other Disruptive Actions in Cyberspace." (October 19, 2020),https://www.justice.gov/opa/pr/six-russian-gru-officers-charged-connection-worldwide-deployment-destructive-malware-and (검색일: 2021.2.11.)

10대의 드론을 이용해 사우디아라비아의 주요 원유 생산시설인 아람코 지역을 공격한 사건은 사이버 영역이 군사화되면서 얼마든지 전 세계에 큰 영향을 미치는 요소로 작용할 수 있으며, 새로운 미래전의 모습을 보여준 사례에 해당된다. 이란이 후원세력이라고 생각하는 미국 트럼프 행정부의 대응 향배가 주목받았으며, 푸틴 러시아 대통령은 사우디아라비아에 방어 무기를 판매할 수 있다고 언급하는 등 중동의 군사안보 현안에 대한 개입을 증대시켜 나가고 있다. 이러한 배경 속에 우리는 새로운 형태의 사이버 위협에 대응하기 위한 법, 제도를 정비하고 기술적 방어 역량을 높여가는 한편, 공세적인 방어 전략을 제시하고, 국제협력을 강화하는 등 대책 마련이 중요하다(국가안보전략연구원 2018. 173).

최근 국가안보 영역에 사이버 안보(cyber security)가 점차 중요한 사안으로 자리매김하면서, 미국, 중국, 러시아 등 주요국들은 국가적 차원에서의 대응 전략과 실행계획을 세워나가고 있다. 이를테면 미국 트럼프 행정부는 2018년 9월 국가사이버 전략(National Cyber Strategy)을 내놓았다.[2] 미국 의회는 2021년 국방수권법을 통해 국가 사이버실을 설치하도록 하였다. 바이든 행정부도 2020년 12월 Solar Winds 사건을 계기로 사이버 안보에 대한 인식을 높이고 사이버 안보 거버넌스 구축에 나서고 있다.[3] 영국 정부도 2016년 11월 국가 사이버 전략 2016-2021을 발표하였고 2017년 11월 다시 수정·보완해 나가는 등[4] 정부 차

---

2   https://www.whitehouse.gov/wp-content/uploads/2018/09/National-Cyber-Strategy.pdf; https://trumpwhitehouse.archives.gov/wp-content/uploads/2018/09/National-Cyber-Strategy.pdf (검색일: 2021.2.11.)

3   바이든 대통령은 국가안보국의 사이버 안보 국장에 앤 뉴버거(Anne Neuberger)를 사이버 안보 담당 국가안보부보좌관(Deputy National Security Advisor for Cybersecurity)으로 발탁하였다. 구체적인 내용은 오일석(2021) 참조.

4   https://www.gov.uk/government/publications/national-cyber-security-strategy-2016-to-2021 (검색일: 2020.10.18.)

원에서의 사이버 안보를 이뤄 나가고자 노력하고 있다. 러시아도 정보
안보 독트린을 제정 운영하고 있으며,[5] 사이버 공간 관리와 관련해 독
자적 영역을 구축해 나가는 등 범국가적 차원에서 중요성을 인지하고
관리해 나가고 있다.

　이 글에서는 한-러의 사이버 안보 추진체계와 운영을 비교·분석
하고, 정책 시사점을 포함해 향후 과제와 정책적 고려사항을 제시해 보
고자 한다. 특히 한-러 양국 간 사이버 안보 부문에서의 차이점과 공통
점을 파악하는 데 중점을 둔다. 한국과 러시아는 사이버 안보에 있어
지정학적 위상, 안보환경과 위협인식, 추진체계, 사이버 안보 개념 정
의, 핵심 기조, 정치적 리더십, 정치체제, 컨트롤 타워, 집행기관, 법-
제도적 정비, 정책 효용성, 문제점과 과제, 특징 등 여러 부문에서 공
통점과 차이점이 있다. 다른 한편으로 컨트롤 타워의 설치와 활용, 정
보기관의 권한과 영향력 등 부문에 따라 공통점과 차이점이 혼재되어
있는 점도 있다. 이 글의 구성은 다음과 같다. 먼저 2절에서 한국의 사
이버 안보 추진체계를 살펴보고 러시아 사이버 안보의 특징에 대해서
도 파악해 본다. 3절에서는 한국과 러시아의 사이버 안보를 공통점과
차이점을 중심으로 비교·분석한다. 4절에서 한국 사이버 안보의 과제
와 정책 시사점을 검토하고 결론에서 바람직한 정책적 고려사항을 제
시한다.

---

5　Доктрина информационной безопасности Российской Федерации
　　(утверждена Указом Президента РФ № 646 от 5 декабря 2016 г.), http://
　　www.scrf.gov.ru/security/information/document5/ (검색일: 2021.2.8.)

## II. 한국의 사이버 안보 추진체계와 러시아의 사이버 안보 특징

### 1. 한국의 사이버 안보 추진체계와 운영 상황[6]

#### 1) 사이버 안보 추진체계

한국의 사이버 안보 업무는 청와대 국가안보실 소속의 사이버정보비서관을 정점으로 국가정보원, 경찰청, 국방부, 미래창조과학부, 행정안전부 등 각 기관별로 임무를 분담하여 운영되는 체계를 갖추고 있다. 대통령 훈령인 '국가사이버안전관리규정'에 의해 2004년 2월 국가사이버안전센터(National Cyber Security Center: NCSC)가 설립되어 운영되고 있다. 전체적으로 외견상 청와대에 사이버정보비서관 직제를[7] 두어 포괄적 지휘 통괄 기능을 하도록 하면서, 각 부문별로 정부기관이 해당 분야의 사이버 안전을 책임지도록 하는 구조이다. 현행 법제상 청

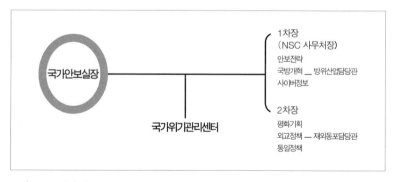

**그림 V-1** 문재인 정부 국가안보실 조직도
출처: https://www1.president.go.kr/about/organization (검색일: 2021.2.8.)

---

6    이 부문은 국가정보원 외(2020; 2019; 2018); 청와대 국가안보실(2019); 국가정보원 (2019); 국가안보전략연구원(2018) 등을 중심으로 참조해 작성하였다.
7    https://www1.president.go.kr/about/organization (검색일: 2021.2.8.)

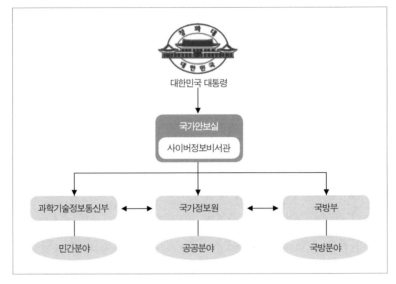

대한민국 대통령

국가안보실
사이버정보비서관

| 과학기술정보통신부 | 국가정보원 | 국방부 |
| 민간분야 | 공공분야 | 국방분야 |

**그림 V-2** 국가 사이버 안보 수행 체계[8]
출처: 국가정보원 외(2018, 52) 참조.

와대가 사이버 안보 컨트롤 타워 기능을 수행하고 있다. 국가안보실은 국가위기관리센터, 제1, 제2 차장, 6 비서관 체제로 되어 있다. 2018년 8월 1일 국가안보실 직제 개편(대통령령 제29077호, 2018. 8. 1. 일부개정)을 통해 기존 2차장 산하에 있던 정보융합비서관과 사이버 안보비서관을 통합하여 1차장 산하의 사이버정보비서관으로 개편하였다.

사이버 안보 추진체계는 청와대의 사이버정보비서관이 통괄 지휘하며, 실무 총괄은 국가공공기관의 경우 국가정보원, 민간부문은 과학기술정보통신부가, 군관련 부문은 국방부가 맡는 대응체계를 갖추고 있다.

이러한 추진체계는 외견상 청와대의 사이버정보비서관이 포괄적

---

8    대통령령 제29077호(2018. 8. 1, 일부개정). 청와대는 국가안보실 조직운영 개편을 통해 기존 '사이버 안보비서관'을 '사이버 안보'와 '정보융합'을 합쳐서 '사이버정보비서관'으로 통합하였다.

지휘 통괄 기능을 하도록 하면서 경찰청의 사이버 범죄 대응, 국방부의 사이버전 대응, 과학기술정보통신부의 민간보안 대응, 행정안전부의 공공보안 대응과 개인정보보호 등 각 부문별 정부기관이 해당 분야의 사이버 보안을 책임지는 구조로 되어 있다.

한국의 사이버 보안 추진체계는 미국의 사이버 안보 추진체계와 유사한 점이 있다. 장점으로는 사이버 보안에 대한 제반 사건과 이에 대처하는 대응책 등이 수정 보완 과정을 거치면서 한국적 상황을 반영한 결과물이라는 점을 들 수 있다. 한국 나름대로의 특유성과 장점을 살려가면서 추진 체계의 완결성을 더해가고 있다. 반면에 사이버 안보, 보안의 대비책이 각 사건이 발생할 때마다 즉흥적으로, 대증적 처방을 통해 보완해 가는 방식으로 운영된 측면은 보완될 사안으로 남아 있다. 이 밖에 기반 법제의 체계 보완과 기관 및 민간부문 간 협력 공유체계가 미흡하다는 지적은 개선해 나가야 할 과제이기도 하다.

## 2) 사이버 안보 관계기관

다음으로 사이버 안보와 관련된 관계기관들로는 국가안보실,[9] 국가정보원,[10] 과학기술정보통신부,[11] 행정안전부,[12] 방송통신위원회,[13] 금융위원회,[14] 개인정보보호위원회,[15] 외교부[16] 등이 대표적이다.[17] 전문기관으

---

9　청와대 홈페이지 http://www.president.go.kr
10　국가정보원 홈페이지 https://www.nis.go.kr:4016/main.do
11　과학기술정보통신부 홈페이지 https://www.msit.go.kr/web/main/main.do
12　행정안전부 홈페이지 https://www.mois.go.kr/frt/a01/frtMain.do
13　방송통신위원회 홈페이지 https://kcc.go.kr/user.do
14　금융위원회 홈페이지 http://www.fsc.go.kr/
15　개인정보보호위원회 홈페이지 https://www.pipc.go.kr/
16　외교부 홈페이지 http://www.mofa.go.kr/www/index.do
17　이들 기관들의 구체적인 업무와 활동 내역에 대해서는 국가정보원 외(2020, 21-32) 참조.

**표 V-1 정보보호 관련 국가기관 및 전문기관 현황**

| 구분 | 명칭 | 주요 기능 및 역할 |
|---|---|---|
| 국가<br>기관 | 국가안보실 | 사이버 안보 수행체계를 일원화하여 사이버 안보에 관한 대통령의 직무를 효율적으로 보좌하고 컨트롤 타워 역할을 수행 |
| | 국가정보원 | 안보를 위협하는 사이버 공격에 관한 정보를 수집·작성·배포하고, 국가·공공기관 대상 사이버 공격 예방·대응 업무를 수행하며, 공공 분야 정보통신기반시설 보호 업무를 총괄 |
| | 과학기술<br>정보통신부 | 민간 정보보호·전자인증·정보보호산업 관련 정책 수립 및 주요정보통신기반시설 지정 권고, 민간 침해사고 예방·대응체계 구축·운영 등 민간 분야 정보보호 및 정보보호산업 업무를 총괄 |
| | 행정안전부 | 전자정부 정보보호 및 개인정보보호 정책 업무를 수행 |
| | 방송통신위원회 | 정보통신서비스 및 방송 관련 개인정보보호 정책 업무를 수행 |
| | 금융위원회 | 전자금융 거래 이용자 보호와 전자금융 분야의 정보보안정책 수립 및 제도 개선 업무를 수행 |
| | 개인정보<br>보호위원회 | 개인정보보호에 관한 사항을 심의·의결하고, 개인정보보호 기본계획을 수립하며, 개인정보 분쟁조정위원회를 운영 |
| 전문<br>기관 | 한국인터넷<br>진흥원 | 민간 사이버 침해사고 예방 및 대응, 개인정보보호 및 피해 대응, 정보보호산업 및 인력 양성, 정보보호 대국민서비스, 국가도메인 서비스, 불법스팸 관련 고충처리 등을 수행 |
| | 국가보안<br>기술연구소 | 공공 분야 사이버 안전 연구·개발, 국가 암호기술 연구, 각종 정보보안기술 개발과 관련 기반 구축 및 지원, 국내외 정보보호 정책 연구, 전문교육과정 운영, 정보보호제품 인증 등을 수행 |
| | 금융보안원 | 금융 정보공유·분석센터 운영, 금융권 침해사고 대응, 전자금융 분야 취약점 분석·평가, 금융회사 자율보안 지원, 금융보안 교육 등을 수행 |
| | 한국지역<br>정보개발원 | 지방자치단체 정보보호 인프라 강화, 지방자치 분야 사이버침해대응지원센터 및 정보공유·분석센터 운영 등을 수행 |
| | 한국전자<br>통신연구원 | 한국전자통신연구원 민간 분야 정보보호 기술 개발 및 보급 등을 수행 |

출처: 국가정보원 외(2019, 54).

로는 한국인터넷진흥원,[18] 국가보안기술연구소, 금융보안원, 한국지역

---

18  한국인터넷진흥원 홈페이지 https://www.kisa.or.kr/main.jsp

정보개발원, 한국전자통신연구원 등을 꼽을 수 있다. 이들의 주요 기능과 역할은 〈표 V-1〉과 같다.

한편 국가정보통신망과 연계되어 있으며, 사이버 공격 탐지 차단과 연계된 기관들로 보안관제센터를 운영하고 있다. 특히 국가정보원 국가사이버안전센터는 보안관제센터 간 시스템을 통하여 실시간 사이버 공격 정보를 공유하고 있으며, 보안관제 실무자 간 교류·협력을 위하여 2019년 5월과 10월 2차례 워크숍을 개최하였다(국가정보원 외 2020, 42). 분야별로는 국무 부문의 경우 국무조정실이 담당기관이며 국조실 사이버안전센터가 수행조직이다. 금융 부문의 경우 금융위원회가 담당기관이며 금융보안원이 수행조직이다. 전체적으로 부문 보안관제센터는 총 41개가 운영되고 있다(국가정보원 외 2020, 41-42).

### 3) 사이버 안보 관련법과 지침

사이버 안보 관련 법·제도는 시기별로 보완 발전되어 오는 과정을 밟고 있다. 크게 보아 4단계로 발전 과정을 밟아 왔다. 정보사회 초기단계(1980년대~1999년) ⟹ 정보사회 고도화단계(2000~2007년) ⟹ 지식정보사회 구현단계(2008~2015년) ⟹ 지능정보사회 구현단계(2016~현재)로 변모되어 왔다(국가정보원 외 2020, 10-12).

먼저 정보사회 초기단계(1980년대~1999년)에서는 1986년 정보화에 대한 최초의 법률로 「전산망 보급확장과 이용촉진에 관한 법률」이 제정되었다. 이어 1995년에는 「정보화촉진기본법」이 제정되었고, 1999년에는 「전산망 보급확장과 이용촉진에 관한 법률」을 「정보통신망 이용촉진 등에 관한 법률」로 전면 개정하고, 「전자서명법」도 제정하였다. 정보화에 따른 기본적인 규정들이 제정되고, 수정 보완하는 정비 작업이 이루어졌다.

정보사회 고도화 단계 시기인 2000년~2007년 사이에는 「정보통신기반보호법」(2001년)이 제정되었으며, 「정보통신망 이용촉진 등에 관한 법률」의 명칭을 「정보통신망 이용촉진 및 정보보호 등에 관한 법률」로 변경하는 등 정보보호 내용을 강화하였다. 그리고 2005년에는 「국가사이버안전관리규정」이 대통령 훈령으로 제정되었다. 2007년에는 「전자정부구현을 위한 행정업무 등의 전자화 촉진에 관한 법률」을 「전자정부법」으로 전면 개정해 전자정부 구현을 위한 법제를 정비하였다.

2008년부터 2015년까지는 지식정보사회 구현 단계로서 2009년 「정보화촉진기본법」을 「국가정보화기본법」으로 전면 개정하고, 「정보통신산업진흥법」을 제정하였다. 또한 2010년에는 「국방정보화 기반 조성 및 국방정보자원관리에 관한 법률」이 제정되고, 「전자정보법」도 전면 개정되었다. 2011년에는 개인정보 보호법이 제정되고 2013년에는 「국가사이버안전관리규정」이 개정되고, 2015년에는 정보보호산업의 진흥에 관한 법률이 제정되었다.

지능정보사회 구현단계인 2016년부터 현재 시점에 이르는 기간에는 4차 산업혁명 시대의 요구를 반영하는 제도적 개선이 이뤄졌다. 2016년에는 「정보통신망 이용촉진 및 정보보호 등에 관한 법률」이 개정되었고 금융 분야에서 「전자금융감독 규정」이 제정되었다. 2017년에는 「4차 산업혁명위원회의 설치 및 운영에 관한 규정」을 제정하는 등 새로운 정보환경 변화에 준비하는 체계를 갖추고자 하였다. 2018년 이후에는 4차 산업과 연계된 산업을 뒷받침하는 다양한 법령을 제·개정하였다. 2019년에는 「정보통신기반보호법」을 일부 개정하였으며, 의료 분야에서 「의료법」을 개정하는 등 4차 산업혁명 발전 단계에 발맞추어 운영상의 미비점을 보완하고 분야별 정보보호를 위한 체계를

**표 V-2** 법령 내용 유형별 정보보호 관련 법령

| 법령 내용 유형 | 법령명 |
|---|---|
| 정보보호 계획 수립 | 국가정보화기본법, 정보통신기반보호법, 전자정부법, 국가사이버안전관리규정 등 |
| 정보보호 조치 마련 및 이행 | 국가정보화기본법, 정보통신기반보호법, 정보통신망 이용촉진 및 정보보호 등에 관한 법률, 전자정부법, 전자금융거래법, 국가사이버안전관리규정 등 |
| 사고 발생 시 대처 | 정보통신기반보호법, 정보통신망 이용촉진 및 정보보호 등에 관한 법률, 전자정부법, 전자금융거래법, 국가사이버안전관리규정 등 |
| 침해행위 금지 및 처벌 | 정보통신기반보호법, 정보통신망 이용촉진 및 정보보호 등에 관한 법률, 전자정부법, 전자금융거래법, 전자문서 및 전자거래 기본법, 형법 등 |
| 산업발전 및 연구개발 | 정보보호산업의 진흥에 관한 법률, 정보통신기반보호법, 국가사이버안전관리규정 등 |
| 개인정보보호 | 개인정보 보호법 |

출처: 국가정보원 외(2019, 41).

정비하였다.

한편 2020년 12월 15일에는 「국가정보원법」(법률 제17646호)이 전부 개정되었으며 제4조(직무)에 사이버 안보에 대한 업무가 명확히 적시되었다. 12월 31일에는 대통령령 제31356호로 「사이버 안보 업무 규정」(총 18조 및 부칙으로 구성)을 제정하고 정보공유시스템 구축(제6조), 사이버 안보 기본대책의 수립·시행(제8조), 사이버 공격·위협 예방조치(제9조), 사이버 공격·위협에 대한 진단·점검(제12조), 사이버 공격·위협의 탐지·대응(제14조) 등 사이버 안보와 관련된 업무를 수행하도록 하였다. 급변하는 사이버 안보 환경 변화와 사이버 공격·위협에의 진단, 예방과 대응을 보다 효과적으로 수행할 수 있도록 법적 기반을 갖춰 나가고 있다.

전체적으로 정보보호와 관련해 새로운 추이를 반영하고, 유관 법률과 훈령 등을 제정, 전면 개정, 부분적인 개정 작업을 통해 꾸준히 시대적 변화에 조응하는 모습을 띠고 있다. 국내 정보보호 법령은 유형별

로 정보보호 계획 수립; 정보보호 조치 마련 및 이행; 사고 발생 시 대처; 침해행위 금지 및 처벌; 산업발전 및 연구개발; 개인정보보호 등 6개 부문으로 구분된다. 이 중 개인정보보호 부문을 제외하고는 거의 모든 법률이 상호 중복되어 있는 특이점이 있다.

사이버 안보의 지침에 해당되는 문건은 '국가사이버안보전략'이다. 문재인 정부의 국가안보실은 2019년 4월 3일 사이버 안보 정책의 최상위 지침서에 해당되는 「국가사이버안보전략」을 발표하였다.[19] 사이버 위협을 안보 위협으로 인식하여 모든 역량을 결집·대응할 수 있도록 「국가안보전략」에 따라 「국가사이버안보전략」을 최초로 수립한 데(청와대 국가안보실 2019, 10) 의의가 있다. 그간 국가적 차원에서의 총괄적 사이버 안보전략이 부재하다는 전문가들의 지적을 수용한 것으로 향후 국가사이버안보전략의 기본 축을 갖춰 놓은 것으로 평가된다.

「국가사이버안보전략」은 대한민국 사이버 안보의 미래 비전과 목표를 제시하고 개인·기업·정부가 중점 추진해야 할 전략적 과제를 제시하고 있다. 전체적으로 수립 배경, 비전 및 목표, 전략 과제, 이행 방안 등 네 부문으로 구성되어 있다. 이는 해킹, 정보 절취 등 증가하는 사이버 위협에 대응하여 사이버 공간에서 우리 국민이 안전하고 자유롭게 활동할 수 있도록 보장하기 위하여 사이버 안보 분야의 정책 방향을 담고 있다

구체적인 내용은 다음과 같다.[20] 「국가사이버안보전략」은 △ 사이버 위협 대응역량 강화 △ 정보보호 산업육성 △ 사이버 안보 국제협

19    http://www.kisa.or.kr/uploadfile/201904/201904031054236461.pdf (검색일: 2020.10.20.).

20    인터넷 보호나라&KrCERT 공지사항(2019.4.3.), "대한민국 정부 최초 「국가사이버안보전략」 발간." https://www.krcert.or.kr/ (검색일: 2020.8.19.) 참조.

력 강화 등에 대한 국가 차원의 기본 방향을 제공하고 사이버 안보 강국으로 발돋움하기 위한 장기적 관점의 비전과 목표를 담고 있다.

비전은 "자유롭고 안전한 사이버 공간을 구현하며 국가 안보와 경제 발전을 뒷받침하고 국제 평화에 기여"하는 것이다. 그리고 ① 국가 주요 기능의 안정적 수행, ② 사이버 공격에 빈틈없는 대응, ③ 튼튼한 사이버 안보 기반 구축을 3대 목표로 삼고 있다. 또한 3대 기본원칙으로 ① 국민 기본권과 사이버 안보의 조화, ② 법치주의 기반 안보 활동 전개, ③ 참여와 협력 수행체계 구축 등을 제시하고 있다. 이는 사이버 안보 정책을 추진하는 과정에서 프라이버시 침해에 대한 국민 우려를 해소하고 신뢰 기반의 사이버 안보 정책을 추진하기 위함임을 밝히고 있다.

전략과제는 6가지로 ① 국가 핵심 인프라 안정성 제고, ② 사이버 공격 대응역량 고도화, ③ 신뢰와 협력 기반 거버넌스 정립, ④ 사이버 보안 산업 성장기반 구축, ⑤ 사이버 보안 문화 정착, ⑥ 사이버 안보 국제협력 선도 등이다. 이의 세부 이행을 위해 2019년 9월 3일 '국가사이버안보 기본계획'을 확정 발표하였다.[21] 이에는 모두 9개 기관이 참여하였다. 구체적으로 참여한 주요 정부 부처는 과학기술정보통신부 정보보호기획과, 국가정보원 국가사이버안전센터, 국방부 사이버정책과, 기획재정부 정보화담당관, 교육부 교육정보화과, 외교부 국제안보과, 행정안전부 정보기반보호정책과, 대검찰청 사이버수사과, 경찰청 사이버안전기획팀 등이다(관계부처 합동. 190903 [보도자료] 국가 사이버 안보계획). 국가사이버안보 기본계획에는 사이버 안보 6대 전략과제의 실천을 위해 2022년까지 단계적으로 추진할 18개의 중점과제,

---

21  대한민국정책브리핑. "국가 사이버 안보 강화를 위한 이행방안 확정." https://www.korea.kr/news/pressReleaseView.do?newsId=156348586 (검색일: 2021.3.28.)

100개의 세부과제가 제시되었다.

동 계획에 담겨져 있는 「2019~2022년 부처별 시행계획과 세부과제」는 다음과 같다. 구체적으로 국가정보원의 경우 △ 주요 국가 정보통신망 단계별 보안수준 강화, △ 첨단기술 보안 연구·개발 및 가이드라인 개발 등이며, 과기정통부의 경우 △ 5G 통신망 보안수준 제고 및 네트워크 신뢰도 확보, △ 산·학·연 협업 기반 창업 환경 조성 및 해외진출 지원 등으로 설정되어 있다.

국방부는 △ 사이버전 대비 군사전략·전술 개발, △ 사이버전 능동대응기술 및 다단계 다중위협 대응체계 확보 등이다. 기획재정부는 △ 정보보호 인증제품 공공 시장 확대 지원이며, 교육부는 △ 교육기관 노후 정보통신장비 보안 관리 강화, △ 교육분야 사이버 보안 조직·인력 확충 및 영재 양성 등이다.

외교부는 △ 재외공관 정보보안 보안역량 강화, △ 사이버 위협 대응 외교여건 조성 및 국제협력 등으로 되어 있으며, 행정안전부는 △ 국가정보자원 보안취약점 상시 관리체계 구축, △ 지방자치단체 사이버 보안 대응역량 제고 등을 세부과제로 설정하였다.

이 밖에 대검찰청은 △ 국제 사이버수사공조 전문부서 신설 및 전문인력 확충, △ 사이버 위협 정보 분석·공유 체계 구축을, 경찰청은 △ 사이버 범죄 대응강화 및 국제공조 전담조직 확대, △ 사이버위기관리 전담조직 신설 등 인프라 확충을 과제로 삼고 있다.

부처별 특성을 살려나가면서 단계적으로 실천될 내용을 담고 있다. 성과 제고를 위해서 계획된 기한에 실질적으로 실행에 옮겨 나가는 것이 긴요하다.

## 4) 주요 사이버 사건과 대응 정책

한국의 사이버 안보 관련 정책 추진은 주로 사이버 안보 관련 사건을 겪으면서, 이에 대한 대응책을 강구해 나가면서 보완 발전해 온 특징을 지니고 있다. 즉 사이버 안보 관련 큰 사건이 발생한 이후 사후약방문 내지 대증요법식으로 대응과 대책이 마련되었다는 점이다. 이를테면 2009년 7.7 DDoS 사건, 2011년 3.4 DDoS 사건을 비롯해 농협전산 장애, 2013년 3.20 테러 사건 등을 겪으면서 대응책을 보완해 나가고 있는 것이다.

한편 2014년 12월 한국수력원자력 해킹 사건을 계기로 2015년 4월 '국가사이버 안보태세 역량 강화 종합대책'을 수립하고 '국가사이버 위협 정보공유시스템(NCTI, National Cyber Threat Intelligence)'을 구축해 나가기 시작하였다. 대규모 사이버 공격 시 민·관·군 간 정보공유로 신속한 상황파악·공동대응을 통한 피해확산 방지를 위한 것이다. NCTI 구축 배경과 운영 근거, 연혁은 〈그림 V-3〉과 같다. 2020년 정보보호백서에 따르면 2019년 말 기준 187개 국가·공공기관이 정보

**표 V-3** 주요 사이버 사건과 대응 정책

| 연도 | 배경 및 주요 사건 | 대응 정책 |
|---|---|---|
| 2008. 7.22. | 인터넷 경매 옥션 해킹 사건 등 해킹, 유해정보 유포 및 개인정보 침해사고 발생 | '정보보호중기종합계획' |
| 2009. 9. 11. | 7.7 DDoS 사건 | '국가사이버위기종합대책' |
| 2011. 8. 8. | 3.4 DDoS, 농협 전산망 장애사건 | '국가사이버안보 마스터플랜' |
| 2013. 7. 4. | 3.20, 6.25 사이버 테러 | '국가사이버안보 종합대책' |
| 2015. 4. 30. | 2014 원자력 발전소 해킹사건 | '국가사이버 안보태세 역량 강화 종합대책' |
| 2019. 4. 3.<br>2019. 9. 3. | '국가사이버 전략'의 후속 조치 | '국가사이버 전략'<br>'국가사이버안보 기본계획' |

출처: 행정안전부(2008); 방송통신위원회(2009; 2011); 미래창조과학부(2013); 대한민국 정책브리핑(2019; 2020) 참조.

**그림 V-3** 국가사이버 위협 정보공유시스템(NCTI) 구축 배경 및 연혁
출처: 국가정보원 외(2020, 46).

공유시스템을 통하여 사이버 위협 관련 정보를 공유하고 있다. NCTI
는 공공분야의 최대 정보공유 플랫폼으로 정착하였다(국가정보원 외
2020, 46).

전체적으로 초기 상업적 부문에 대한 정보보호 조치에서 출발해,
농업 등 금융전산망에 대한 대응, 그리고 사이버 대응 역량을 통합하
고 총괄적으로 다루기 위해 청와대를 컨트롤 타워로 구성하는 등 업무
구조의 확립, 인력 양성과 국가기반 시설에 대한 보호 확충 등의 순으
로 진전시켜 나왔다. 사이버 보안 체계, 구성, 인력, 관리, 세부 대책 등
사건의 발생과 시간이 흐름에 따라 보다 체계성을 갖추어 나가고 있는
것으로 평가된다. 반면 보다 완결성을 갖춘 큰 틀에서의 법적, 제도적
체계 구축, 사전 예방의 강구 측면 등은 아직 미진한 부문으로 향후 해
결 과제로 남아 있다.

## 2. 러시아의 사이버 안보 추진체계와 특징

러시아의 사이버 안보 관련 체계적 정책집행 구조는 다음 6개 유형의
정책집행 운영 구조로 이뤄지고 있다(윤민우 2019a, 110). 효율성을 지
닌 것으로 평가되고 있는 점이 있어 참고로 소개한다.

첫째, 사이버 침해 사건에 대응하는 대응 센터들로 정부기관 침해
대응, 민간 법인들과 개인들의 침해 대응, 금융기관들의 침해 대응 기
관 등 3가지이다. '사이버 침해 대응센터'는 GOV-CERT, RU-CERT,
FinCERT, CERT-GIB로 구성되어 있다.

둘째, 사이버 안보 관리와 관련된 임무를 수행하는 관련 정부 부처
나 기관들이 있다. 정보(intelligence), 법집행(law enforcement), 방어
(defence) 등과 관련하여 사이버 안보 관리를 주요 임무로 하는 기관

이다. 기관의 기능 가운데 일부로 사이버 안보 관리 관련 임무를 위임받은 통상적 행정기관이다.

셋째, 사이버 안보 관리와 관련된 여러 정부기구들과 공공기관들을 통합하고 조율하는 중앙집권적 컨트롤 타워가 있다. 가장 핵심기관은 정보기관인 FSB이다.

넷째, 러시아 연방 디지털 경제 프로그램을 추진하기 위한 책임기관과 코디네이터, 그리고 워킹그룹(working group)을 구성, 운영하고 있다.

다섯째, 러시아의 디지털 주권과 정보안보를 확보하기 위한 국가 프로그램인 'RuNet 2020'의 추진과 관련된 기관들이 있다.

여섯째, 정보안보와 관련한 교육기관과 연구기관들을 운영하고 있다. 이들 6개 부문 각각의 세부 영역은 선도 기관과 다수의 참여 기관들에 의해 수행되며, 이러한 각각의 세부영역은 다른 세부영역들과 연계되어 러시아 사이버 안보 또는 보안관리 네트워크 시스템을 구축한다. 각 세부 영역에 참여한 선도기관과 참여 기관들은 다시 다른 세부 영역의 선도 기관과 참여 기관들로 참여하고 있어 기관들 간의 협력과 조율의 네트워크가 구축되어 있다는 점이 주목을 끈다.

러시아는 사이버 안보와 관련해 다음과 같은 특징을 지니고 있다. 첫째, 러시아의 사이버 안보전략과 정책은 보다 높은 상위의 국가안보 전략, 대외정책개념 등과 연계되어 있으며, 높은 통합성, 통일성, 정책 집행력을 지니고 있다. 즉 푸틴 정부가 추진하고 있는 '신전방위 강대국 노선'하에 '공세적 방어전략' 구사, '포위된 요새(besieged fortress)' 관념을 비롯한 러시아 특유의 지정학적, 전략적 입장이 반영되어 있다. 이에는 러시아의 철학과 역사적 경험과 배경, 권위주의 정치체제, 푸틴 리더십, 실로비키(siloviki) 등 지배엘리트의 애국주의와 정책 성향 등이 밑바탕에 자리잡고 있다.

둘째, 사이버 안보보다 정보안보(information security)의 개념 속에 '디지털 주권(digital sovereignty)', '인터넷 주권'을 강조하며, 러시아만의 독자적이고 독립적인 사이버 공간을 창출하려 한다. UN을 비롯한 국제무대에서 사이버 담론을 주도하고, RuNet 2020을 구축하려는 것이 대표적인 사례이다. 러시아 사이버 안보 또는 정보안보전략의 핵심 기조는 ① '디지털 주권', ② '사이버 공간에서의 국가 통제권 강화', ③ '정보-기술과 정보-내용의 위협에 대한 통합적 접근' 등 세 가지가 핵심을 이루며, 이는 최상위 단계에서 중간~하위 단계로까지 연결되어 있다.

셋째, 정보안보 전략 구상, 독트린 제정 등 최상위 수준에서는 대통령과 국가안보회의가 컨트롤 타워 역할을 하며, 실무 정책집행에서는 정보기관인 연방보안국(FSB)이 컨트롤 타워 역할을 한다. 특히 FSB는 사이버 안보 관련 거의 모든 분야에 걸쳐 주요 참여기관, 핵심 조율기관, 선도기관으로서의 위상과 임무를 지니고 있으며, 가장 핵심적인 역할을 하고 있다. 그만큼 권한과 책임이 막중하며 톱-다운(top-down) 방식의 집행, 높은 유기적 연계성, 체계성 및 정책 효율성을 지닌 것으로 평가된다.

넷째, 사이버 보안 법체계는 국가안보개념, 군사독트린, 정보안보 독트린을 비롯해 FSB 법, 'Yarovaya package', '경찰에 관한 연방법', CDI 법, VPN 법, 'Lugovoi법', '형법' 등 제반 법령 체계가 잘 갖추어져 있다. 또한 안보환경과 시대 상황 변화에 따라 신속히 개·폐정을 하는 등 발 빠르게 조응하고 있다.

다섯째, 사이버 공간에서의 군사적 측면을 중시하는 게라시모프(Gerasimov) 원칙을 중시하고 하이브리드전(hybrid war)을 수행하고 있으며, 비교적 공세적, 공격적 사이버 태세를 취하고 있다. GRU의 역할이 커지고 있으며, FSB와의 경쟁의식이 심화되고 갈등 양상이 표출될 가능성도 잠재되어 있다.

여섯째, 러시아 푸틴 정부는 권위주의 정치체제의 특성을 나타내고 있으며, 권력 수직화를 통해 중앙권력이 매우 강한 가운데 국정 운영이 이뤄지고 있다(장덕준 2018, 243-289; 강봉구 2010, 3-20; 서동주 2013, 235-266). 언론과 NGO, 반정부 활동에 대한 통제와 관리가 이뤄지고 있으며, 상대적으로 개인의 자유와 인권, 자율의 모습은 크게 취약한 상태이다. 지배엘리트인 실로비키(siloviki)의 애국주의 강조와 FSB의 정치적 역할이 크고 권력기관화된 점은 성숙된 민주주의 발현에 부정적 영향을 끼치고 있는 것도 사실이다. 푸틴 정부는 사이버 안보에서 비롯되는 권력 남용 가능성과 사이버 공간에서의 개인의 자유와 권리의 보호를 위한 조치 등은 향후 과제로 남아 있다.


## III. 한-러 사이버 안보의 공통점과 차이점

### 1. 공통점

한-러 간 사이버 안보의 공통점으로는 △ 중앙 총괄의 '컨트롤 타워' 및 분야별 주무 체계 운영, △ 사이버 안보의 중요성 인지와 '국가사이버 전략' 수립 실천, △ 사이버 안보의 영역, 역할과 임무에 있어 유사성 내포, △ 사이버 안보와 관련 유형별 법령의 제정 운영, △ 4차 산업혁명 시대와 미래 사이버전에 대한 대비 등으로 정리할 수 있다.

1) 중앙 총괄의 '컨트롤 타워' 및 분야별 주무 체계 운영

공통점으로 꼽을 수 있는 점은 우선 사이버 안보 추진체계에 있어 '컨트롤 타워'를 두고 운영하고 있으며 모두 대통령 직속 기관에서 다루고 있다는 점이다. 한국의 경우 청와대 국가안보실에서 총괄하며 사이버정보비서관을 두고 있다. 그리고 국가정보원에서 국가사이버안전센터를 운영하고 있다.

러시아의 경우 대통령과 국가안보회의(www.scrf.gov.ru)가 러시아 사이버 안보 추진체계의 최상위 기관이다. 국가안보회의는 정보안보 독트린 수립을 비롯해 안보 사안을 총괄적으로 다루고 있으며, 정보기관인 연방보안국(FSB)이 '사이버침해대응센터'를 운영하는 등 실질적인 컨트롤 타워 역할을 하고 있다. 국가안보회의는 국가안보정책을 조율하고 통합하는 협의체이며, 사이버 안보 전반에 걸쳐 목적, 목표, 집행방법, 수단, 전략적 방향 등을 결정하고 정책집행과 관련된 기관들을 지휘 통제한다.

컨트롤 타워와 연계되어 각 부문별로 주무 부처를 정해 놓고 사안별 대응을 하고 있다는 점도 유사하다. 한국의 경우 국가정보원, 경찰청, 국방부, 정보통신부, 행정안전부 등 5개 부처가 중심이 되어 있으며, 공공 분야의 경우 국가정보원이, 민간부문은 과학기술정보통신부가 다루는 등 이원화된 구조의 특징을 보이고 있다.

러시아의 경우도 교육과학부, 산업무역부, 경제개발부, 검찰, 내무부, 통신언론부, 국방부, 연방 중앙은행 등 주무별로 사이버 안보를 다루고 있다. 반면 정보기관과 주무 기관 간 연계성과 통합 관리 등을 포함해 기능과 역할 측면에서 커다란 차이를 보이고 있다. 이를테면 컨트롤 타워에 해당하는 FSB와 여기에 연계된 FSTEC, MoD, MVD, Roscomnadzor, 그리고 Minsvyaz 등은 러시아 사이버 안보에서 가장

주요한 책임을 가진 집행기관들이다. 이는 한-러 간 차이점에 해당되는 부문으로 뒤에서 자세히 다룬다.

## 2) 사이버 안보의 중요성 인지와 '국가사이버안보전략' 수립 실천

한국과 러시아 양국 모두 국가 차원에서 사이버 안보의 중요성을 인지하고 있으며 국가사이버안보전략 수립 등 적극적으로 대응하려는 모습을 띠고 있다.

한국의 경우 2019년 4월 '국가사이버안보전략'을 성안하였으며, 9월에는 기본계획을 마련하는 등 관심을 갖고 체계성 있게 다루려는 모습을 보이고 있다. 러시아는 국가안보회의에서 '국가안보개념', '정보안보 독트린', '정보사회발전전략' 등을 제정하고 국가안보 차원에서 사이버 안보 문제에 관심을 갖고 총체적으로 통합성과 체계성을 갖추어 놓고 대응하고 있다.

## 3) 사이버 안보의 영역, 역할과 임무에 있어 유사성 내포

사이버 안보의 영역과 관련된 한국의 국가기관들은 국가안보실, 국가정보원, 과학기술정보통신부, 행정안전부, 방송통신위원회, 금융위원회, 개인정보보호위원회 등이 대표적이며, 전문기관으로는 한국인터넷진흥원, 국가보안기술연구소, 금융보안원, 한국지역정보개발원, 한국전자통신연구원 등이 있다. 이들이 다루는 정보보호 추진 분야는 국가정보통신망, 전자정부, 주요정보통신기반시설, 정보통신서비스, 금융서비스, 개인정보보호, 대국민 정보보호 등이다. 핵심 분야는 ① 정보보호 계획 수립, ② 정보보호 조치 마련 및 이행, ③ 사고 발생 시 대처, ④ 침해행위 금지 및 처벌, ⑤ 산업발전 및 연구개발, ⑥ 개인정보보호 등으로 구분된다.

한편 국가정보통신망과 연계되어 있으며, 사이버 공격 탐지 차단과 연계된 기관들로 보안관제센터를 운영하고 있는 중앙행정기관은 국가정보원의 국가사이버안전센터, 대검찰청의 대검 사이버안전센터, 국무조정실의 국조실 사이버안전센터, 국방부의 사이버 작전사령부, 행정안전부의 사이버침해대응지원센터(G-CERT) 등 총 41개의 보안관제센터를 운영하고 있다(국가정보원 외 2020, 41-42).

러시아의 경우 사이버 안보를 위한 기관들의 주어진 역할과 임무들은 ① 컴퓨터 침해사건 대응(CERT), ② 감시와 정보(surveillance and intelligence), ③ 수사 또는 법집행(investigation or law enforcement), ④ 규제와 면허(regulation and license), ⑤ 기반시설보호(protection of infrastructure), ⑥ 디지털 경제발전(digital economic development), ⑦ RuNet 2020, 그리고 ⑧ 교육·연구·개발(training and research, and development) 등으로 구분된다. 사이버침해대응센터로는 GOV-CERT, RU-CERT, FinCERT, CERT-GIB가 있으며, FSTEC, MoD, MVD, Roscomnadzor, 그리고 Minsvyaz 등이 집행기관으로 활동하고 있다. 양국 모두 각 기관들에게 주어진 역할과 임무 영역은 비슷한 점이 많다.

## 4) 사이버 안보와 관련 유형별 법령의 제정 운영

법·제도적 측면에서 한국은 정보보호 계획 수립, 정보보호 조치 마련 및 이행, 사고 발생 시 대처, 개인정보보호 등 6개 유형에 적용되는 제(諸) 법령을 제정 운영하고 있다. 구체적으로 국가정보화기본법, 정보통신기반보호법, 전자정부법, 국가사이버안전관리규정, 사이버 안보업무규정, 정보통신망 이용촉진 및 정보보호 등에 관한 법률, 전자금융거래법, 정보보호산업의 진흥에 관한 법률, 전자문서 및 전자거래 기본

**표 V-4** 한-러 사이버 안보 추진체계와 운영의 공통점과 차이점

| 구분 | 주요 내용 |
|---|---|
| 공통점 | - 중앙 총괄의 '컨트롤 타워' 및 분야별 주무 체계 운영<br>- 사이버 안보의 중요성 인지와 '국가사이버안보전략' 수립 실천<br>- 사이버 안보의 영역, 역할과 임무에 있어 유사성 내포<br>- 사이버 안보와 관련 유형별 법령의 제정 운영<br>- 4차 산업혁명 시대와 미래 사이버전에 대한 대비 등 |
| 차이점 | - 사이버 안보 관련 철학, 역사, 전략, 정보전 등이 유기적으로 연계된 사고 함유<br>- '디지털 주권', '정보안보' 용어의 사용과 포괄적 위험인식하의 사이버 안보 대응<br>- 법·제도적 측면의 체계성 완비<br>- FSB 중심 아래 통합적, 중앙통제 방식의 사이버 컨트롤 타워 체계 운영<br>- FSB 등 정보기관의 권한과 역할 지대<br>- 하이브리드전(hybrid war) 등 사이버 안보 관련 군사부문에의 운용 능력 제고<br>- 독자적인 글로벌 인터넷망(RuNet 2020) 구축 노력 전개<br>- 제(諸) 법령 개정 등 사이버 안보 환경 변화에의 빠른 조응<br>- 사이버 안보 관련 국제적 규율과 규범, 규정 작업에의 선도적 역할 견인 등 |

출처: 필자 작성

법, 형법, 개인정보 보호법 등이 이에 해당된다.

러시아 역시 분야별로 제 법령을 제정 운영하고 있다. 구체적으로 FSB 법, 러시아 정보자원 대상 사이버 공격탐지, 경보, 복구 국가체계 발전(대통령령), 21개 법률인 "Yarovaya package", 정보안보 독트린, VPN 법, CDI 법, 형법 등이 있다. 물론 법률보호원칙 내지 법체계 정합성의 측면에서 한국과 러시아는 커다란 차이가 있다. 한국은 아직 사이버 안보 기본법 내지 일반법이 제정되지 않은 가운데 대통령 훈령인 '국가사이버안전관리규정'을 통해 공공기관 사이버 안보 업무를 다루고 있다. 2020년 12월 31일에 「사이버 안보업무규정」을 제정하는 등 보다 체계성을 갖추어 나가고 있다. 러시아와의 법·제도적 체계 측면의 비교에서 가장 큰 차이점을 보여주는 부문이다.

5) 4차 산업혁명 시대와 미래 사이버전에 대한 대비

한국과 러시아 모두 4차 산업혁명 시대에 조응하는 사이버 안보 체계를 갖추고자 하며 미래 사이버전에 대한 대비책도 강구해 나가고 있다. 그리고 사이버 보안의 국제협력 부문에 대해서도 관심을 갖고 대처해 나가려 하고 있다.

## 2. 차이점

한·러 간 사이버 안보에 있어 차이점은 △ 사이버 안보 관련 철학, 역사, 전략, 정보전 등이 유기적으로 연계된 사고 함유, △ '디지털 주권', '정보안보' 용어의 사용과 포괄적 위협인식하의 사이버 안보 대응, △ 법·제도적 측면의 체계성 완비, △ FSB 중심 아래 통합적, 중앙통제 방식의 사이버 컨트롤 타워 체계 운영, △ FSB 등 정보기관의 권한과 역할 지대, △ 하이브리드전(hybrid war) 등 사이버 안보 관련 군사부문에의 운용 능력 제고, △ 독자적인 글로벌 인터넷망(RuNet 2020) 구축 노력 전개, △ 제(諸) 법령 개정 등 사이버 안보 환경 변화에의 빠른 조응, △ 사이버 안보 관련 국제적 규율과 규범, 규정 작업에의 선도적 역할 견인 등으로 정리할 수 있다.

1) 사이버 안보 관련 철학, 역사, 전략, 정보전 등이 유기적으로 연계된 사고 함유

러시아는 사이버 안보에 대한 개념에서부터 역사적 안보환경과 인식, 전략의 수립과 구사 등이 일련의 연계선상 속에서 통합 관리되는 모습이 크게 부각되어 나타난다. 사이버 안보에 대한 대응이 대증적 조치, 사건 발생 후 대책 마련이 아닌 국가안보의 큰 전략적 시각과 틀 속에서 사이버 안보 문제를 다루고 있다.

**표 V-5** 러시아 국가안보회의에서 다루는 주요 주제

| |
|---|
| • Основополагающие документы (국가안보 기본문건) |
| • Военная и оборонно-промышленная безопасность (전쟁과 군수산업 안보) |
| • Международная безопасность (국제안보) |
| • Экономическая безопасность (경제안보) |
| • Государственная и общественная безопасность (국가와 사회안보) |
| • Антитеррористическая деятельность (반테러 활동) |
| • Информационная безопасность (정보안보) |

2019년 4월 성안된 한국의 국가사이버안보전략은 '자유롭고 안전한 사이버 공간을 구현하여 국가안보와 경제 발전을 뒷받침하고 국제 평화에 기여'를 비전으로 내세우고 있으며,① 국가 주요 기능의 안정적 수행, ② 사이버 공격에 빈틈없는 대응, ③ 튼튼한 사이버 안보 기반 구축 등을 목표로 제시하고 있다(청와대 국가안보실 2019, 12).

러시아의 사이버 안보는 국가안보개념, 대외정책개념, 군사독트린 등과 유기적으로 연계되고 있으며, 정보안보 독트린을 수립한 가운데 '디지털 주권(digital sovereignty)', '사이버 공간에서의 국가 통제권 강화,' '정보기술과 정보내용의 위협에 대한 통합적 접근' 등을 핵심 기조로 내세우고 있다. 이의 연장선에 최상위 컨트롤 타워인 국가안보회의에서는 '사이버 안보'를 7개의 국가안보 주제 영역 중 하나로 다루고 있으며, 높은 정책 우선순위를 부여하고 있다. 국가안보회의는 개별 홈페이지도(www.scrf.gov.ru) 만들어 운영하고 있다.[22] 청와대 국가안보

---

22  러시아 국가안보회의 홈페이지에는 ①) Доктрина информационной безопасности Российской Федерации, ② Конвенция об обеспечении международной информационной безопасности (концепция), ③ Основные направления государственной политики в области обеспечения безопасности автоматизированных систем управления производственными и технологическими процессами критически

실은 조직 도표만이 청와대 홈페이지에 제시되어 있다.

2) '디지털 주권', '정보안보' 용어의 사용과 포괄적 위협인식하의 사이버 안보 대응

러시아는 한국과 서방 측이 사용하는 사이버 안보 대신 정보안보 독트린에서 보듯 정보안보(information security)라는 용어를 사용한다. 이는 '정보공간에서 의도된 또는 의도되지 않은 위협에 대응하거나 이를 완전한 상태로 복구하는 것'으로 정의된다. 서방국가들은 사이버 공간의 안전과 기술적인 망 중심에 초점을 두고 보편적으로 사이버 안보(cyber security)를 사용하는 반면, 러시아는 사이버 안보의 개념에 정보 또는 콘텐츠의 요소가 추가되는 것으로 이해하고 있다. 좀 더 포괄적이며 군사안보적 성격도 가미되어 있는 것으로 평가되며, 보편적으로 사이버 안보라 지칭하는 미국·서방과 달리 독특성을 지니고 있다. 상대방에 대한 경계감과 대결하려는 입장, 포괄적 안보위협인식이 담긴 것으로 개별적이고 독자적인 인터넷망 구축, '디지털 주권'의 강조 등이 이러한 인식과 배경 하에 나오고 있는 것으로 판단된다.[23] 푸틴 정

---

важных объектов инфраструктуры Российской Федерации, ④ Основы государственной политики Российской Федерации в области международной информационной безопасности на период до 2020 года, ⑤ Выписка из Основных направлений научных исследований в области обеспечения информационной безопасности Российской Федерации, ⑥ Выписка из Концепции государственной системы обнаружения, п редупреждения и ликвидации последствий компьютерных атак на информационные ресурсы Российской Федерации 등 6건의 문건을 게재하고 있다. 정보안보 독트린은(Doctrine of Information Security of the Russian Federation) 영문으로도 게재하고 있다. http://www.scrf.gov.ru/security/information/ (검색일: 2021.2.8.)

23  러시아 나름의 정보전쟁 전략이론을 갖고 있으며, 방어적 속성, 군사와 비군사적 서열(order)과 기술적(사이버 공간)이고 사회적인(정보공간) 서열을 혼합하여 사용하고 있다는 해석에 주목할 필요가 있다(Darczewska 2014, 12).

부가 국가가 통제하는 별도의 공간 구축 노력인 'RuNet 2020' 프로그램을 실행에 옮기려는 노력도 이에서 비롯된 것으로 볼 수 있다. 러시아는 정보·기술 위협에 더불어 인터넷 공간에서 유영되는 정보 자체를 위협(content as threat)으로 인식하고 있는데, 정보 내용 자체에 대한 국가 중심의 통제 기제를 유지하고자 하는 점도 이와 연관성이 있다고 본다. 러시아 특유의 하이브리전을 실전에 운용하고 있는 점도 유념할 대목이다.

러시아의 사이버 안보 또는 정보보안에 대한 인식과 접근방식, 그리고 전략은 미국·서방의 사이버 안보에 대한 그것들과 뚜렷이 대비되며 독창적이고 독자적이다. 또한 포괄적 개념 속에 체계화되어 있으며, 뚜렷한 목표 속에 미래에 대비하는 측면도 담겨져 있다. "인터넷 주권(internet sovereignty) 또는 디지털 주권(digital sovereignty)"을 강조하는 이면의 정책적 함의에 주목할 필요가 있다.

### 3) 법·제도적 측면의 체계성 완비

러시아는 종합적인 국가외교안보의 인식 속에 사이버 안보 문제에 접근하고 있으며, 법체계의 정합성을 지니고 있으며, 상위의 컨트롤 타워, 실무 집행 수준에서의 컨트롤 타워의 운영 등 체계적인 정보안보 틀을 구축 운영하고 있다.

상위의 '국가안보개념 2020', 군사독트린, 정보안보 독트린(2016. 12) 외에 부처별 법체계를 비교적 잘 갖추고 있는 것으로 평가된다. 이를테면 연방보안국은 FSB 법, 작전-수색(Operational-Search) 활동에 관한 연방법 N 144-FZ(Federal Law N 144-FZ On Operational-Search Activity), 러시아 정보자원 대상 사이버 공격탐지, 경보, 복구 국가체계발전(Государственная система обнаружения, предупреждения и ликвидации последствий компьютерных атак, 대통령령 1274호, 2014. 12), CDI 법, VPN(Virtual Private Network: 가상사설망) 법 등이 있다. 또한 사이버 안보 관련 21개 법안인 "Yarovaya package", 국방부의 러시아 형법, 작전-수색 (Operational-Search) 활동에 관한 연방법 N 144-FZ, Lugovoi 법(연방법 FZ-398, 2013), 경찰에 관한 연방법 2011(Federal Law 'On Police' of 2011) 등이 있다.

반면 한국의 경우 사이버 안보와 관련해 공공부문의 경우 대통령 '훈령'에 기초하는 등 법체계 정합성의 측면에서 미흡한 부문으로 남아 있다. 또한 공공부문과 민간부문으로 이원화된 체계를 지니고 있는데 효율성 제고의 측면에서 검토해 보아야 할 사안으로 지적되고 있다. 향후 보다 효율적이고 바람직한 사이버 안보 체계를 갖추어 나가기 위한 진중한 노력이 필요하다.

### 4) FSB 중심 아래 통합적, 중앙통제 방식의 사이버 컨트롤 타워 체계 운영

한국의 경우 사이버 안보의 컨트롤 타워는 앞서 살펴보았듯이 청와대 국가안보실이며, 공공분야, 민간분야, 국방분야 등 영역별로 개별 관리하고 있다. 국가정보원이 운영하는 국가사이버안전센터는 '전자정부법', '정보통신기반보호법', '국가사이버안전관리규정' '사이버안보업무규정' 등의 법령을 통해 국가·공공분야 사이버 안보 업무의 정책을 기획하고 각종 제도 및 지침을 수립한다. 반면 과학기술정보통신부는 민간 정보보호·전자인증·정보보호산업 관련 정책을 수립하고 주요정보통신기반시설 지정 권고, 민간 침해사고 예방·대응체계 구축·운영 등 민간분야 정보보호 및 정보보호산업 업무를 총괄한다. 이원적 관리 체계를 지니고 있다.

반면 러시아는 FSB 중심의 분야별 통합 관리를 하고 있으며, 통합성, 중앙통제관리, 강한 컨트롤 타워 역할 등을 특징하고 있다. 즉 러시아 사이버 안보, 보안관리 네트워크는 대통령과 국가안보회의의 정책 판단과 전략 결정의 수행기관으로 FSB가 중심이 되어 여타 정부기관들과 공공기관들을 연결한 방식으로 구성되어 있다.

### 5) FSB 등 정보기관의 권한과 역할 지대

러시아는 정보기관 특히 FSB가 전방위적 정책 집행 컨트롤 타워로서의 역할을 하고 있으며, 임무와 역할 등이 매우 큰 특징을 지니고 있다. 이는 FSB 법을 통해 총괄적인 권위를 갖고 있으며, 여러 정부 부처들과 기관들을 협력을 조율하는 기능도 갖고 있다. 러시아 사이버 안보 임무와 정책 집행에 있어 가장 중요한 기관이다.

FSB는 러시아 연방의 공공 영역 사이버 안보 관리와 관련하여 FSTEC, MoD, MVD, Roscomnadzor, 그리고 Minsvyaz를 공식적으로 조율한다. 또한 SORM, 국가 사이버 범죄 조정본부, 사이버 공격 탐지경보복구 국가체계, 정보안보센터, FSB TSLSZ, FSB RSS, TSRRSS 등을 직접 운영하고 있다. 구체적으로 FSB는 사이버 안보와 관련하여 러시아 국가 정보안보 전략수행, 정책개발 및 리더십, 컨트롤 타워, 코디네이터, 정보, 보안, 법집행, 규제와 인허가, 기술개발, 사이버 침해 대응, 교육·연구 등 광범위한 분야에서 핵심적인 역할을 수행하고 있다. 이 밖에 FSB는 사이버 안보 관련 감시(surveillance)와 수사(investigation), 그리고 정보심리전이나 해킹과 같은 비밀공작(covert operation), 주요정보기반시설(Critical Data Infrastructure, CDI) 보호, 기술개발 등에 관한 권한과 책임을 지니고 그 역할을 수행한다.

종합적으로 FSB는 핵심적인 컨트롤 타워이자 허브(hub)로서 기능한다. 사이버 안보와 관련된 ① 컴퓨터 침해사건 대응(CERT), ② 감시와 정보(surveillance and intelligence), ③ 수사 또는 법집행 (investigation or law enforcement), ④ 규제와 면허(regulation and license), ⑤ 기반시설보호(protection of infrastructure), ⑥ 디지털 경제발전(digital economic development), ⑦ RuNet 2020, 그리고 ⑧ 교육·연구·개발(training and research, and development) 등의 7개 분야 거의 모든 부문에서 핵심 선도기관, 컨트롤 타워, 핵심 코디네이터의 위상과 역할을 수행하고 있다(윤민우 2019a, 130).

6) 하이브리드전 등 사이버 안보 관련 군사부문에의 운용 능력 제고

러시아는 2013년 게라시모프 총참모장이 군사과학원 회의에서 연설한 내용을 중시하고 있는 가운데 GRU를 중심으로 사이버전도 수립·운영하고 있다. 반면 2018년 2월 영국과 미국 정부는 2017년 6월 유럽 전역을 혼란에 빠트렸던 랜섬웨어 낫페트야(NotPetya) 사이버 공격의 배후에 러시아군이 있는 것으로 판단한다고 밝힌 바 있다. 물론 러시아는 '일부 서방사회가 러시아 공포증을 확산시키기 위한 일환으로 근거 없는 주장'이라고[24] 부인하였다. 그렇지만 국제무대에서 벌어지는 사이버 공격에 러시아가 연루되어 있다는 점에 대해 미국과 서방 측은 의구심을 갖고 있는 것도 사실이다. 이는 국제사회에서 러시아의 2016년 미국 대선에의 개입 의혹과 더불어 사이버 국제 위법 행위에 대한 논의가 중요하게 부각되고 있음을 반증한다. 실제로 미국이 채택한 '2018년 국방부 사이버 전략(2018 Department of Defense Cyber Strategy)'[25]에는 미국 핵심기반시설에 대한 사이버 활동 억제, 예방, 격

24  https://www.voakorea.com/world/europe/4257487 (검색일: 2021.3.23.)
25  https://www.whitehouse.gov/wp-content/uploads/2018/09/National-

퇴하는 내용이 포함되어 있으며, 러시아, 중국, 북한, 이란을 위협 국
가로 적시하고 사이버 공간에서의 선제적 대응 등을 밝히고 있어 주
목된다. 사이버전과 관련해 러시아 GRU의 활동을 더욱 주시하겠다는
것이다.

아울러 MoD와 FSB 간 업무 갈등이 노정된다는 평가도 있어 주목
된다. MoD는 2010년 이후로 정보작전의 능력을 강화시키기 위해 군
내에 사이버 부대(cyber unit)를 설치했다. 이 부대는 해커들과 저널리
스트들, 전략 통신과 심리작전 전문가들, 언어학자들로 구성되어 있고
이들은 특수훈련을 받았으며 특수 장비를 갖추고 있다. MoD의 이러한
움직임은 전통적인 이 분야 선도기관인 FSB와 갈등을 낳고 있다. 최근
들어 MoD가 정보안보 부문에 더욱 적극적으로 뛰어들어 공격과 방
어능력을 강화하고 기관의 역할과 책임을 확장함에 따라 이 부문에서
전통적인 선도기관인 FSB와 마찰을 일으키고 있다는 것이다(Connell
and Vogler 2017, 7-8). 향후 정보기관과 군 사이버 기관 간의 업무 조
정 상황, 효율성 제고 검토, 영향력 확대 갈등 등의 측면에서 향배를 주
시해 볼 필요가 있다.

## 7) 독자적인 글로벌 인터넷망(RuNet 2020) 구축 노력 전개

러시아는 디지털 주권 개념에 따라 글로벌 인터넷 공간은 독립적으로
격리된(self-contained) 각각의 디지털 주권의 영역으로 분할되어야 하
며 각각의 격리된 사이버 영역(cyber domain) 내에서 국가의 배타적
주권과 다른 국가나 외부 행위자로부터의 불간섭의 원칙이 지켜져야
한다고 주장한다. 이를 실천에 옮기기 위해 RuNet 2020을 비롯해 다

Cyber-Strategy.pdf; https://trumpwhitehouse.archives.gov/wp-content/
uploads/2018/09/National-Cyber-Strategy.pdf (검색일: 2021.2.11.)

양한 프로그램을 운영하는 특징을 지니고 있다. 세부 프로그램으로 '국가프로그램 정보사회 2011-2020', '정보사회발전을 위한 전략 2017-2030' 등이 있다.

### 8) 제(諸) 법령 개정 등 사이버 안보 환경 변화에의 빠른 조응

러시아는 새로운 사이버 환경 변화에 비교적 빠르게 조응하고 있는 것으로 평가된다. 즉 시대 상황 요구에 부응해 신속히, 계속적으로 사이버 관련 법령 등을 개정, 보완을 해나가고 있다. 이를테면 2012년 "인터넷 블랙리스트 법률", 2013년 "온라인 지적 재산권(online intellectual property) 보호에 관한 법률", 2014년 "어린이들의 건강과 발달에 해로운 정보로부터 어린이들을 보호하는 것에 관한 연방 법률에 대한 개정 법률(Federal Law No 307-FZ)", 2017년 CDI 법과 VPN법, IM 법 등 세 개의 새로운 사이버 보안과 인터넷 법률을 통과시켰다. 그리고 2019년엔 러시아 연방법 No 608767-7 통신에 관한법과 정보, 정보기술, 정보보호에 관한 법을 개정하는 등 끊임없는 개정과 수정 보완 작업을 통해 체계의 완결성을 갖추어 나가려 하고 있다. 미래의 정보전쟁 또는 정보충돌에서 방어의 분산과 다변화(the distribution of defense)에 부합하는 혁신도 꾸준히 진행시켜 나가고 있다. 러시아가 사이버 안보의 법률과 제도 부문이 가장 발달된 것으로 평가되고 있는 이유이기도 하다.

### 9) 사이버 안보 관련 국제적 규율과 규범, 규정 작업에의 선도적 역할 견인

러시아는 서방국가들과 사이버 안보의 국제적 실현에서의 차이점을 지니고 있으며 국제법 적용과 논의 과정에서 대립적 입장에 있다. 서방국가들이 사이버 공간의 국제적 규율에 있어 현존 국제법 적용을 촉진하려는 데 비해, 러시아는 중국, 쿠바 등 비서방국가들과 함께 사이버 공간에 국제법의 특별법이 적용되어야 한다고 주장한다. 동 조약의 체결을 촉구하고 UN 중심으로 사이버 공간의 국제적 평화와 안전이 유지되어야 한다는 입장이다. 이를테면 러시아는 1998년 UN 사무총장에게 사이버 안보 논의에 필요성을 제기하는 내용의 서신을 보냈으며, UN에서 사이버 공간에 대한 논의가 본격화되는 계기를 마련해 주었다. 2001년에는 정보안보 분야의 위협과 이에 대응 가능한 협력 조치들을 연구하기 위한 정부전문가 조직과 활용을 제안하기도 하였다. 이를 계기로 UN 총회 제1위원회(군축담당)는 UN 총회에 정보안보에 관한 정부전문가그룹 설치를 공식적으로 요청한 바 있다. 이어 2001년 11월 29일 유엔 총회에서는 2004년부터 정부전문가 그룹(Group of Governmental Experts: UNGGE)을 설치하기로 하였다. 비록 이의 전체적인 논의는 실패하였고, 2007년 8월 14일 제5차 UNGGE가 개최되었다는 내용의 절차적 보고서만 회람되었지만 러시아의 국제무대에서의 위상과 역할이 작지 않음을 보여주었다. 2018년 11월 8일 UN 총회 제1위원회에서는 러시아와 미국이 제출한 결의안을 각각 채택하였으며, 2019년 UN 총회에서 '개방적 작업반(OEWG; open-ended working group)' 설치를 결정하였다.

## IV. 한국 사이버 안보의 과제와 정책 시사점

### 1. 사이버 안보의 과제

한국은 세계 최고 수준의 ICT 강국으로 자리매김하고 있지만, 사이버 안보와 관련해서는 아직도 해결해야 할 과제들이 남아 있다. 사이버 안보 전문가들은 다음과 같이 여러 분야에 걸쳐 문제점과 과제, 개선 방안을 제시하고 있다. 세부적으로 사이버 안보 대응체계; 사이버 안보 추진체계; 정보공유; 사이버 테러 대응방안; 사이버 안보 역량 강화; 사이버 안보 관련 법제 개선 분야 등이다.

먼저 사이버 안보 대응체계와 관련된 부문이다. 구체적으로 △ 체계화된 사이버 안보 법률의 부재, △ 분권화된 관리·대응체계로 인한 비효율성, △ 사후처방 위주의 땜질 대응으로 유사 사태 빈발, △ 법집행기관, 전문 연구기관 및 민간 전문가 그룹의 참여 부진, △ 물리적 안보·재난 관리체계와의 연계 부족 등이 해결해야 할 과제로 지적되고 있다(박종재·이상호 2017, 91-99). 위의 러시아 사례와 대비되는 점이 있으며 정책적으로 참조할 부문이 있다.

둘째, 사이버 안보 추진체계의 개선 과제로는 △ 관계부처 기관의 역할 및 법적 근거 정비, △ 국가 차원의 합동대응 강화, △ 정보공유 체계 정립 및 활성화, △ 산업육성 및 인력양상을 통한 기반조성, △ 연구개발 강화를 통한 방어수단 확보 등이 제시된 바 있다(박상돈·김인중 2013, 6-8).

셋째, 정보공유와 관련해서는 △ 일원화된 정보공유 체계 구축, △ 실효성 있는 위협 정보공유를 통한 법률-정책 구체화 방안 마련, △ 국제적인 사이버 위협 정보공유 방안 마련 등이 제시되었다(배선하 외 2017, 130-135).

넷째, 사이버 테러 대응방안과 관련해서는 종합적 사이버 능력 확보 차원에서 △ 군을 포함한 정보활동과 법집행 능력의 확보, △ 사후 대응 능력의 구축 등을 꼽고 있으며, 사이버 공격 사안에 따라 적절하게 효과적으로 대응할 수 있는 국가급 수준의 대응 역량 마련이 필요하다고 지적된 바 있다(윤민우 2014, 134-140).

다섯째, 사이버 안보 역량 강화를 위한 과제로 △ 법제 및 추진체계의 개선, △ 통합적 대응체계의 효율성 강화, △ 안보·재난 관리체계와의 연계 강화, △ 능동적 억제 전략의 추진, △ 국민과 함께하는 예방 중심 사이버 안전정책 추진, △ 국제협력의 확대 등도 제시되었다(박종재·이상호 2017, 99-108).

이 밖에 사이버 안보 관련 법제의 개선 방향으로는 기본법 내지 일반법의 제정과 법체계 정합성의 확보가 강조되고 있는 가운데 △ 사이버 안보 남용을 막기 위한 적절한 견제 및 균형 장치의 마련, △ 사이버 공간에서의 개인의 자유와 권리의 보호를 위한 실효적 장치의 마련 등도 제시되었다(황성기 2019, 49-58).

위에 언급된 내용들은 시기에 따라 차이를 보이고 있지만 이미 개선되어 실행에 옮긴 것도 있고 아직 해결해야 할 과제로 남아 있는 것들도 있다. 무엇보다 그간 공식적인 국가사이버안보전략을 수립하지 못했다는 지적 속에 2019년 4월과 9월에 각각 국가사이버안보전략과 시행계획이 성안되어 실행되고 있는 것은 긍정적으로 평가된다. 그간 문제점 개선을 위한 노력이 일정 정도 결실을 맺은 것으로 앞으로도 남아 있는 과제들을 해결해 나가는 노력이 긴요하다.

나아가 초연결성, 초지능성으로 특징지어지는 제4차 산업혁명 시대 도래와 맞물려 새로운 사이버 안보 환경에 조응하는 제반 대응책 강구도 중요하다.[26] 구글(Google), 애플(Apple), 페이스북(Facebook) 등과 같은 글로벌 기업들의 국내 생성 데이터에 대한 주권 위협, 북한

---

26  4차 산업혁명 시대 도래와의 연계 속에서 연구개발, 인력양성, 사이버 안보 훈련, 법·제도, 조직·체계, 국제협력, 산업 활성화, 인식제도 등 분야별로 국가 사이버 안보의 역량 강화 방안에 자세한 내용은 윤장홍·최낙화(2017, 12-28) 참조.

의 사이버 공격 위협에의 노출 등에도 관심을 갖고 다룰 필요가 있다. 뛰어난 정보통신환경에도 불구하고 사이버 안보 측면의 대응 능력 및 관련 인프라 수준은 상대적으로 미흡한 상태에 있다는 점도[27] 극복해야 할 과제이다.

## 2. 정책 시사점

러시아의 사이버 안보 관련 특징과 한국과의 비교를 통해 나타난 정책 시사점은 다음과 같이 정리해 볼 수 있다.

첫째, 국가 사이버 보안, 보안관리 전략은 해당 국가 나름의 정체성과 가치, 장기적 국가전략이 녹아든 가운데 총체적이고 체계성을 띤 가운데 유기적으로 연계되고 조율되는 것이 바람직하다.

둘째, 추진체계를 구성함에 있어 컨트롤 타워의 역할과 위상이 중요하며, 명확한 임무와 책임을 부여하고 사이버 공격과 위협에 대처할 수 있는 정보공유체계를 갖추도록 하는 것이 바람직하다.

셋째, 미래 사이버전과 제4차 산업혁명에서 비롯되는 제반 파급영향과 변화상에 주목하고 이에 대한 대응책 강구가 긴요하다.

넷째, 국제협력에 있어 '디지털 주권'을 강조하고 사이버 보안 담론의 주도권을 가지려는 러시아의 전략 의도를 염두에 두고, 합리적이고 국익 제고에 걸맞는 대응책을 마련해 나가는 것이 필요하다.

다섯째, 사이버 위협과 공격에 대한 대처에 있어 보다 공세적이고

---

27  글로벌 보안전문회사인 Rapid7은 멀웨어, 해킹 및 디도스 공격이나 랜섬웨어 공격에 노출될 가능성을 나타내는 '2018 National Exposure Index'에서 우리나라를 세계 183개국에 중 4번째로 사이버 공격을 받을 가능성이 높은 것으로 판단하였다(국가안보전략연구원 2018. 164-165). https://www.rapid7.com/data/national-exposure/2018.html#KR (검색일: 2021.2.10.)

적극적인 대응책을 마련하는 것이 중요하다. 한국은 사이버 공격자와 그 원천에 대한 적극적 보복 응징 등 견제 수단이 없는 것으로 보이며, 사고 발생 후 대응 위주의 수동적 사이버 위협 대응 체계를 운영하고 있다. 사이버 방첩(cyber counterintelligence) 부문을 포함해 대응책을 잘 갖추어야 하는 과제를 던져주고 있다(장노순 2016, 97-117).

끝으로, 러시아의 정보기관 특히 FSB의 위상과 역할에 주목하고, 효율성 측면을 비롯한 장단점을 검토해 창조적으로 원용할 수 있는 점을 살펴보는 것도 필요하다.

## V. 맺음말

미래 한국의 바람직한 사이버 안보 체계 구축과 효율적 운영을 위한 정책적 고려사항은 다음과 같다. 이는 첫째, 러시아와의 공통점과 차이점 등 비교 및 정책 시사점을 통해 참조할 수 있는 것과 둘째, 한국의 사이버 보안 관련 학계와 전문가, 실무진 차원에서 제기된 과제와 문제점 부문으로 나누어 볼 수 있다. 크게는 러시아 사이버 안보 체제운영에 대한 특징을 이해하고 우리와의 비교를 통해 나타난 정책 시사점을 창조적으로 원용하는 것이기도 하다.

먼저 러시아와의 비교를 통해 나타나는 정책적 고려사항으로 러시아의 특성과 장점 부문을 참조해 원용하는 것들이다. 사이버 보안 대응체계의 측면에서 러시아는 체계화된 사이버 안보 법률체계를 갖추고 있으며, 중앙집중화된 관리 대응 체계를 효율성 있게 운영해 나가고 있는 것으로 평가되고 있다. 또한 체계화되고 유기적인 사이버위기 관리대응센터를 설치하고 정보기관인 FSB가 컨트롤 타워로서 통합 관리, 조율, 운영함으로써 사이버 위기를 사전에 제어, 방지하는 효과를 거두고 있다. 한국의 경우에도 체계화된 사이버 안보 법률 체계를 갖추고, 보다 효율성을 갖는 관리 대응체계의 구축 문제를 검토할 필요가 있다. 국가 차원의 합동 대응 강화, 정보기관의 사이버 업무 영역의 명시, 권한과 책임의 명확화 등을 포함해 효율성을 극대화할 수 있는 "한국형(型) 사이버 안보 대응체계"를 구축·운영하는 노력이 긴요하다.

사이버 보안 정보공유와 관련, 러시아는 FSB를 중심으로 거의 일원화된 정보공유체계를 구축하고 있으며, 실효성 있는 정보공유를 위한 법적 기반도 갖추고 있는 것으로 평가된다. 한국의 경우 기관 간 효율적 정보공유와 협력이 다소 미흡한 것으로 평가되고 있어, 이의 극복을 위한 다양한 정책 방안과 부처 간 협의 노력이 긴요하다. 이미 공공 분야의 최대 정보공유 플랫폼으로 자리 잡은 국가사이버 위협 정보공유시스템(NCTI)을 더욱 완결성 있게 잘 관리·운영해 나가야 할 것이다. 관계부처 기관의 역할 및 정보공유 법적 근거 정비, 사이버 안보 실무진 간의 정례적 교류, 전문가와 실무진 간의 정책 협의체제 운영 등 상시적 협력 네트워크의 활성화가 필요하다.

사이버 테러 대응과 관련, 러시아의 유기적 대응체계, 독자적 인터넷망 구축, 방어 위주에서 탈피해 공격형도 갖추는 사이버 안보 기술 개발 등을 참조할 필요가 있다. 비록 그대로 한국에 적용하기는 힘들지라도 글로벌 사이버 주권, 디지털 주권을 강조하는 특성과 러시아가 펼치는 하이브리드전(hybrid war), 미래전 등에 담긴 전략적 함의에도 주목하는 것이 필요하다. 한국형 사이버 방첩(cyber counterintelligence)과 사이버 테러 위협에 대한 대처 방안 강구에 좋은 시사점을 던져주고 있다.

한국의 사이버 안보에 대한 가장 중요한 점은 기존에 학계, 전문가, 실무진, 정책 결정자들이 제시한 문제점과 과제 등에 대해 면밀히 검토하고 계획 수립과 함께 실천해 나가는 것이다. 가장 기본을 이루는 것은 2019년 4월 성안된 '국가사이버 전략 기본계획'을 차질 없이 잘 이행하는 것이다. '국가안보전략~국가사이버안보전략~기본계획~이행계획'으로 이어지는 일련의 사이버 안보전략 실행 체계를 완성한 가운데 실질적으로 실천에 옮겨야 한다.

다음으로는 늘 가장 큰 문제점으로 지적되어 오고 있는 법·제도적 완비이다. 러시아의 경우 이미 법제도적 완결성을 갖추고 있음에도 불구하고 4차 산업혁명 시대의 출현에 맞추어 새롭게 다시 재정비해 나가는 모습을 보여주고 있다. 한국의 경우에도 법·제도적 완결성을 추구함과 동시에 새로운 디지털 시대에 조응하는 노력을 꾸준히 해 나가야 할 것이다. 또한 4차 산업혁명 시대에 걸맞은 사이버 안보 체계를 구축하기 위하여, 온라인과 오프라인이 동시에 결합되는 통합적·융합적 사이버 안보 전략 체계를 구축할 필요가 있다. 가령, 3D 프린터 등으로 손쉽게 제작된 드론이 가공할 공격형 무기로 변할 수 있는 현실을 고려해 보자. 오프라인에서 새로운위 협에 대응할 필요성이 높아가고 있는 것과 함께 인터넷망의 연결이 주는 위협 역시 무한대로 확장될 수 있음에도 유념해야 한다.

끝으로 사이버 안보의 국내적 및 국제적 함의를 대중에게 홍보하고, 전문가들의 토론의 장을 확장하며, 차세대 전문가들을 육성하기 위한 플랫폼을 개발하고 적극적으로 활용할 필요가 있다. 코로나19 팬데믹으로 더욱 중요해진 비대면 온라인 시대의 본격화에 주목하고, 첨단 기술과 연계된 4차 산업혁명을 선도적으로 주도해 나갈 수 있는 면밀한 대응책 마련도 긴요하다.

# 참고문헌

강봉구. 2010. "푸틴주의 정치 리더십의 권위주의적 특성과 전망."『국제지역연구』14(2).

과학기술정보통신부. 2019. "'민간부문 정보보호 종합계획 2019' 주요 내용."(2019.1.8)

국가안보전략연구원 편. 2018.『신안보총람 1』. 서울: 국가안보전략연구원.

국가정보원. 2019.『NCSC 2019 연례 보고서』. 서울: 국가사이버안전센터.

국가정보원·과학기술정보통신부·행정안전부·방송통신위원회·금융위원회. 2018.『2018
국가정보보호백서』. 서울: 국가정보원 외.

국가정보원·과학기술정보통신부·행정안전부·방송통신위원회·금융위원회. 2019.『2019
국가정보보호백서』. 서울: 국가정보원 외.

국가정보원·과학기술정보통신부·행정안전부·방송통신위원회·금융위원회. 2020.『2020
국가정보보호백서』. 서울: 국가정보원 외.

김상배. 2018.『버추얼 창과 그물망 방패: 사이버 안보의 세계정치와 한국』. 한울아카데미.

대한민국 정책브리핑(www.korea.kr). 2019. "국가사이버 안보 강화를 위한 이행방안
확정 – '국가사이버안보전략' 후속으로 기본계획 마련 시행-."제하 관계부처 합동
보도자료(2019.9.3.)

미래창조과학부(msip.go.kr). 2013. "정부,「국가 사이버 안보 종합대책」수립-사이버 안보
강화를 위한 4대 전략(PCRC) 마련-."(2013.7.4.)

박상돈·김인중. 2013. "사이버 안보 추진체계의 제도적 개선과제 연구."『융합보안 논문지』
13(4).

박종재·이상호. 2017. "사이버 공격에 대한 한국의 안보전략적 대응체계와 과제."
『정치·정보연구』20(3).

방송통신위원회(kcc.go.kr). 2009. "정부,「국가사이버위기 종합대책」확정 발표 – 사이버위기
대응체계 재정립, 정보보호 인력·예산 대폭 확충키로."(2009.9.14.)

방송통신위원회. 2011. "정부,「국가 사이버 안보 마스터플랜」수립 – 국가 사이버 공간 수호를
위한 범정부 차원의 청사진 마련-."(2011.8.8.)

배선하·김동희·박상돈·양정윤·김규동·김소정. 2017. "사이버 위협 정보공유 체계 개선방안
연구."『신안보연구』190.

서동주. 2007. "러시아 정보기관의 개편과 역할 변화-FSB(연방보안부)를 중심으로."
『중소연구』31(2).

서동주. 2013. "러시아 푸틴시기 정치체제의 특성." 슬라브학보. 28(4).

신범식. 2017. "러시아의 사이버 안보전략과 외교."『사이버 안보의 주변4망: 전략과 외교』
서울대학교 국제문제연구소 총서.

신범식·윤민우. 2020. "러시아 사이버 안보 전략 실현의 제도와 정책."『국제정치논총』60(2):
167-209.

양정윤·박상돈·김소정. 2018. "정보공간을 통한 러시아의 국가 영향력 확대 가능성 연구:
국가 사이버 안보 역량 평가의 주요 지표를 중심으로."『세계지역연구논총』36(2): 133-

162.

오일석. 2021. "2021년 바이든 정부의 사이버간보 정책 전망."『이슈브리프』 244.

윤민우. 2014. "사이버 안보위협의 문제와 전략적 의미, 그리고 대응방안에 대한 연구."
　　『국가안보와 전략』 14(4).

윤민우. 2019a. "러시아 사이버 보안관리 추진체계 및 관계기관들의 역할과 책임에 관한
　　연구."『한국테러학회보』 12(4): 103-134.

윤민우. 2019b. "미러 사이버 안보 경쟁과 중러협력." 김상배 엮음.『사이버 안보의 국가전략
　　2.0』. 서울: 사회평론아카데미.

윤장홍·최낙화. 2017. "4차 산업 혁명 시대에서 국가 사이버 안보 역량 강화 방안 연구."
　　『신안보연구』 191.

인터넷 보호나라&KrCERT. 2019. "대한민국 정부 최초「국가사이버안보전략」발간."
　　공지사항(2019.4.3.)

장노순. 2016. "사이버 안보위협과 사이버 방첩의 역할과 전략."『국가정보연구』 9(2).

장덕준. 2018. "푸틴시기 러시아의 정치체제: '푸틴주의'의 특성을 중심으로."『중소연구』
　　42(3).

청와대 국가안보실. 2019.『국가사이버안보전략』. 서울: 국가안보실.

황성기. 2019. "사이버 안보 관련 법제의 문제점과 개선방향."『경제규제와 법』(Journal of
　　Law & Economic Regulation) 12(1).

행정안전부 동영상뉴스. 2008. "정보보호 중기 종합계획, 브리핑."(2008.7.22.) 참조. https://
　　mois.go.kr/video/bbs/type019/commonSelectBoardArticle.do;jsessionid=Fc5B
　　638Rprpp1UJvtLJPQr91.node50?bbsId=BBSMSTR_000000000255&nttId=54138
　　(검색일: 2020.8.19.)


Connell, M. and S. Vogler. 2017. "Russia's Approach to Cyber Warfare." CNA's
　　Occasional Paper.

Darczewska, J. 2014. "The anatomy of Russian information warfare: The Crimean
　　operation, a case study." *Point of View* No. 42, OSW(Osrodek Studiow
　　Wschodnich) Center for Eastern Studies, Warsaw, May 2014.

Doctrine of Information Security of the Russian Federation 2016. https://
　　publicintelligence.net/ru-information-security-2016/


Доктрина информационной безопасности Российской Федерации.

Конвенция об обеспечении международной информационной безопасности
　　(концепция).

Основные направления государственной политики в области
　　обеспечения безопасности автоматизированных систем управления
　　производственными и технологическими процессами критически
　　важных объектов инфраструктуры Российской Федерации.

Основы государственной политики Российской Федерации в области международной информационной безопасности на период до 2020 года, Выписка из Основных направлений научных исследований в области обеспечения информационной безопасности Российской Федерации. Выписка из Концепции государственной системы обнаружения, предупреждения и ликвидации последствий компьютерных атак на информационные ресурсы Российской Федерации.

https://kcc.go.kr/user.do

http://www.fsc.go.kr/

https://www.pipc.go.kr/

https://www.kisa.or.kr/main.jsp

https://www.nst.re.kr/nst/about/03_12.jsp

http://www.fsec.or.kr/fsec/index.do

http://www.klid.or.kr/

https://www.etri.re.kr/kor/main/main.etri

http://www.president.go.kr/

https://www.nis.go.kr:4016/main.do

https://www.msit.go.kr/web/main/main.do

https://www.mois.go.kr/frt/a01/frtMain.do

https://www.gov.uk/government/publications/national-cyber-security-strategy-2016-to-2021

https://www.whitehouse.goズv/wp-content/uploads/2018/09/National-Cyber-Strategy.pdf

https://www1.president.go.kr/about/organization

http://www.scrf.gov.ru/security/information/

# 찾아보기

# 지은이

**신범식**  서울대학교 정치외교학부 교수.
서울대학교 외교학과를 졸업하고 동대학원에서 석사학위를, 러시아
국립모스크바국제관계대학교에서 정치학 박사학위를 받았다.
주요 논저로, 『21세기 유라시아 도전과 국제관계』(2006), "Russia's Perspectives on
International Politics, A Comparison of Lberalist, Realist and Geopolitical
Paradigms"(2015) 등이 있다.

**윤민우**  가천대학교 경찰안보학과 교수.
성균관대학교 정치외교학과를 졸업하고, 미국 인디애나 주립 대학교 범죄학과에서 범죄학
석사학위를, 미국 샘 휴스턴 주립 대학교 형사사법대학 범죄학 박사학위 및 서울대학교
외교학과 국제정치학 박사학위를 받았다.
주요 논저로, "Insurgency warfare as an emerging new mode of warfare"(2010),
"Tortured experiences and Mental Health problems among refugees: the impact
of repatriation to North Korea on Mental Disorders"(2021), "신흥군사안보와
비국가행위자의 부상: 테러집단, 해커, 국제범죄 네트워크"(2020) 등이 있다.

**김규철**  한국국방외교협회 러시아센터장.
육군사관학교 노어과를 졸업하고, 국방대학교에서 국제관계학 석사학위를, 한국외국어대학교
국제지역대학원 정치학 박사학위를 받았다. 주러시아 한국대사관 육군무관을 지냈다.
주요 논저로, "2020년경 러시아 극동군사력 전망과 한국 안보에 대한 함의"(2014), "러중
군사협력, 동맹인가 일시적 협력인가"(2020), "러시아의 군사전략: 위협인식과 군사력
건설 동향"(2020) 등이 있다.

**서동주**  한림국제대학원대학교 연구교수.
연세대학교 정치외교학과를 졸업하고, 동대학원 정치학과에서 석사학위 및 박사학위를
받았다. 국가안보전략연구원 수석연구위원을 지냈다.
주요 논저로, 『현대러시아정당사』(2014), 『한러 전략적 협력의 쟁점과 과제』(공저, 2019),
"한미중 삼각구도에서 러시아의 역할과 의미"(2016) 등이 있다.